Emil Wachter, Jona, aus dem Altarwerk von Sankt Philippus in München

Das Buch Jona im AT ist literarisch gestaltet wie eine Novelle, sein Inhalt wie ein Märchen: Jona will nicht nach Ninive, um im Auftrag des Herrn zur Umkehr zu rufen. Seeleute werfen ihn über Bord. Drei Tage sitzt Jona in des Fisches Bauch und betet. Ausgespuckt vor Ninive ruft er nur einen Satz: „Tut Buße, noch 40 Tage und Ninive ist nicht mehr!" Ninive geht aber nicht unter. Jona schmollt unterm Rizinusstrauch.

Jona, der problematische Prophet, ist schon ein kapriziöser Charakter, seine Biografie ein Psychodrama. Da ist der Pädagoge in Gott gefragt. Lesen Sie, wie viel man hier von Gott lernen kann!

Emil Wachter – erinnern Sie sich an die psychologisch-analytischen Porträts zur Davidsgeschichte? – lässt Jona von einem riesigen Fisch durch die Luft gewirbelt in unserer Welt ankommen. Das Meer ist angefüllt von Ungeheuern und Untergängen, das Wrack einer fantastischen Flugmaschine taucht auf. Jona ist auch Ikarus, ist Moralist und Zweifelnder zugleich, eher Hamlet als Faust. Er will nicht, was er soll, weiß auch nicht, was er will, wird einfach in eine Welt geworfen, ohne gefragt worden zu sein. Wir sind Jona.

Für welche Welt werden wir ausgebildet, was bringt die Zukunft, was soll aus mir werden, was soll ich tun, was will ich eigentlich und im Grunde – wie kann mein Leben glücken?

Das Leben – ein Tanz auf der Titanic im Angesicht des Untergangs? Gibt es Hoffnung auch im letzten Scheitern, im Sterben? Hat Gott etwas mit mir vor oder ist alles blinder Zufall? Haben das Wahre, Gute und Schöne einen letzten Grund oder sind sie nur nützlich für Evolution und Funktionieren im großen Betrieb, jedoch sinnlos angesichts der Unendlichkeit von Raum und Zeit?

Das Buch will Sie einladen, mit philosophischer Reflexion, auf den Spuren der Kunst und in Kenntnis einer großen Tradition diesen Fragen nachzugehen.

Was Sie erwartet ...

- Das 1. Kapitel stellt unterschiedliche ethische Argumentationen vor, fragt nach der Möglichkeit einer Letztbegründung von **Ethik** und dem Spezifischen einer christlichen Moral. Was bietet Orientierung im Markt der Möglichkeiten? Wer mitreden und verantwortet handeln will, muss wissen, wie man der Wirklichkeit gerecht werden kann.

- Das 2. Kapitel konkretisiert die ethische Reflexion angesichts aktueller Herausforderungen in Familie und Gesellschaft. Die Würde des Menschen, der Mensch als Person, wird hierbei als das alles entscheidende Fundament vorgestellt. **Der Mensch ist das Bild Gottes auf Erden**. Das hat Folgen. Die katholische Soziallehre formuliert das als Herausforderung an eine globalisierte Welt.

- Ängste und Hoffnungen bestimmen schon die Gegenwart im Blick auf die Zukunft. Säkulare Utopien und biblische Deutungsversuche werden als Impulse für die Mitgestaltung der **Zukunft** vorgestellt. Aber auch das ist Thema des 3. Kapitels: Was bedeutet der christliche Auferstehungsglaube?

- **Das christliche Glaubensbekenntnis** ist Thema des 4. Kapitels: Der Akt des Glaubens, Gottesbild und Menschenbild, Tod und Auferweckung Jesu, das Wirken des Geistes. Das Credo bietet eine Zusammenschau der vorangegangenen Themen, es formuliert die christliche Antwort auf die großen Menschheitsfragen. Werbend will es Entscheidungshilfe sein.

I. Ethische Kompetenz aus christlicher Sicht: Orientierung im Wertepluralismus

Skandale in der Gentechnik. Journalistin wirft einem Großkonzern skrupellose Geschäfte vor!

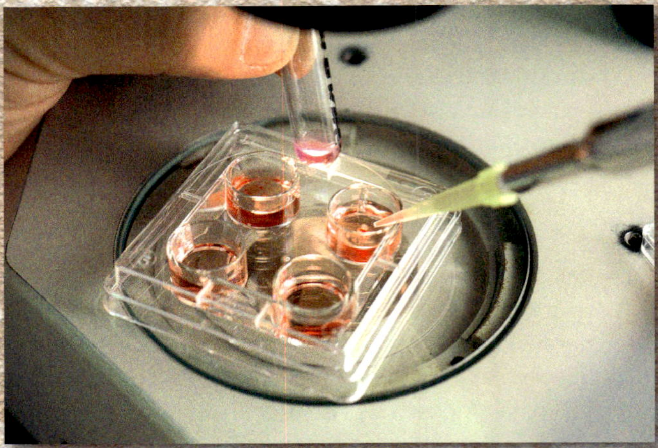

Passender Embryo als „rettender Engel". Dreijähriger Junge braucht Knochenmark – Elternpaar aus Israel hatte ethische Bedenken.

Klimawandel als größte Gesundheitsgefahr!

Klima: Die Zeit drängt – Experten fordern rasches Handeln aller Staaten

Bei den Mitarbeitern ist die Angst immer da. Viele Beschäftigte müssen mit der Unsicherheit ihrer Zukunft leben.

Teufelskreis der Kriege stoppen!

Berlin will keine Zwei-Klassen-Medizin. Ärzte und Politiker streiten über eine Prioritätenliste für die Gesundheitsversorgung.

Kein Brot mehr für die Welt? Ziel der Armutsbekämpfung wurde grandios verfehlt!

Reiche wollen Abgaben zahlen. Gruppe von Wohlhabenden fordert Vermögenssteuer.

Stellen Sie sich zur Einführung in die Grundlagen der Ethik folgendes einfache Fallbeispiel aus Ihrer Lebenswelt vor:

Sie stehen direkt vor der schriftlichen Abiturprüfung. Ein Mitschüler hat die Möglichkeit, sich am Tag vor der Prüfung auf illegale Weise Zugang zu den Prüfungsaufgaben im Fach Mathematik zu verschaffen und bietet Ihnen an, dieses Wissen gegen einen hohen Geldbetrag mit Ihnen zu teilen. Da Ihre Leistungen in diesem Fach sehr schwach sind, könnte das auf diese Weise erlangte Wissen für Ihr Bestehen des Abiturs entscheidend sein.

?!

- Diskutieren Sie, was für oder gegen die Annahme dieses Angebots spricht!
- Überlegen Sie, was sich in Ihrer Bewertung der Situation ändern würde, wenn Sie diese aus der Perspektive eines unbeteiligten Mitschülers oder der Schulbehörde beurteilen!
- Stellen Sie abschließend heraus, von welchen Kriterien Sie bei Ihrer Urteilsfindung ausgegangen sind!

Wie gelangen wir in einer konkreten Situation zur Aussage, ein bestimmtes Verhalten sei entweder „gut“ oder „böse“? Vielleicht hat Ihre Diskussion des Fallbeispiels ja ergeben, dass diese Zuordnung gar nicht so eindeutig ist, wie Sie es sich ursprünglich vorgestellt haben. Was für den einen „gut“ ist, mag für den anderen „böse“ sein – das ist oft eine Frage der Perspektive. In der philosophischen Ethik fragt man deshalb auch genauer nach, *für wen* und in *welcher Hinsicht* etwas gut (oder böse) ist. So könnte die Annahme dieses Angebots insofern gut für Sie sein, als Ihre Chancen, die Abiturprüfung zu bestehen, dadurch deutlich steigen. Für Ihre Mitschülerinnen und Mitschüler stellt dieses Vorgehen in jedem Fall eine große Ungerechtigkeit dar. Aus deren Sicht kann Ihr Verhalten also keinesfalls gutgeheißen werden.

Letztlich geht es hier um die Frage, ob es einen *allgemein gültigen* Maßstab für gute und schlechte Handlungen gibt – ein Problem, das die Philosophie des Abendlandes, speziell die philosophische Ethik, schon seit rund 2500 Jahren beschäftigt. Auf den folgenden Seiten werden Sie einige mögliche Antworten auf diese Frage kennenlernen – und es werden ganz unterschiedliche Antworten sein. Die Entscheidung, welchen Maßstäben Sie in Ihrem individuellen Handeln folgen wollen, wird Ihnen damit also keinesfalls abgenommen. Die Frage „Was soll ich tun?“ ist eine Grundfrage der Ethik, die sich uns allen früher oder später stellt und der wir auf Dauer nicht ausweichen können. Denn es ist Ausdruck der besonderen Würde des Menschen, von der im letzten Schuljahr bereits ausführlich die Rede war, dass uns eine solche Entscheidung zugetraut – und zugemutet – wird.

Der Schriftsteller Friedrich Dürrenmatt (1921–1990)

Der folgende Ausschnitt aus dem Roman „Der Verdacht“ von Friedrich Dürrenmatt spielt diese sittliche Grundentscheidung anhand einer Extremsituation durch. Der schweizerische Kriminalkommissar Bärlach kommt einem ehemaligen KZ-Lagerarzt auf die Spur, der nach dem Krieg unter dem Namen Emmenberger in einem Schweizer Sanatorium Unterschlupf fand. Als Bärlach den Arzt stellt, gerät er selbst in dessen Gewalt. Emmenberger gesteht ihm mit kalter Brutalität seine Verbrechen und fordert ihn zugleich zu einem Wettstreit heraus, in dem es darum gehen soll, „wer von uns beiden den größeren Glauben besitzt, der Nihilist (...) oder der Christ.“

Friedrich Dürenmatt: Der Verdacht

„Der Mensch, was ist der Mensch?" lachte der Arzt.

„Ich schäme mich nicht, ein Credo zu haben, ich schweige nicht, wie Sie geschwiegen haben. Wie die Christen an drei Dringe glauben, die nur ein Ding sind, an die Dreieinigkeit, so glaube ich an zwei Dinge, die doch ein und dasselbe sind, daß etwas ist und daß ich bin. Ich glaube an die Materie, die gleichzeitig Kraft und Masse ist, ein unvorstellbares All und eine Kugel, die man umschreiten kann, abtasten wie einen Kinderball (...); ich glaube an eine Materie (wie schäbig und leer ist es daneben, zu sagen: ‚Ich glaube an einen Gott'), die greifbar als Tier, als Pflanze oder als Kohle und ungreifbar, kaum berechenbar, als Atom ist; die keinen Gott braucht (...). Und ich glaube, daß ich bin, als ein Teil dieser Materie (...), und daß mir meine Existenz das Recht gibt, zu tun, was ich will. (...) Nichts ist heilig als die Materie: der Mensch, das Tier, die Pflanze, der Mond, die Milchstraße, was auch immer ich sehe, sind zufällige Gruppierungen, Unwesentlichkeiten, wie der Schaum oder die Welle des Wassers etwas Unwesentliches sind: es ist gleichgültig, ob die Dinge sind oder nicht sind; sie sind austauschbar. (...)

Es ist Unsinn, an die Materie zu glauben und zugleich an einen Humanismus, man kann nur an die Materie glauben und an das Ich. Es gibt keine Gerechtigkeit – wie könnte die Materie gerecht sein –, es gibt nur die Freiheit, die nicht verdient werden kann – da müsste es eine Gerechtigkeit geben –, die nicht gegeben werden kann – wer könnte sie geben –, sondern die man sich nehmen muß. Die Freiheit ist der Mut zum Verbrechen, weil sie selbst ein Verbrechen ist. (...) Ich wagte es, ich selbst zu sein und nichts außerdem, ich gab mich dem hin, was mich frei machte, dem Mord und der Folter; denn wenn ich einen anderen Menschen töte – und ich werde es um sieben wieder tun –, wenn ich mich außerhalb jeder Menschenordnung stelle, die unsere Schwäche errichtete, werde ich frei, werde ich nichts als ein Augenblick, aber was für ein Augenblick!" (...)

Der Kranke gab keine Antwort.

„Sie schweigen und Sie schweigen", stellte der Arzt fest und stützte beide Hände auf den Operationstisch. „Ich setze bedingungslos alles auf ein Los. Ich war mächtig, weil ich mich nie fürchtete, weil es mir gleichgültig war, ob ich entdeckt werde oder nicht. Ich bin auch jetzt bereit, alles auf ein Los zu werfen, wie auf eine Münze. Ich werde mich geschlagen geben, wenn Sie, Kommissär, beweisen, daß Sie einen gleich großen, gleich bedingungslosen Glauben wie ich besitzen."

Der Alte schwieg.

(Friedrich Dürrenmatt, Der Verdacht)

?!

- Fassen Sie mit eigenen Worten zusammen, wie der Arzt sein „Ethos der absoluten Freiheit" begründet!
- Überlegen Sie, was die Gründe dafür sein könnten, dass Bärlach keine Antwort zu geben vermag!
- Versuchen Sie, für sich eine solche Erwiderung zu formulieren!

In seinem Dialog „Gorgias" kommt der Philosoph Platon (427–347 v. Chr.) ebenfalls auf die Frage zu sprechen, wie der Mensch handeln soll. In diesem Kontext vertritt Polos die These, dass er den Menschen für beneidenswert halte, der töte und beraube, wen er wolle. Darauf erwidert Sokrates: „Unrecht zu leiden, ist grundsätzlich besser, als Unrecht zu tun."

?!

- Nehmen Sie zu dieser These des Sokrates begründet Stellung!
- Kehren wir nun noch einmal zur Ausgangsfrage von der manipulierten Abiturprüfung zurück. Haben sich für Sie vor dem Hintergrund der Überlegungen, die uns auf dieser Doppelseite beschäftigt haben, bei Ihrer persönlichen Bewertung des Fallbeispiels neue Gesichtspunkte ergeben? Falls ja, inwiefern?

Die bisherigen Überlegungen haben gezeigt, dass es in einer konkreten Entscheidungssituation ganz unterschiedliche, unter Umständen sogar widersprüchliche Handlungsanweisungen geben kann, je nachdem, welche Perspektive man gerade einnimmt. Das ist jedoch nicht das einzige Problem bei der Entscheidungsfindung. Hinzu kommt noch, dass Handlungsnormen (abgeleitet von lat. *norma*, „Richtschnur, Maßstab, Regel") selbst einem Wandel unterliegen können; technische Entwicklungen bringen zum Beispiel neue ethische Herausforderungen mit sich, und umgekehrt führen veränderte Situationen dazu, dass überlieferte Handlungsnormen irgendwann einmal ihren Sinn verlieren.

Auf ironische Weise wird uns das auch in der Erzählung **„Der kleine Prinz"** von Antoine de Saint-Exupéry vor Augen geführt. Sie zeigt, wohin es führen kann, wenn Normen nicht der veränderten Wirklichkeit angepasst werden.

Antoine de Saint-Exupéry:
Der kleine Prinz

Der fünfte Planet war sehr sonderbar. Er war der kleinste von allen. Es war da gerade Platz genug für eine Straßenlaterne und einen Laternenanzünder. Der kleine Prinz konnte sich nicht erklären, wozu man irgendwo im Himmel, auf einem Planeten ohne Haus und ohne Bewohner, eine Straßenlaterne und einen Laternenanzünder braucht. Doch sagte er sich: Es kann ganz gut sein, dass dieser Mann ein bisschen verrückt ist. Doch ist er weniger verrückt als der König, der Eitle, der Geschäftsmann und der Säufer. Seine Arbeit hat wenigstens einen Sinn. Wenn er seine Laterne anzündet, so ist es, als setzte er einen neuen Stern in die Welt, oder eine Blume. Wenn er seine Laterne auslöscht, so schlafen Stern oder Blume ein. Das ist eine hübsche Beschäftigung. Es ist auch wirklich nützlich, da es hübsch ist. Als er auf dem Planeten ankam, grüßte er den Laternenanzünder ehrerbietig.

„Guten Tag. Warum hast du deine Laterne eben ausgelöscht?"

„Ich habe die Weisung", antwortete der Anzünder. „Guten Tag."

„Was ist das, die Weisung?"

„Die Weisung, meine Laterne auszulöschen. Guten Abend." Und er zündete sie wieder an.

„Aber warum hast du sie soeben wieder angezündet?"

„Das ist die Weisung", antwortete der Anzünder.

„Ich verstehe nicht", sagte der kleine Prinz.

„Da ist nichts zu verstehen", sagte der Anzünder. „Die Weisung ist eben die Weisung. Guten Tag." Und er löschte seine Laterne wieder aus. Dann trocknete er sich die Stirn mit einem rotkarierten Taschentuch. „Ich tue da einen schrecklichen Dienst. Früher ging es vernünftig zu. Ich löschte am Morgen aus und zündete am Abend an. Den Rest des Tages hatte ich zum Ausruhn und den Rest der Nacht zum Schlafen …"

„Und seit damals wurde die Weisung geändert?"

„Die Weisung wurde nicht geändert“, sagte der Anzünder. „Das ist ja das Trauerspiel! Der Planet hat sich von Jahr zu Jahr schneller gedreht, und die Weisung ist die gleiche geblieben!“

„Und?“, sagte der kleine Prinz.

„Jede Minute zünde ich einmal an, lösche ich einmal aus!“

„Das ist drollig! Die Tage dauern bei dir eine Minute!“

„Das ist ganz und gar nicht drollig“, sagte der Laternenanzünder. „Das ist nun schon ein Monat, dass wir miteinander sprechen.“

„Ein Monat?“

„Ja, dreißig Minuten. Dreißig Tage! Guten Abend.“ Und er zündete seine Laterne wieder an.

(Antoine de Saint-Exupéry, Der kleine Prinz)

?!

- Diskutieren Sie vor diesem Hintergrund unter Einbeziehung aktueller Beispiele, warum gerade der Normenwandel eine wichtige Chance darstellt, sich angesichts veränderter Lebensbedingungen angemessen zu verhalten!
- Arbeiten Sie aus den folgenden Ausführungen des Moraltheologen Johannes Gründel heraus, wo die Grenzen dieses Normenwandels liegen!

„Der Begriff ‚Norm' wird sowohl in einem weiteren wie in einem engeren Sinne verwendet; ob es sich um ein positives Gebot oder negativ um ein Verbot handelt, stets weist die Norm auf einen ihr zugrunde liegenden Wert hin und erhält von diesem ihre eigentliche Bedeutung. Werte sind positive und grundlegende Maßstäbe zur Orientierung für menschliches Handeln; sie weisen auf entsprechende Ziele hin und vermitteln auch eine Verhaltenssicherheit. Insofern ist der Wert das eigentlich Normierende, jenes Element, das die innere Verbindlichkeit der Norm entscheidend mitbestimmt. Gegenüber dem Wert besitzt die konkrete Handlungsnorm sekundäre Bedeutung; sie will den Sollensanspruch des Wertes ausdrücken. Wo sich eine Norm derartig isoliert und verabsolutiert, dass der Zusammenhang zwischen Norm und Wert nicht mehr aufscheint, wird die Norm zur rein formalen inhaltsleeren Regel, die im Bewusstsein der Adressaten bald ihre Verbindlichkeit und Einsichtigkeit verliert, als Einschränkung der berechtigten persönlichen Freiheit erfahren und schließlich missachtet wird.“

(Johannes Gründel, Normen im Wandel)

Es hat in der Vergangenheit immer wieder Fälle gegeben, in denen die Kirche frühere ethische Entscheidungen revidiert und auf diese Weise einen Normenwandel vollzogen hat; das geschah zum Beispiel beim Verbot, Geld gegen Zinsen zu verleihen, oder auch im Umgang mit Menschen, die durch Suizid aus dem Leben geschieden sind.

?!

- Recherchieren Sie unter Zuhilfenahme von Lexika oder dem „Katechismus der Katholischen Kirche“, inwiefern die Normen in den genannten Fällen tatsächlich verändert wurden und wie das kirchliche Lehramt diese Anpassung jeweils begründet hat!
- Wenden Sie die hier erarbeiteten Kriterien für einen sinnvollen Normenwandel auf heute noch gültige Normen aus dem kirchlichen Bereich an, die Ihrer Ansicht nach überprüft und gegebenenfalls an veränderte Bedingungen angepasst werden sollten!

Auf den folgenden Seiten finden Sie mehrere Modelle der Normbegründung, die in der Philosophie des Abendlandes bis in die Gegenwart hinein eine Rolle spielen. Diese Modelle stellen wichtige Stationen der ethischen Urteilsbildung dar. Sie alle versuchen auf je eigene Weise die Frage zu beantworten, an welchen Zielen und Wertvorstellungen wir uns in unserem sittlichen Handeln letztlich orientieren sollten.

1. Hedonismus

„Woran sollen wir uns in unserem Handeln orientieren?" Eine erste Antwort auf diese Frage bietet uns philosophiegeschichtlich der *Eudämonismus* (abgeleitet von griech. *eudaimonia*, „geglücktes, gelungenes Leben"), der das Denken in der Antike in hohem Maße bestimmt hat. So definiert Aristoteles die praktische Weisheit in seiner „Nikomachischen Ethik" folgendermaßen: „Ein kluger Mann scheint sich also darin zu zeigen, dass er wohl zu überlegen weiß, was ihm gut und nützlich ist (...) in Bezug auf das, was das menschliche Leben gut und glücklich macht." Auch der *Hedonismus* (abgeleitet von griech. *hedone*, „Freude, Genuss"), der uns gleich noch näher beschäftigen wird, ist dieser philosophischen Strömung zuzurechnen.

?!

- Gestalten Sie eine Werbeanzeige, in der zum Ausdruck kommt, was für Sie zu einem „glücklichen Leben" gehört, oder formulieren Sie stattdessen eine eigene Definition von Glück!

Epikur, der Begründer des Hedonismus, brachte die Aufgabe der Philosophie folgendermaßen auf den Punkt: „Die Philosophie ist eine Tätigkeit, die uns durch Reden und Überlegungen ein glückliches Leben beschert". Wie es der übergeordneten Zielsetzung des Eudämonismus entspricht, war also auch seine Lehre letztlich darauf ausgerichtet, das individuelle Lebensglück zu begründen. Oberstes Ziel menschlichen Lebens und Handelns war für ihn ein Maximum an Lebensfreude. Dieses Prinzip war für ihn zugleich mit einer radikalen Diesseitigkeit verbunden, da die menschliche Seele Epikur zufolge mit dem Tod zur völligen Auflösung kommt. Für ihn gibt es also keine Hoffnung auf ein ewiges Leben im Jenseits. Vielmehr zeichnet sich der epikureische Weise durch die Kunst aus, die Lust am Leben stetig auszukosten – das Grundmotiv des sog. Epikureismus.

Was aber ist darunter konkret zu verstehen? Wie gelingt es dem Menschen nach Meinung von Epikur, zu einem Optimum an Lust zu finden und Unlust soweit möglich zu vermeiden, wie es seiner Definition von Lebensglück entspricht?

Für Epikur liegt die Antwort auf diese Frage in einem Lust-Unlust-Kalkül, das in vernünftiger Einsicht begründet ist. Diese Einsicht ist die Wurzel aller Tugenden; sie lehrt uns, dass es nicht möglich ist, „lustvoll zu leben, ohne einsichtsvoll, vollkommen und gerecht zu leben, ebenso wenig, einsichtsvoll, vollkommen und gerecht zu leben, ohne lustvoll zu leben."

Epikur: geb. um 341 v. Chr. auf Samos, gest. 271 oder 270 v. Chr. in Athen; griechischer Philosoph, Begründer des Hedonismus

Epikur kam 323 nach Athen und gründete dort eine Philosophenschule, die sich regelmäßig in einem Garten traf. Der „philosophische Garten" kann jedoch zugleich als ein Sinnbild seiner Lehre angesehen werden: Er ist ein Ort der Selbstgenügsamkeit, der ideale Rückzugsort für ein Leben im Verborgenen, wie es der Lehre Epikurs entspricht.

Was er unter einem lustvollen Leben verstand, das konnten Epikurs Gäste am Eingang seines philosophischen Gartens nachlesen, wo sie mit folgender Inschrift begrüßt wurden: „Tritt ein, Fremder! Ein freundlicher Gastgeber wartet dir auf mit Brot und mit Wasser im Überfluss, denn hier werden deine Begierden nicht gereizt, sondern gestillt."

Das Zitat lässt unschwer erkennen, dass Behauptungen über Schwelgereien der Epikureer nicht glaubwürdig sind. Tatsächlich stehen diese sogar in völligem Widerspruch zur Lehre Epikurs, die gerade darauf ausgerichtet war, die menschlichen Begierden zu kontrollieren, um den Seelenfrieden zu erhalten. Zur Sicherung der Lebensqualität genügte Epikur die Erfüllung der Grundbedürfnisse, zu denen er Essen, Trinken und den Schutz vor Kälte zählte. Alles Weitere war in seinen Augen ein entbehrlicher Luxus.

Die große Lebenskunst besteht also für Epikur darin, sich von äußeren Dingen so weit wie möglich unabhängig zu machen und mit wenigem zufrieden zu sein. Die größten Widersacher der so verstandenen Lebensfreude sind Epikur zufolge neben der Begierde Schmerz und Furcht, wobei er hier vor allem die Angst vor dem Tod und die Gottesfurcht im Blick hat. Diese wird seiner Auffassung zufolge dadurch überwunden, dass die Überzeugung vom Einfluss der Götter auf die Schicksale der Menschen als Aberglaube verworfen wird. Auch der Tod ist nicht zu fürchten, da er vom Menschen überhaupt nicht wahrgenommen werden kann: „Das schauerlichste aller Übel, der Tod, hat also keine Bedeutung für uns; denn solange wir da sind, ist der Tod nicht da, wenn aber der Tod da ist, dann sind wir nicht da." So lässt sich der Weg des Menschen zu einem glücklichen Leben letztlich mit Epikur im sog. *Tetrapharmakon* (der „vierfachen Medizin") zusammenfassen: „Keinen Schrecken mehr erregt der Gott, keine Angst der Tod, das Gute ist leicht zu beschaffen, das Bedrohliche ist leicht zu ertragen" (aus dem Brief an Menoikeus). Am Ende dieses Weges steht für ihn die innere Freiheit, die vollkommene Seelenruhe.

?!

- Setzen Sie das „vierfache Heilmittel" Epikurs mit Ihren eigenen Vorstellungen von einem geglückten Leben in Beziehung, die Sie zu Beginn der Stunde erarbeitet haben!

Raffael, Die Schule von Athen: Epikur (Detail), 1508–11

Es ist wohl kein Zufall, dass Raffael die Gruppe der Epikureer in seiner Schule „Schule von Athen" ganz an den Rand gerückt hat. Dies entspricht vielmehr der Idealvorstellung Epikurs von einem „Leben im Verborgenen". Epikur nimmt nicht an den lebhaften Gesprächen der Vertreter anderer philosophischer Schulen teil, sondern ist ganz in sich versunken und widmet sich still und zurückgezogen seinen Aufzeichnungen. Auch der verdeckte Mann im Hintergrund dürfte auf dieses Idealbild eines philosophischen Weisen im Sinne Epikurs verweisen.

?!

- Epikurs Ideal eines vollkommen zurückgezogenen Lebens scheint gesellschaftspolitisches Engagement von vornherein auszuschließen. Diskutieren Sie, ob ein solcher Weg aus heutiger Sicht noch tragfähig sein kann!

2. Naturrecht

Bei der Suche nach einer Antwort auf die Frage nach allgemein gültigen Wertvorstellungen, die uns als Verhaltensorientierung im Alltag dienen können, schlägt die *Naturrechtsethik* einen ganz anderen Weg ein als zum Beispiel der Hedonismus, der Rechtspositivismus oder der Utilitarismus. Einige Vorüberlegungen sollen uns den Einstieg erleichtern.

Der Traum vom perfekten Baby – Anspruch oder Anmaßung?

In der 10. Jahrgangsstufe haben Sie sich mit den heutigen Möglichkeiten und Perspektiven der Biotechnik (der sog. „life sciences") vertraut gemacht. Dazu gehören zum Beispiel auch folgende Verfahrensweisen, die darauf ausgerichtet sind, den Traum vom perfekten Baby zu verwirklichen:

- Zeugung im Reagenzglas (In-vitro-Fertilisation)
- Embryonenspende
- Klonen von befruchteten Eizellen (therapeutisches Klonen)
- Präimplantationsdiagnostik (PID)
- Präimplantationstherapie
- Pränatale Diagnostik

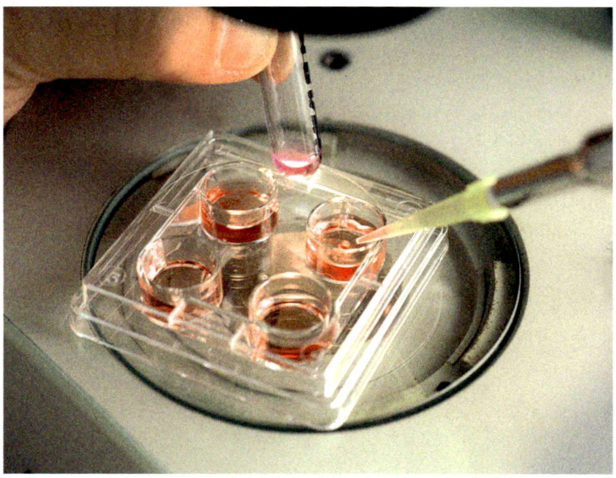

In-vitro-Fertilisation

?!

- Erstellen Sie unter Rückgriff auf die in der 10. Jahrgangsstufe erarbeiteten Kenntnisse eine Mindmap zu Chancen und Grenzen der Biotechnik und beziehen Sie dabei auch den folgenden Text des katholischen Moraltheologen Eberhard Schockenhoff mit ein!

„Die Würde des Menschen kann nur dann als ein realer, das Zusammenleben der Bürger in einem demokratischen Staatswesen bestimmender Begriff gedacht werden, wenn sie jedem menschlichen Individuum allein aufgrund seiner Gattungszugehörigkeit vom Ursprung seiner Existenz an eigen ist. Nach der bei unserem derzeitigen Wissensstand als gesichert geltenden Erkenntnis können wir den Zeitpunkt, an dem das individuelle Menschenleben beginnt, präzise benennen. Mit der Konstitution des neuen Genoms, die durch die Verschmelzung von Ei- und Samenzelle erfolgt, ist das vollständige Entwicklungspotenzial des neuen Menschen gegeben. Der Embryo ist also von Anfang an artspezifisch (als Mensch) wie auch individualspezifisch (als dieser Mensch) festgelegt, ohne dass seine weitere Entwicklung Zäsuren aufweist. Die Annahme einer nicht von Anfang an gegebenen, sondern erst stufenweise einsetzenden Schutzwürdigkeit des embryonalen Lebens kann sich daher nicht auf die biologische Entwicklung selbst, sondern nur auf externe Festlegungen berufen, die an dieser keinen Anhaltspunkt finden."

(Eberhard Schockenhoff, Die Ethik des Heilens und die Menschenwürde)

Schockenhoff legt seiner Argumentation das Kriterium zugrunde, unter welchen Bedingungen wir überhaupt von *menschlichem* Leben sprechen können. Dabei wird vorausgesetzt, dass menschlichem Leben eine besondere Würde zukommt und es deshalb auch von Anfang an in besonderer Weise geschützt werden muss. Mit dieser Argumentationsweise haben wir bereits naturrechtliche Fragestellungen berührt.

Naturrechtliche Argumentation findet sich bereits in der Philosophie der Antike. Hier werden die Handlungsnormen auf eine umfassende, übergreifende Ordnung zurückgeführt, die jedem Seienden seinen Platz im Kosmos zuweist. Es ist der Platz, der seinem Wesen entspricht, das wiederum in der „Natur", also letztlich der Gattungszugehörigkeit begründet ist. Wir stoßen hier also auf einen ähnlichen Begründungszusammenhang wie in der Stellungnahme Schockenhoffs.

Dem Menschen kommt im Kontext dieses Modells der Normbegründung aufgrund seiner Fähigkeit, sich rational zur Welt zu verhalten, eine besondere Stellung im Weltganzen zu: Seine Aufgabe ist es, die Gesetzmäßigkeiten zu erkennen, die das Leben im Kosmos bestimmen, und die damit verbundenen Zwecke durch sein Handeln soweit möglich zu fördern.

Der Theologe Thomas von Aquin (geb. 1225 oder 1226, gest. 1274) hat die antike Vorstellung vom Naturrecht aufgegriffen und im Kontext seiner biblisch begründeten Weltsicht weiterentwickelt. Für ihn ist die übergreifende Ordnung des antiken Naturrechtsdenkens mit der Schöpfungsordnung gleichzusetzen, der in ihrer Sinnhaftigkeit ein absolut verbindlicher Charakter zukommt. In Natur und Geschichte spiegelt sich die göttliche Vorsehung wider, die uns Menschen zugleich die Maßstäbe unseres Handelns vorgibt.

Stellt sich dem Menschen also die Frage nach dem rechten Handeln, so bleibt er bei Thomas von Aquin stets auf den Schöpfungsplan Gottes zurückverwiesen. Dieser ist das „ewige Gesetz" (lat. *lex aeterna*), das allen ethischen Weisungen, die das „natürliche Sittengesetz" ausmachen, zugrunde liegt. Mithilfe der Vernunft kann der Mensch erkennen, was nach dem Willen Gottes gut und böse ist. Dabei gilt als oberster Grundsatz, dass Gut und Böse sich prinzipiell gegenseitig ausschließen. Alle anderen Weisungen des natürlichen Sittengesetzes können aus diesem einen Grundprinzip abgeleitet werden.

Damit kommt dem Menschen jedoch – ähnlich wie im Naturrechtsdenken der Antike – eine Sonderrolle zu. Als Gottes Ebenbild ist er dazu bestimmt, frei und bewusst zu handeln; er kann deshalb auch als sein eigener Gesetzgeber tätig werden. Diese Aufgabe nimmt er dadurch wahr, dass er die allgemein gefassten Prinzipien des natürlichen Sittengesetzes auf die verschiedenen Situationen bezieht, die sich ihm stellen können, und sie dadurch mit Leben erfüllt. Um das Gute zu verwirklichen und das Böse zu vermeiden, bedarf es im Alltag konkreter Handlungsnormen, die Thomas von Aquin unter dem „menschlichen Gesetz" (lat. *lex humana*) subsumiert.

Die gesamte sittliche Ordnung muss jedoch stets darauf ausgerichtet sein, dem Wohl der Menschen zu dienen. Oberste Zielsetzung der Ethik ist also bei Thomas von Aquin das sog. „Allgemeinwohl" (lat. *bonum commune*), dem sich die Interessen des einzelnen Menschen im Zweifelsfall unterzuordnen haben.

?!

- Diskutieren Sie den Stellenwert dieser naturrechtlichen Argumentation für aktuelle ethische Fragestellungen und greifen Sie dabei gegebenenfalls nochmals auf das Ausgangsbeispiel – den Traum vom perfekten Baby – zurück!

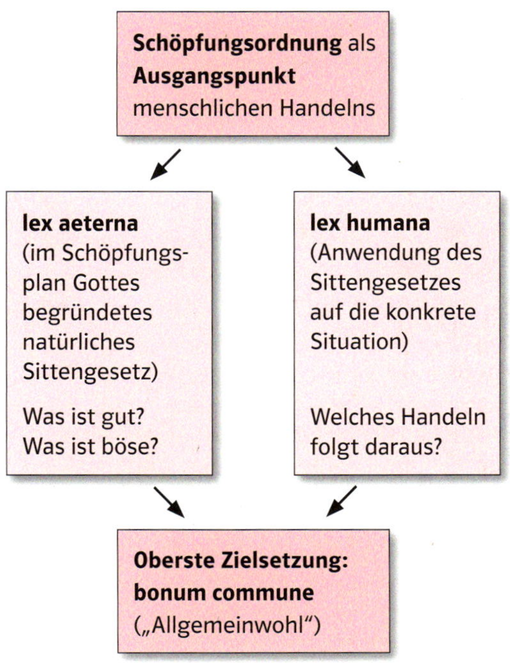

3. Pflichtethik

Als Ausgangspunkt für die Auseinandersetzung mit der *Pflichtethik* soll ein Kriminalfall dienen, der seit 2002 Schlagzeilen macht.

27. September 2002: Der deutsche Jura-Student Magnus Gäfgen entführt den Bankierssohn Jakob von Metzler, tötet ihn, fordert von den Eltern ein Lösegeld in Höhe von einer Million Euro und versteckt die Leiche.

29. September 2002: Gäfgen erhält das Lösegeld in Höhe von einer Million Euro und wird von diesem Augenblick an von der Polizei überwacht.

30. September 2002: Da Gäfgen eine Reise bucht, anstatt sich um seine Geisel zu kümmern, wird er festgenommen.

1. Oktober 2002: Gäfgen versucht, die Polizei durch eine Falschaussage in die Irre zu führen. Daraufhin lässt ihm Polizeivizepräsident Wolfgang Daschner, der davon ausgeht, dass das Leben des Kindes bei raschem Handeln noch zu retten ist, Schmerzen androhen. Daschner weiß, dass er damit objektiv gegen eines der fundamentalsten Menschenrechte (Recht auf körperliche Unversehrtheit) verstößt, subjektiv glaubt er jedoch, dass die Notlage des Kindes einen solchen Tabubruch rechtfertige. Gäfgen gibt nun das Versteck der Leiche preis, Daschner setzt die Staatsanwaltschaft über sein Vorgehen in Kenntnis.

27. Januar 2003: Die Staatsanwaltschaft beginnt mit Ermittlungen gegen Daschner wegen des Verdachts auf Aussageerpressung. Dieser wird von seinen polizeilichen Aufgaben entbunden.

28. Juli 2003: Gäfgen wird wegen Mordes zu lebenslanger Haft verurteilt.

18. November 2004: Der Prozess gegen Wolfgang Daschner wird vor dem Frankfurter Landgericht eröffnet.

20. Dezember 2004: Daschner wird zu einer Geldstrafe verurteilt, die zur Bewährung ausgesetzt wird (sog. „Verwarnung mit Strafvorbehalt"). Das Gericht betont die Verwerflichkeit der Tat, die nicht zuletzt mit Blick auf die deutsche Geschichte während des Nationalsozialismus nicht toleriert werden dürfe. Strafmildernd wird gewertet, dass Daschners Entscheidung, zum Wohle des Tatopfers die Grenzen des rechtlich Zulässigen zu überschreiten, eine „ehrenwerte, verantwortungsbewusste Gesinnung des Angeklagten" zugrunde gelegen habe.

1. Juni 2010: Der Europäische Gerichtshof für Menschenrechte stellt fest, dass Deutschland mit der Androhung von Gewalt gegen Gäfgen gegen das Folterverbot der Europäischen Menschenrechtskonvention verstoßen hat. Die Strafe gegen Daschner sieht das Gericht angesichts des Verstoßes gegen eines der Kernrechte der Menschenrechtskonvention als unverhältnismäßig an, da sie nicht die notwendige abschreckende Wirkung hat, weitere Verstöße gegen das Verbot von Misshandlungen in schwierigen Situationen in Zukunft zu verhindern.

?!

- Setzen Sie sich mithilfe des Konstanzer Modells der Dilemmadiskussion mit dem hier vorliegenden Wertekonflikt auseinander!

Ablauf der Dilemmadiskussion
(Konstanzer Modell)

1. Machen Sie sich mit dem vorliegenden Fallbeispiel vertraut und arbeiten Sie heraus, um welches moralische Problem es im Kern geht: Welche Prinzipien geraten hier miteinander in Konflikt? Führen Sie auf dieser Grundlage eine erste Abstimmung durch!
2. Bilden Sie Kleingruppen, deren Aufgabe es ist, die jeweils favorisierte Entscheidung durch eine detaillierte Argumentation zu untermauern!
3. Bringen Sie die Ergebnisse der Gruppenarbeit in eine Plenumsdiskussion ein! Die wichtigsten Argumente werden stichpunktartig festgehalten.
4. Bringen Sie die Argumente der jeweils anderen Gruppe in eine Rangfolge oder „küren" Sie das aus Ihrer Sicht überzeugendste Argument der Gegenseite!
5. Führen Sie danach eine Schluss-Abstimmung durch und vergleichen Sie das Ergebnis dieser Abstimmung mit dem Meinungsbild zu Beginn der Diskussion!
6. Reflektieren Sie den Ablauf der Dilemmadiskussion!

Man spricht in der Ethik von einem Dilemma, wenn zwei einander widersprechende Handlungs- bzw. Unterlassungsoptionen einander gegenüberstehen, wobei jede Alternative auf den ersten Blick starke oder „zwingende" Gründe aufweist. Im vorliegenden Fall ist das auf der einen Seite der Wunsch, das Leben des Jungen zu retten, auf der anderen Seite stehen die Prinzipien unserer Rechtsordnung, denen zufolge die Anwendung der Folter grundsätzlich ausgeschlossen ist. Welchen Standpunkt nimmt nun in einer solchen Dilemmasituation die Pflichtethik als Modell der Normbegründung ein?

Immanuel Kant: *geb. 1724 in Königsberg, wo er fast sein ganzes Leben verbrachte und 1804 auch verstarb; Philosoph der Aufklärung, der es sich zur Aufgabe gemacht hat, die Würde des Menschen als eines vernünftig handelnden Wesens klar herauszustellen; deshalb auch maßgeblicher Vertreter der sog. Pflichtethik*

Die Pflichtethik wurde als Modell der Normbegründung entscheidend von Immanuel Kant geprägt. Vor dem Hintergrund der Philosophie der Aufklärung sieht Kant den Menschen als das Wesen der Vernunft; seine Bestimmung ist es deshalb, soweit möglich frei und verantwortlich zu handeln. Der Mensch ist in sittlichen Fragen sein eigener Gesetzgeber, er ist in seinem Handeln autonom.

Das bedeutet jedoch auch, dass er in Konfliktfällen grundsätzlich seinen inneren Überzeugungen zu folgen hat, in denen sich nach Auffassung von Kant das natürliche Sittengesetz verkörpert. „Es ist überall nichts in der Welt, ja überhaupt auch außer derselben zu denken möglich, was ohne Einschränkung für gut könnte gehalten werden, als allein ein guter Wille" (*Grundlegung zur Metaphysik der Sitten*). Der gute Wille und die daraus abgeleiteten Pflichten sind für ihn oberste Handlungsprinzipien, die im Kategorischen Imperativ zusammengefasst werden können: „Handle nur nach derjenigen Maxime, durch die du zugleich wollen kannst, dass sie ein allgemeines Gesetz werde."

Diese Handlungsprinzipien gelten Kant zufolge absolut und uneingeschränkt, also ohne jede Rücksicht auf mögliche negative oder positive Folgen der Tat. Man ordnet deshalb die Pflichtethik auch dem *deontologischen* Ansatz der Normbegründung zu (abgeleitet von griech. *to deon*, „das Verpflichtende, Schuldige"); diesem Ansatz zufolge liegt jeder Tat ein klarer Maßstab zugrunde, der unter allen Bedingungen einzuhalten ist. Bei der moralischen Beurteilung einer Handlung kommt es für Kant allein darauf an, „auf das subjektive Prinzip aller Maximen mit der äußersten Genauigkeit achtzuhaben, damit alle Moralität der Handlungen in der Notwendigkeit derselben aus Pflicht und aus Achtung fürs Gesetz, nicht aus Liebe und Zuneigung zu dem, was die Handlungen hervorbringen sollen, gesetzt werde". So formuliert er es in seiner „Kritik der praktischen Vernunft" und bringt damit das Anliegen der Pflichtethik genau auf den Punkt.

?!

- Überlegen Sie, wie Immanuel Kant auf der Grundlage der Prinzipien der Pflichtethik im vorliegenden Fallbeispiel entschieden hätte!
- Setzen Sie sich vor diesem Hintergrund auch nochmals kritisch mit Ihrer persönlichen Bewertung des Falles auseinander!

4. Rechtspositivismus

Hans Filbinger (1913–2007), ehemaliger Ministerpräsident von Baden-Württemberg, musste 1978 von seinem Amt zurücktreten, als bekannt wurde, dass er in seiner Funktion als Marinerichter von 1943 bis 1945 an Todesurteilen gegen Menschen beteiligt war, die sich dem Krieg durch Fahnenflucht entziehen wollten. Er selbst sah sich bis zuletzt als Opfer einer Rufmordkampagne. In diesem Zusammenhang steht auch die folgende Äußerung, mit der er versuchte, sein Verhalten während der NS-Zeit zu rechtfertigen: „Was damals rechtens war, kann heute nicht Unrecht sein."

?!

- Setzen Sie sich in einer Pro- und Kontra-Debatte mit dieser Äußerung kritisch auseinander!
- Überlegen Sie, welche Wertorientierung der hier vertretenen Auffassung zugrunde liegen könnte, und ziehen Sie die folgenden Ausführungen zu „Antigone" zum Vergleich heran!

Der Konflikt, der hier zutage tritt, kommt bereits in dem 442 v. Chr. erstmals aufgeführten Drama „Antigone" des griechischen Dramatikers Sophokles auf exemplarische Weise zum Ausdruck. Nach dem Tod des Ödipus kommt es zum Streit um die Nachfolge. Dabei töten Eteokles und Polyneikes, die Brüder der Antigone, sich gegenseitig. Ihr Onkel Kreon übernimmt die Herrschaft über Theben. In dieser Funktion erlässt er aus Gründen der Staatsraison ein Gesetz, dass Polyneikes, der seine Heimat verraten hat, nicht bestattet werden darf. Antigone sieht es jedoch als ihre schwesterliche Pflicht an, diesem Gesetz zuwiderzuhandeln, um den Willen der Götter zu erfüllen. Sie wird dabei beobachtet und vor Kreon gebracht, der sie zum Tode verurteilt. Antigone opfert ihr Leben, da ihrer Ansicht nach der ewige Wille der Götter schwerer wiegt als die staatliche Gesetzgebung. Dem Gebot Kreons zu folgen, wäre deshalb in ihren Augen ein schweres Unrecht, das sie nicht auf sich nehmen möchte: *„Götterwille steht über dem Gesetz des Königs"*, so Antigone, die fest von der Richtigkeit ihres Tuns überzeugt ist und auch im Angesicht des Todes keinerlei Reue empfindet. Das von Kreon vertretene Modell der Normenbegründung entspricht dem des sog. *Rechtspositivismus*. Das „positive Recht" steht dem Begriff nach für ein „gesetztes Recht" (abgeleitet von lat. *positum*, „gesetzt"). Was gut oder böse ist, hängt nur von der formalen Richtigkeit ab. Gut ist demnach ein Gesetz, das formal richtig erlassen ist, legitimiert ist es allein durch das Ermessen des Gesetzgebers und nicht durch Bindung an ein alle Menschen verpflichtendes ewiges Recht. Das „positive Recht" wurde im 19. Jh. zur grundlegenden Option für die gesamte Rechtsbegründung. Dabei war es das oberste Ziel, das Staatswesen möglichst zweckmäßig zu organisieren. Die besondere Problematik dieses Ansatzes erwies sich jedoch in der Rechtsdiskussion des 20. Jhs., als Richter sich nach 1945 für ihre Urteile aus der Zeit des Nationalsozialismus verantworten mussten und ihre Entscheidungen – genau wie Hans Filbinger – damit rechtfertigten, sie hätten ja nur das bestehende Recht umgesetzt.

Aufführung der Antigone des Sophokles in den Münchner Kammerspielen: Kreon und Antigone

Was beim Rechtspositivismus völlig ausgeklammert wird, ist eine mögliche Beziehung zwischen Recht und Moral. Am entschiedensten wurde diese Position von dem Juristen Hans Kelsen (1881–1973) vertreten. Dieser sieht in Recht und Moral zwei völlig unabhängige Wertsysteme (sog. „Trennungsthese“). Da die Gerechtigkeit dem Bereich der Moral zugeordnet ist, kann sie seiner Auffassung zufolge kein Gegenstand des Rechts sein; ihre Begründung ist vielmehr Thema der philosophischen Ethik. Stattdessen kann „jeder beliebige Inhalt“ zum Gegenstand des Rechts werden, der sich in ein Ordnungssystem einfügt und dem – notfalls auch durch den Einsatz von Zwangsmitteln – öffentliche Geltung verschafft wird.

Dieser Extremposition steht die Lehre von der „Radbruch'schen Formel“ (benannt nach dem deutschen Rechtsphilosophen Gustav Radbruch, 1878–1949) gegenüber, die „unerträglich ungerechte“ Normen auch dann nicht als geltendes Recht anerkennt, wenn die entsprechenden Gesetze klar definiert und sozial wirksam sind. Das „übergesetzliche Recht“ wird hier dem „gesetzlichen Unrecht“ eindeutig übergeordnet: „… wo Gerechtigkeit nicht einmal erstrebt wird, wo die Gleichheit, die den Kern der Gerechtigkeit ausmacht, bei der Setzung positiven Rechts bewusst verleugnet wurde, da ist das Gesetz nicht etwa nur ‚unrichtiges' Recht, vielmehr entbehrt es überhaupt der Rechtsnatur. Denn man kann Recht, auch positives Recht, gar nicht anders definieren als eine Ordnung und Satzung, die ihrem Sinne nach bestimmt ist, der Gerechtigkeit zu dienen“ *(Gesetzliches Unrecht und übergesetzliches Recht).* An anderer Stelle sagt Gustav Radbruch noch einmal ganz klar und unmissverständlich: „Wo also Gerechtigkeit nicht einmal erstrebt wird, können die so geschaffenen Anordnungen nur Machtsprüche sein, niemals Rechtssätze“ *(Vorschule der Rechtsphilosophie).*

In der Rechtsprechung der Bundesrepublik Deutschland fand die „Radbruch'sche Formel“ schon wiederholt Anwendung, und zwar sowohl bei der Aufarbeitung des NS-Unrechts als auch bei den sog. „Mauerschützen-Prozessen“ nach dem Ende des DDR-Regimes.

Andenken an die Maueropfer

Dabei handelt es sich um eine Serie von Prozessen, in denen ehemalige Grenzsoldaten und Kommandeure der DDR-Grenztruppen nach der Wende wegen der Todesschüsse an der deutsch-deutschen Grenze zur Verantwortung gezogen wurden. Insgesamt kamen über 100 Menschen bei Fluchtversuchen aus der DDR ums Leben (s. Abb.). Grundlage der Todesschüsse war der sog. Schießbefehl, der von 1961 an 28 Jahre lang bei der täglichen „Vergatterung“ der Wacheinheiten erneuert wurde. Weit über 200 Menschen wurden seit der Wende angeklagt, die meisten abgeschlossenen Verfahren endeten mit Freiheits- und Bewährungsstrafen. Weder der Bundesgerichtshof noch das Bundesverfassungsgericht gestanden den Angeklagten zu, in einer Situation des „Befehlsnotstandes“ gehandelt zu haben. Diese hätten vielmehr erkennen müssen, dass es sich bei den Schüssen auf Flüchtlinge um ein Verbrechen gegen die Menschlichkeit handelt und hätten den Befehl deshalb aus Gewissensgründen verweigern müssen.

?!

- Nehmen Sie auf der Grundlage der vorliegenden Informationen einen begründeten Standpunkt zur Entscheidung des Bundesverfassungsgerichts ein!

5. Utilitarismus

Kehren wir nochmals zu dem Beispiel vom Kapitelanfang zurück. Ist es vertretbar, sich in einer Prüfung auf unlautere Weise einen Vorteil zu verschaffen? Könnte ein solches Verhalten schon allein dadurch gerechtfertigt werden, dass es mir einen persönlichen Nutzen bringt? Wie verhält sich mein persönlicher Nutzen zum Nutzen aller anderen an der Prüfung Beteiligten? Es sind genau solche Fragen, die sich der *Utilitarismus* (abgeleitet von lat. *utilis*, „nützlich") als Modell der Normbegründung stellt.

Jeremy Bentham (1748–1832, Bild oben) und John Stuart Mill (1806–1873, Bild unten) werden als die Begründer des modernen Utilitarismus angesehen. Sie reagieren damit auf die Veränderungen des 19. Jahrhunderts, die vor allem durch die zunehmende Industrialisierung und die dadurch bedingten Umbrüche verursacht wurden und zu großer Verunsicherung, vor allem aber zu enormen sozialen Verwerfungen führten. Vor diesem Hintergrund setzen sie zwar in ihren Schriften unterschiedliche Akzente, vertreten jedoch letztlich eine gemeinsame Zielsetzung: Beide definieren sie den *Nutzen*, um den es im Utilitarismus geht, als „das größtmögliche Glück für die größtmögliche Zahl von Menschen".

Auf den ersten Blick eine ganz einfache Definition – was das jedoch konkret für das politische Handeln bedeutet, sollen die folgenden Überlegungen zu einigen aktuellen Fragestellungen verdeutlichen.

?!

- Stimmen Sie über die folgenden Fragen zunächst spontan ab und erstellen Sie auf diese Weise ein erstes Meinungsbild!
- Setzen Sie sich danach im Unterrichtsgespräch detailliert mit der Frage auseinander, inwiefern die angesprochenen Maßnahmen geeignet sein könnten, „das größtmögliche Glück für die größtmögliche Zahl von Menschen" zu fördern!
- Stimmen Sie danach noch einmal ab und stellen Sie fest, ob sich infolge der Anwendung des Utilitarismus als Maßstab politischen Handelns eine Änderung im Meinungsbild Ihrer Klasse ergeben hat!

Fragen für die Abstimmung:

1. Sollte bei uns in Deutschland ein Mindestlohn verpflichtend eingeführt werden?
2. Sollten die Sozialleistungen des Staates grundsätzlich erhöht werden?
3. Sollte es nur ein Krankenkassensystem mit einheitlichem Grundbetrag für alle Mitglieder geben?
4. Sollte es für alle Familien mit Kindern einen Rechtsanspruch auf einen kostenlosen Kindergartenplatz geben?
5. Sollte der bislang verpflichtende Wehrdienst bzw. Zivildienst durch einen allgemeinen sozialen Dienst für Männer und Frauen ersetzt werden?

Vermutlich hat Ihre Diskussion gezeigt, dass der Utilitarismus nicht zwangsläufig zu einer egoistischen Grundhaltung führen muss, obwohl hier der Nutzen oberster Maßstab des Handelns ist. Da beim Utilitarismus jedoch die Zielorientierung im Vordergrund steht, wird dieses Modell dem *teleologischen* Ansatz der Normbegründung zugeordnet (abgeleitet von griech. *telos*, „Ziel").

Anhand eines Textauszugs von John Stuart Mill können diese Gedankengänge exemplarisch noch etwas genauer verfolgt werden.

„Die Auffassung, für die die Nützlichkeit oder das Prinzip des größten Glücks die Grundlage der Moral ist, besagt, dass Handlungen insoweit und in dem Maße moralisch richtig sind, als sie die Tendenz haben, das Glück zu befördern, und insoweit moralisch falsch, als sie die Tendenz haben, das Gegenteil von Glück zu bewirken. Unter ‚Glück' ist dabei Lust *(pleasure)* und das Freisein von Unlust *(pain)*, unter ‚Unglück' Unlust und das Fehlen von Lust verstanden. (...) Eine solche Lebensauffassung stößt bei vielen Menschen, darunter manchen, deren Fühlen und Trachten im höchsten Maße achtenswert ist, auf eingewurzelte Abneigung. Der Gedanke, dass das Leben (wie sie sagen) keinen höheren Zweck habe als die Lust, kein besseres und edleres Ziel des Wollens und Strebens, erscheint ihnen im äußersten Grade niedrig und gemein; als eine Ansicht, die nur der Schweine würdig wäre (...). Nur wenige Menschen würden darin einwilligen, sich in eines der niederen Tiere verwandeln zu lassen, wenn man ihnen verspräche, dass sie die Befriedigung des Tiers im vollen Umfange auskosten dürften. (...) Ein höher begabtes Wesen verlangt mehr zu seinem Glück, ist wohl auch größeren Leidens fähig und ihm sicherlich in höherem Maße ausgesetzt als ein niedrigeres Wesen; aber trotz dieser Gefährdungen wird es niemals in jene Daseinsweise absinken wollen, die es als niedriger empfindet. (...) Es ist besser, ein unzufriedener Mensch zu sein als ein zufriedengestelltes Schwein; besser ein unzufriedener Sokrates als ein zufriedener Narr. Und wenn ein Narr oder das Schwein anderer Ansicht sind, dann deshalb, weil sie nur die eine Seite der Angelegenheit kennen."

(John Stuart Mill, Über Lust als Grundlage der Moral)

Aus den Ausführungen von John Stuart Mill wird deutlich, dass er dem Menschen und dessen Glücksansprüchen einen besonders hohen Stellenwert einräumt. Die geistigen Freuden wiegen bei ihm schwerer als die sinnliche Lust, wie sie auch Tiere empfinden können. Mit dieser qualitativen Unterscheidung, die deutlich über den rein quantitativen Ansatz Jeremy Benthams hinausgeht, bereitet Mill bereits dem modernen Präferenzutilitarismus den Weg (*Präferenz* bedeutet wörtlich „Vorrang, Vorzug"), der uns abschließend noch kurz beschäftigen wird.

Ein wichtiger, aber auch sehr umstrittener Vertreter des Präferenzutilitarismus ist der australische Philosoph Peter Singer (geb. 1946). Für Singer ist eine Handlung dann als moralisch gut zu bewerten, wenn das Ergebnis, das aus ihr folgt, den Lebensinteressen von „Personen" am besten gerecht wird. Dabei unterscheidet Singer ausdrücklich zwischen „Personen" und „menschlichen Wesen". Personen sind für ihn Lebewesen, die über Selbstbewusstsein und eine längerfristige Lebensplanung verfügen; sie dürfen unter keinen Umständen getötet werden. „Eine Person zu töten bedeutet (...) normalerweise nicht nur eine, sondern eine Vielzahl der zentralsten und bedeutendsten Präferenzen, die ein Wesen haben kann, zu verletzen. Sehr oft wird dadurch alles, was das Opfer in den vergangenen Tagen, Monaten oder sogar Jahren zu tun bemüht war, ad absurdum geführt." Nur Menschen, die dieses Kriterium erfüllen, also Personstatus haben, werden bei Singer unter einen besonderen Schutz gestellt. Ihnen kommen besondere Rechte zu, die von anderen Personen respektiert werden müssen. Einem stark behinderten Kind zum Beispiel wird dieses Recht ausdrücklich abgesprochen. Hier liegt es Singers Auffassung zufolge allein im Ermessen der Eltern zu entscheiden, ob sie dieses Kind annehmen wollen oder nicht. Für ihn ist es jedoch auch moralisch vertretbar, diese Kinder zu töten.

?!

- Fassen Sie die Argumentation des Utilitarismus bzw. des Präferenzutilitarismus in Thesenform zusammen!
- Setzen Sie sich unter Rückgriff auf die Fragestellungen vom Stundenanfang differenziert mit möglichen Vor- und Nachteilen dieses Modells der Normbegründung auseinander!

6. Ethik der Verantwortung (Hans Jonas)

„Der Mensch ist das einzige uns bekannte Wesen, das Verantwortung haben kann. Indem er sie haben kann, hat er sie."

(Hans Jonas)

?!

- Entwerfen Sie eine kleine Rede, in deren Zentrum das vorliegende Zitat steht, und tragen Sie diese anschließend Ihren Mitschülerinnen und Mitschülern vor!

Das Zitat führt uns mitten hinein in das Denken von Hans Jonas, der 1979 in seinem Buch „Das Prinzip Verantwortung. Versuch einer Ethik für die technologische Zivilisation" ein eigenes Modell der Normbegründung entwickelt hat, das im Folgenden genauer vorgestellt werden soll.

***Hans Jonas:** geb. 1903 in Mönchengladbach, 1933 emigriert, gest. 1993 in der Nähe von New York; auf der Grundlage der prophetischen Tradition und der philosophischen Ethik Immanuel Kants entwickelte er seine „Ethik der Verantwortung"*

Jonas zufolge ist die heutige Lebenswelt vor allem durch den technischen Fortschritt geprägt. Die moderne Technik erweitert erheblich den Handlungsspielraum des Menschen, ohne dass er überhaupt noch in der Lage wäre, die langfristigen Folgen seines Tuns abzuschätzen. „Mit dem, was wir hier und jetzt tun, und meist mit Blick auf uns selbst, beeinflussen wir massiv das Leben von Millionen andernorts und künftig, die hierbei keine Stimme hatten (...); die ethische Kategorie, die vorzüglich durch diese neue Tatsache auf den Plan gerufen wird, heißt: Verantwortung." Damit setzt die Technik den Menschen in eine Rolle ein, „die nur die Religion ihm manchmal zugesprochen hatte: die eines Verwalters oder Wächters der Schöpfung." Dieser Aufgabe kann er jedoch nur gerecht werden, wenn die bisherige „Nahethik" durch eine „Fernethik" ersetzt wird, die diesen langfristigen Perspektiven Rechnung trägt. Der oberste Grundsatz der Ethik muss deshalb lauten: „Handle so, dass die Wirkungen deiner Handlungen mit der Permanenz (Fortdauer) menschenwürdigen Lebens verträglich sind!"

Aus diesem *„Imperativ der Verantwortung"* leitet Jonas folgende umweltethische Prinzipien ab:

1. Das Gute wird über den Umweg des Übels erkannt. Das Übel ist die Vorstellung der möglichen negativen Folgen menschlichen Handelns.
2. Die angemessene Art und Weise, auf diese Vorstellung zu reagieren, ist die Furcht; deren Kultivierung wird zur ethischen Pflicht, denn sie ist es, die uns letztlich zu Entscheidungen führen soll.
3. Der Unheilsprognose ist grundsätzlich mehr Glauben zu schenken als der Heilsprognose *(„in dubio pro malo").* Sobald auch nur die Möglichkeit besteht, dass eine bestimmte Technologie die Zukunft der Menschheit gefährdet, ist es auch ohne sicheren Beweis moralisch nicht mehr zu vertreten, diese Technologie einzusetzen.

?!

- Jonas begründet seine Ethik der Verantwortung mit dem schöpfungstheologischen Auftrag, dass es dem Menschen auferlegt sei, „Hüter seines Bruders" zu sein. Belegen Sie diesen Zusammenhang mithilfe Ihrer im Vorjahr erworbenen Kenntnisse!

Kurz vor seinem Tod hielt Hans Jonas anlässlich einer Preisverleihung in Udine eine Rede, der auch der folgende Auszug entnommen ist. Es waren seine letzten öffentlichen Worte, denen somit zugleich die Funktion eines Vermächtnisses zukommt:

„Einst war es die Religion, die uns mit dem Jüngsten Gericht am Ende der Tage drohte. Heute ist es unser gemarterter Planet, der das Kommen eines solchen Tages vorhersagt, ohne irgendwelches himmlisches Eingreifen. Die jüngste Offenbarung – von keinem Berge Sinai, auch nicht von dem der Bergpredigt und von keinem heiligen Feigenbaum des Buddha – ist der Aufschrei der stummen Dinge selbst und bedeutet, dass wir uns zusammentun müssen, um unsere die Schöpfung überwältigenden Kräfte in die Schranken zu weisen, damit wir nicht gemeinsam zugrunde gehen auf dem Ödland, das einst die Schöpfung war."

(Hans Jonas, Erinnerungen)

?!

- Setzen Sie sich auf der Grundlage dieses Appells mit den folgenden Materialien (Thesen und Karikatur) zum Klimawandel auseinander und zeigen Sie auf, welche ethischen Normen daraus abgeleitet werden können! Sie finden den Weltklimabericht auf der Website des IPCC, wo Sie auch weitere Informationen erhalten können.
- Schreiben Sie einen kommentierenden Leserbrief zu dieser Thematik, in dem Sie diese ethischen Forderungen aufgreifen!
- Diskutieren Sie Vor- und Nachteile dieses Modells der Normbegründung und beziehen Sie dabei auch aktuelle umweltethische Fragen mit ein!

Einige Thesen aus dem Weltklimabericht der UNO aus dem Jahr 2007

- Der Gehalt von Treibhausgasen in der Atmosphäre hat sich infolge menschlichen Handelns seit 1750 merklich erhöht – vor allem wegen des Verbrauchs fossiler Energieträger wie Öl, Gas und Kohle.
- Die damit verbundene Erwärmung der Atmosphäre führt zu einer zunehmenden Häufigkeit von Hitzewellen und starken Regenfällen; das Eis in der Arktis könnte bis zum Ende dieses Jahrhunderts fast völlig verschwinden.
- Bis 2100 wird mit einem Temperaturanstieg zwischen 1,1 und 6,4 Grad Celsius gerechnet; dies wird voraussichtlich auch zu einer zunehmenden Intensität von Hurrikans führen.
- Der Meeresspiegel wird nach Schätzung der Forscher um 18 bis 59 Zentimeter steigen. Wenn das Abschmelzen des Polareises fortschreitet, sind weitere 10 bis 20 Zentimeter möglich. Eine mögliche Folge wäre zum Beispiel das Versinken der Insel Sylt.

Horst Haitzinger, Globetrottel

7. Diskursethik (Jürgen Habermas)

Einerseits sind die Menschen einander im Zeitalter der Globalisierung sehr nahe gerückt, andererseits können die unterschiedlichen religiösen, weltanschaulichen, ethischen oder gesellschaftspolitischen Auffassungen dadurch umso heftiger aufeinanderprallen. Globalisierung und Pluralismus sind zu beherrschenden Faktoren im Zusammenleben der Kulturen geworden. Vor diesem Hintergrund ist es umso wichtiger, dass die Menschen lernen, miteinander zu leben, und das heißt vor allem auch: auf die richtige Art und Weise miteinander zu reden.

In den letzten Jahrzehnten des 20. Jahrhunderts hat es sich die *Diskursethik* zur Aufgabe gemacht, die notwendigen Spielregeln für einen solchen Dialog festzulegen. Welchen Problemen und Herausforderungen sie sich dabei stellen muss, kann uns die folgende Positionierungsübung am Beispiel der aktuellen Menschenrechtsdiskussion verdeutlichen.

***Jürgen Habermas:** geb. 1929, bis 1994 Professor für Philosophie in Frankfurt; gilt neben Karl-Otto Apel als Begründer der sog. Diskursethik*

?!

- Ordnen Sie die beiden folgenden Thesen zwei Ecken des Klassenzimmers zu und beziehen Sie dann im wahrsten Sinne des Wortes die „Position", die Ihrer persönlichen Überzeugung am nächsten kommt!
- Tauschen Sie sich im Anschluss daran über die Frage aus, warum Sie jeweils diesen Standpunkt eingenommen haben!

Erste These:

Der Religionsfreiheit kommt eine zentrale Rolle im Kontext der Menschenrechte zu. Deshalb ist sie auch dann zu respektieren, wenn es dadurch zu Konflikten mit anderen Menschenrechten (etwa in Bezug auf die Gleichberechtigung von Mann und Frau) kommen sollte.

Zweite These:

Im Interesse eines universalen, weltweiten Geltungsanspruchs sind die Menschenrechte auch dann einzufordern, wenn es dadurch zu Konflikten mit bestimmten religiösen Traditionen und damit letztlich mit der Forderung nach Religionsfreiheit kommt.

Im folgenden Kapitel werden Sie noch genauere Hintergrundinformationen zu der hier angeschnittenen Problematik erhalten. An dieser Stelle soll es zunächst einmal darum gehen, aufzuzeigen, wie die Diskursethik versucht, derartige Streitpunkte aufzugreifen und einer positiven – und das heißt vor dem Hintergrund der aktuellen Bedrohung durch den internationalen Terrorismus vor allem auch: gewaltfreien – Lösung zuzuführen.

Um eine ideale Sprechsituation zu ermöglichen, deren oberstes Prinzip ein herrschaftsfreier Dialog sein soll, sind bestimmte Verfahrensregeln einzuhalten, die Jürgen Habermas folgendermaßen auf den Punkt bringt:

1. Öffentlichkeit,
2. Gewaltlosigkeit,
3. Aufrichtigkeit,
4. gleiche Kommunikationsrechte für alle.

Sind all diese Forderungen erfüllt, liegt Habermas zufolge eine ideale Sprechsituation vor, in der gemeinsam um die Wahrheit gerungen wird. Damit verabschiedet er zugleich den herkömmlichen philosophischen Wahrheitsanspruch, der seiner Auffassung zufolge den Wahrheitsgehalt einer Aussage an deren Übereinstimmung mit dem objektivierbaren Sachverhalt bemessen hat (sog. *Korrespondenztheorie*). An seine Stelle tritt bei Habermas ein Verfahrensbegriff, d.h., die Wahrheit ergibt sich erst im Verlauf des Dialogs.

Die Wahrheit steht für Habermas am Ende des Prozesses als das, worauf die Gesprächspartner sich einigen können. Sie ist also nichts anderes als der Konsens der Teilnehmer, der im Laufe des Gesprächs erzielt wird (sog. *Konsenstheorie*).

Letztes Ziel des Dialogs ist immer die friedliche Verständigung mit allen am Diskurs Beteiligten, und zwar ganz unabhängig davon, in welchen Lebenswelten diese beheimatet sind und welche Vorstellungen und Wertorientierungen sie mitbringen. Deshalb gibt es für diesen Dialog keine wie auch immer gearteten inhaltlichen Vorgaben. Erst auf der Grundlage der Verständigung wird eine ethische Vereinbarung getroffen, der durchaus ein verbindlicher Charakter zukommen soll, obwohl ihre einzige Legitimation letztlich in der Zustimmung aller Betroffenen besteht.

„Jede gültige Norm muss der Bedingung genügen, dass die Folgen und Nebenwirkungen, die sich aus ihrer allgemeinen Befolgung für die Befriedigung der Interessen jedes Einzelnen voraussichtlich ergeben, von allen Betroffenen zwanglos akzeptiert werden können."
(Jürgen Habermas)

Der „Runde Tisch" im Leipziger Ratssaal des Neuen Rathauses, in dem sich 1990 Bürgerrechtler und Vertreter des alten SED-Regimes gegenübersitzen, lässt erkennen, dass in der Politik vielfach versucht wird, Fragen und Probleme im Konsens der Gesprächsteilnehmer zu lösen. Der „Runde Tisch" versinnbildlicht darüber hinaus eine ideale Sprechsituation im Sinne von Habermas.

?!

- Überlegen Sie, auf welche Weise die Diskursethik einen Beitrag dazu leisten könnte, den eingangs diskutierten Konflikt über die Religionsfreiheit zu entschärfen, und wie ein möglicher Konsens in dieser konkreten Frage aussehen könnte!
- Setzen Sie sich im Anschluss daran kritisch mit der Frage auseinander, wo die Grenzen der Diskursethik liegen, wenn diese als Modell der Normbegründung zur Anwendung kommen soll!

1954 veröffentlichte William Golding (1911–1993) seinen Roman „Herr der Fliegen" *(Lord of the Flies)*, in dem er dem 20. Jahrhundert auf seine Weise einen Spiegel vorhielt.

Eine Gruppe von sechs- bis zwölfjährigen englischen Schuljungen soll vor einem Atomkrieg in Sicherheit gebracht werden. Als ihr Flugzeug abstürzt, sind sie die einzigen Überlebenden auf einer abgelegenen, unbewohnten Insel im Pazifik. Nachdem sie zunächst das Gefühl grenzenloser Freiheit genossen haben, beschließen sie, dass es an der Zeit ist, sich selbst eine Ordnung zu geben: „Wir brauchen Gesetze, denen wir gehorchen. Schließlich sind wir keine Wilden." In seinem Roman führt William Golding auf spannende Weise vor, wie der Versuch der Jungen scheitert, ihr Zusammenleben auf der Insel selbstständig zu regeln. Schon bald kommt es zu ersten Spannungen; diese eskalieren immer mehr und führen schließlich zu einer tödlichen Konfrontation, bevor die Überlebenden von der Marine gerettet werden. In diesem Handlungsablauf spiegelt sich in den Jahren unmittelbar nach Ende des Zweiten Weltkriegs das skeptische Menschenbild des Autors wider, der die Auffassung vertrat, der Mensch produziere das Böse wie die Biene den Honig.

Szenenbild aus der Romanverfilmung „Herr der Fliegen" von 1988: Die Muschel steht als Symbol für die Versuche der Jungen, ihrem Zusammenleben eine Ordnung zu geben.

Wie kann nun das Zusammenleben der Menschen geregelt werden, ohne dass es immer wieder zu solchen Eskalationen kommt? Die Versuche, dem menschlichen Handeln eine Orientierung zu geben, lassen sich in mehrere Grundtypen ethischer Argumentation zusammenfassen. Drei davon werden zunächst kurz vorgestellt:

- **Gesetzesethik** (Legalismus): Der Gesetzesethik zufolge ist das Handeln des Menschen dann als moralisch gut anzusehen, wenn das vom Gesetz Geforderte ohne Rücksicht auf die Folgen strikt umgesetzt wird.
- **Gesinnungsethik:** Die Gesinnungsethik beurteilt den moralischen Wert einer Handlung allein nach der Grundhaltung, also der Motivation, die dem Handeln zugrunde liegt. Die Folgen der Handlung spielen hier ebenso wenig eine Rolle wie bei der Gesetzesethik.
- **Situationsethik:** Die Situationsethik verzichtet auf jede Vorgabe für das konkrete Handeln; das bedeutet, dass in jeder Situation neu entschieden werden muss, wie man sich am besten verhält, um der Lage gerecht zu werden.

?!

- Erarbeiten Sie in Kleingruppen mögliche Regeln für ein Zusammenleben auf der Insel! Vergleichen und diskutieren Sie im Anschluss Ihre Ergebnisse!

?!

- Diskutieren Sie, welcher Grundtyp ethischer Argumentation Ihrer Ansicht nach am besten geeignet ist, das menschliche Zusammenleben dauerhaft auf eine sichere Grundlage zu stellen!

Es gibt einen weiteren Grundtyp ethischer Argumentation, der versucht, zwischen der deontologischen und der teleologischen Normbegründung zu vermitteln: die Verantwortungsethik. Der Theologe Wilhelm Korff charakterisiert diese folgendermaßen:

„Die Frage nach dem Glücken menschlichen Daseins ist von der ethischen Frage nicht zu trennen. Der Mensch ist sich selbst aufgegeben. (…) Eben deshalb aber kommt in diesem Zusammenhang alles darauf an, die ethische Fragestellung von vornherein so anzusetzen und auszufalten, dass darin der *condicio humana* [also den Grundbedingungen menschlicher Existenz] in der Vielzahl ihrer Bedingungsfaktoren und Bezüge wirksam Rechnung getragen wird.

Genau diesen ethischen Zugang hat in unserem Jahrhundert [dem 20. Jahrhundert] Max Weber im Begriff der Verantwortungsethik zu fassen gesucht. Damit ist in der Tat ein entscheidender Durchbruch gelungen. Im Begriff der Verantwortungsethik können erstmals zwei geschichtlich maßgeblich gewordene (…) Schlüsselkategorien des Sittlichen als in sich konsistente Aspekte einer einheitlichen ethischen Grundhaltung begriffen werden: die das Feld des Bedingten einholende ethische Grundhaltung der Klugheit [teleologische Argumentation] und die den Anspruch des Unbedingten sichernde ethische Grundhaltung der Pflicht [deontologische Argumentation]. (…)

Weber selbst kommt zu seinem Begriff der Verantwortungsethik auf der Suche nach einem tragfähigen Neuansatz für eine politische Ethik. Erst im politischen Handeln, in dem es um die vielen geht und damit um das Glück des Menschen in seinen sozial übergreifenden Bedingungen, gewinnt die ethische Frage ihre ganze Zuschärfung, müssen Lösungen gefunden werden, die der Komplexität miteinander konkurrierender Güter, Interessen und Zumutungen gerecht werden. Das aber erscheint nur verantwortungsethisch möglich. Den Kontrast hierzu findet Weber in dem ethischen Utopismus politischen Schwärmertums jeglicher Provenienz, dem es zwar nicht an Lauterkeit der Gesinnung, wohl aber an moralischem Realitätssinn mangelt. Er kennzeichnet diese sich über die komplexe Verpflichtungsstruktur der Wirklichkeit hinwegsetzende utopistische Handlungseinstellung als Gesinnungsethik.

Demgegenüber sieht er verantwortungsethisches Handeln gerade dadurch qualifiziert, dass es sich nicht der Realität verweigert und sie verdrängt, sondern in sie zu übersetzen und in ihr zur Entfaltung zu bringen sucht, was die Gesinnungsethik mit ihrem Griff nach dem „Unmöglichen" ohne weitere Vermittlung an deren Stelle setzen zu können glaubt. (…) Verantwortungsethik ist „Kunst des Möglichen" und „Kunst des Unmöglichen" zugleich."

(Wilhelm Korff, Wie kann der Mensch glücken?)

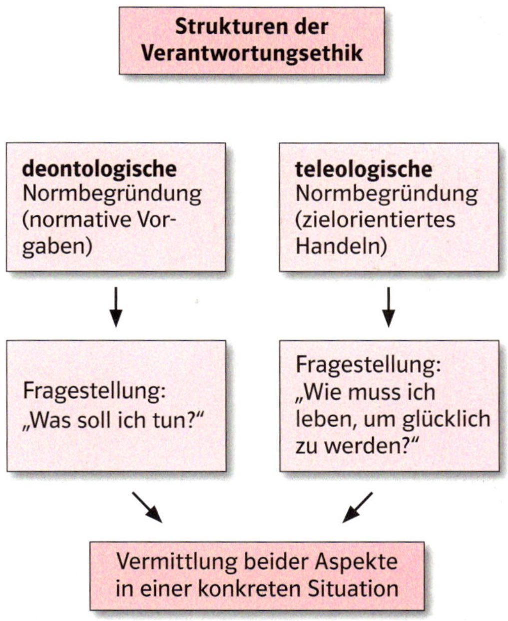

?!

- Entwerfen Sie auf der Grundlage des Textes und unter Einbeziehung der Grafik ein Streitgespräch zwischen einem Vertreter der Gesinnungsethik und einem Vertreter der Verantwortungsethik über die Frage, wie menschliches Dasein glücken kann!

Die Verantwortungsethik stellt zugleich ein wichtiges Bindeglied zur christlichen Ethik dar, mit der sich nun der letzte Teil dieses Kapitels noch näher beschäftigen wird.

Wort Gottes und menschliche Erfahrung im Dekalog (Ex 20,1-21) . . .

Dem *Dekalog* (aus dem Griechischen, wörtlich die „Zehn Worte") kommt innerhalb der jüdisch-christlichen Ethik eine Schlüsselrolle zu. Deshalb soll er auch an dieser Stelle zu Beginn der Ausführungen über die biblischen Weisungen als Grundlage der christlichen Ethik nochmals aufgegriffen werden.

?!

- Stellen Sie anhand einer Bildbetrachtung heraus, wie die Übergabe der Gesetzestafeln durch Gott an Mose durch den Künstler Marc Chagall gedeutet wird!
- Überlegen Sie, was es bedeutet, wenn Gott selbst der menschlichen Gemeinschaft eine ethische Grundlage gibt!

Marc Chagall, Moses empfängt die Gesetzestafeln, 1966

Der Dekalog beginnt mit einem wichtigen Einleitungssatz, der in der jüdischen Tradition sogar als erstes Gebot gezählt wird. Er lautet:

„Ich bin Jahwe, dein Gott, der dich aus Ägypten geführt hat, aus dem Sklavenhaus."
(Ex 20,2)

Die Weisungen des Dekalogs werden hier also ganz bewusst in den Kontext der barmherzigen Zuwendung Gottes zu seinem Volk gestellt und stellen gleichsam deren Fortsetzung dar. Zugleich wird mit diesem Einleitungssatz deutlich, dass mit dem Dekalog den Menschen eine echte Freiheitsperspektive eröffnet wird. Der Alttestamentler Frank Crüsemann nennt ihn deshalb auch „Gottes in Gebote des Lebens gefasste Liebe".

?!

Sie haben sich in der 9. Jahrgangsstufe bereits eingehend mit den Weisungen des Dekalogs vertraut gemacht.

- Rufen Sie sich die grundlegenden Erkenntnisse in Erinnerung, die Sie damals gewonnen haben, und zeigen Sie auf, inwiefern hier in der Tat „Gebote des Lebens" vorliegen! (Die folgende Übersicht kann Ihnen dabei helfen.)
- Stellen Sie vor diesem Hintergrund nochmals mit eigenen Worten die konkrete Funktion des Einleitungssatzes heraus! Was würde sich für das Verständnis der einzelnen Weisungen ohne diesen Einleitungssatz ändern?

1. Du sollst keine anderen Götter neben mir haben!
2. Du sollst den Namen des Herrn nicht verunehren!
3. Gedenke, dass du den Sabbat heiligst!
4. Du sollst Vater und Mutter ehren!
5. Du sollst nicht töten!
6. Du sollst nicht ehebrechen.
7. Du sollst nicht stehlen.
8. Du sollst kein falsches Zeugnis geben wider deinen Nächsten!
9. Du sollst nicht begehren deines Nächsten Frau!
10. Du sollst nicht begehren deines Nächsten Hab und Gut!

(Gotteslob)

... und dessen zeitgemäße Bedeutung

Ein Textauszug aus dem Buch „Wie kann der Mensch glücken? Perspektiven der Ethik" von Wilhelm Korff, ehemals Professor für christliche Sozialethik an der Universität München, zeigt am Beispiel des vierten Gebots, wie man dieses zeitgemäß auslegen kann.

„Die entsprechende überkommene, im vierten Gebot festgehaltene ethische Grundforderung des Dekalogs lautet: ‚Ehre deinen Vater und deine Mutter, wie es dir der Herr, dein Gott, zur Pflicht gemacht hat, damit du lange lebst und es dir gut geht in dem Land, das der Herr dein Gott dir gibt' (Dtn 5,16). Neuere wissenschaftliche Untersuchungen des ursprünglichen kontextuellen Aussagegehaltes dieser Forderung ergeben zunächst eindeutig, dass das Elterngebot nicht vom Verhältnis unmündiger Kinder zu ihren Eltern handelt, sondern sich an erwachsene Kinder betagter Eltern richtet. Es zielt auf die Sicherstellung der Versorgung der alten Eltern. (...)

Ökonomisch tragende Bedeutung kommt hierbei den im Beruf Stehenden zu, die mit ihren Leistungen nicht nur den Unterhalt der heranwachsenden Generation sichern müssen, sondern darüber hinaus auch für die ökonomische Effizienz des zuvor von den Alten Erarbeiteten und zur eigenen Altersversorgung in Form von Versicherungen Aufgebrachten einzustehen haben (Drei-Generationen-Vertrag). An die Stelle der familiengebundenen Altenfürsorge, wie sie das vierte Gebot voraussetzt, ist die von der Gesamtgesellschaft getragene Altersversorgung getreten. Damit stellt sich zugleich ein Zusammenhang mit der jeweiligen Bevölkerungsentwicklung, darüber hinaus aber auch mit der jeweils gegebenen wirtschaftlichen Entwicklung generell her.

Aus den Veränderungen der ökonomischen Gesamtsituation, nämlich der weitgehenden Auslagerung produktiver Arbeit aus der Familie und der damit verbundenen Entwicklung zur Kleinfamilie als Regelfamilie ergeben sich nicht zuletzt auch wesentliche Wandlungen im psychisch-sozialen Verhältnis der Generationen. Die meisten alten Menschen verbringen ihren Lebensabend nicht mehr im bergenden Kreis der Großfamilie. (...) Von daher erhalten die Fragen der psychisch-sozialen Integration des alten Menschen zunehmend Gewicht (...).

Ein weiteres Spannungspotenzial zwischen den Generationen ergibt sich aus dem sich fortschreitend verändernden und entwickelnden Wissens- und Erkenntnisstand, wie dies für die moderne Gesellschaft charakteristisch ist. Bloße Lebenserfahrung verliert in vielen Bereichen ihre Bedeutung. Damit schärft sich das Phänomen des immer schon gegebenen Generationskonflikts in eigener Weise zu. Die jüngere Generation emanzipiert sich mit der Aneignung des jeweils Neuesten an Einsichtsbeständen zugleich von den tradierten Erfahrungen der Alten. Sie verschafft sich eine eigene Form von Überlegenheit. Die Konfliktkonstellation tendiert hier zur Umkehrung: Nicht die Jüngeren müssen sich von der Übermacht der Älteren befreien, sondern die Älteren müssen sich gegen die Übermacht der Jüngeren behaupten. Dies bedeutet für beide Chance und Gefahr. Es eröffnen sich größere Möglichkeiten zur Entwicklung eigener konturierter Lebensentwürfe. Zugleich wächst aber auch das Risiko der gegenseitigen Sprachlosigkeit, des Verlustes an Tradition und des Zerbrechens an Kontinuität. Um die Fülle menschlichen Seins und Seinkönnens zu sichern, müssen die Generationen Wege zu einem neuen Miteinander finden (...). Erst darin wird die Forderung des vierten Gebotes in ihrem humanen Kern erreicht."

(Wilhelm Korff, Wie kann der Mensch glücken?)

?!

- Im dritten Kapitel werden Sie sich noch genauer mit gegenwärtigen Tendenzen der Bevölkerungsentwicklung und deren möglichen Folgen beschäftigen. Erstellen Sie im Vorgriff darauf einen Forderungskatalog für einen ethisch angemessenen Umgang mit dieser Situation, wie er sich aus der vorliegenden Aktualisierung des vierten Gebots ergibt!
- Suchen Sie Beispiele für eine sinnvolle Aktualisierung weiterer Weisungen des Dekalogs!

Radikalisierung und Neuinterpretation alttestamentlicher Weisungen im Neuen Testament

Die Weisungen der Tora sind Grundlage und Ausgangspunkt des neutestamentlichen Ethos, das in der Bergpredigt auf exemplarische Weise Gestalt gewonnen hat.

?!

- Setzen Sie die folgende Darstellung der Bergpredigt mit dem Bild von Marc Chagall auf S. 28 in Beziehung und gehen Sie dabei besonders darauf ein, welche Rolle Jesus im Vergleich mit Mose spielt!

August Martin, Bergpredigt, 1891–94

Wie Sie in der 10. Jahrgangsstufe bereits erfahren haben, handelt es sich bei der Bergpredigt um eine Zusammenstellung ethischer Weisungen Jesu, die einer hypothetisch erschlossenen Sammlung von Jesusworten, der sog. Logienquelle Q, zugerechnet werden (vgl. dazu auch Lk 6,20-49). Aus diesen Jesusworten komponiert der Evangelist als Redaktor fünf große Reden, von denen die Bergpredigt am Anfang steht; ihr kommt also programmatische Bedeutung für das gesamte Evangelium zu.

?!

- Rufen Sie sich mithilfe der folgenden Grafik das in früheren Jahrgangsstufen erworbene Grundwissen über die Bergpredigt in Erinnerung!

Szenischer Rahmen (Mt 5,1f)

Ausgangspunkt:

neue Wertorientierung
„Selig, die keine Gewalt anwenden …"

↓ ↓ ↓

neues Selbstverständnis
„Ihr seid das Licht …"

neues Gesetzesverständnis
„Ich aber sage euch …"

neuer Lebensstil
Gelassenheit

↓

Ergebnis:

neue Gerechtigkeit
Aufruf zur Entscheidung für den Weg Gottes, der zum Leben führt

Szenischer Rahmen (Mt 7,28f)

Der hohe Stellenwert der Bergpredigt für die biblisch-christliche Ethik wird durch die Anspielung auf die Übergabe des Dekalogs an Mose am Berg Sinai noch zusätzlich unterstrichen: Jesus erscheint auf diese Weise als der zweite Mose, der die überlieferte Tora mit Vollmacht und Autorität ganz neu auslegt („Ich aber sage euch …"). Die Bergpredigt wird so zum Ausgangspunkt einer neuen Wertorientierung, die den Einzelnen und seine Verantwortung in den Mittelpunkt ethischen Handelns stellt.

Der Begründungszusammenhang und die Zielrichtung der jesuanischen Auslegung alttestamentlicher Weisungen soll nun anhand der beiden folgenden Textstellen noch etwas genauer erschlossen werden.

?!

- Arbeiten Sie mithilfe von Mt 5,43-48 die zentrale ethische Botschaft des Neuen Testaments heraus und beziehen Sie dabei auch Mk 12,28-34 mit ein!
- Zeigen Sie auf, inwiefern man hier von einer „Radikalisierung" der alttestamentlichen Weisungen sprechen kann! Dabei kann Ihnen vielleicht der folgende Hinweis helfen: Der Begriff *Radikalisierung* ist von dem lat. Wort *radix* (wörtlich „die Wurzel") abgeleitet.

Von der Liebe zu den Feinden (Mt 5,43-48)

Ihr habt gehört, dass gesagt worden ist: Du sollst deinen Nächsten lieben und deinen Feind hassen. Ich aber sage euch: Liebt eure Feinde und betet für die, die euch verfolgen, damit ihr Söhne eures Vaters im Himmel werdet; denn er lässt seine Sonne aufgehen über Bösen und Guten, und er lässt regnen über Gerechte und Ungerechte. Wenn ihr nämlich nur die liebt, die euch lieben, welchen Lohn könnt ihr dafür erwarten? Tun das nicht auch die Zöllner? Und wenn ihr nur eure Brüder grüßt, was tut ihr damit Besonderes? Tun das nicht auch die Heiden? Ihr sollt also vollkommen sein, wie es auch euer himmlischer Vater ist.

Die Frage nach dem wichtigsten Gebot (Mk 12,28-34)

Ein Schriftgelehrter hatte ihrem Streit zugehört; und da er bemerkt hatte, wie treffend Jesus ihnen antwortete, ging er zu ihm hin und fragte ihn: Welches Gebot ist das erste von allen? Jesus antwortete: Das erste ist: Höre, Israel, der Herr, unser Gott, ist der einzige Herr. Darum sollst du den Herrn, deinen Gott, lieben mit ganzem Herzen und ganzer Seele, mit all deinen Gedanken und all deiner Kraft. Als zweites kommt hinzu: Du sollst deinen Nächsten lieben wie dich selbst. Kein anderes Gebot ist größer als diese beiden. Da sagte der Schriftgelehrte zu ihm: Sehr gut, Meister! Ganz richtig hast du gesagt: Er allein ist der Herr, und es gibt keinen anderen außer ihm, und ihn mit ganzem Herzen, ganzem Verstand und ganzer Kraft zu lieben und den Nächsten zu lieben wie sich selbst, ist weit mehr als alle Brandopfer und anderen Opfer. Jesus sah, dass er mit Verständnis geantwortet hatte, und sagte zu ihm: Du bist nicht fern vom Reich Gottes. Und keiner wagte mehr, Jesus eine Frage zu stellen.

?!

- Vom Kirchenvater Augustinus (354–430) stammt der Satz: *Ama et fac quod vis* („Liebe und dann tue, was du willst."). Kommentieren Sie diesen Ausspruch vor dem Hintergrund der beiden neutestamentlichen Textstellen!
- Vor Ihrer Beschäftigung mit den biblischen Weisungen haben Sie die Grundtypen ethischer Argumentation kennengelernt. Setzen Sie das hier erarbeitete neutestamentliche Ethos zu diesen Grundtypen in Beziehung!
- Zeigen Sie in diesem Zusammenhang auf, inwiefern man die Argumentationsweise Jesu dem Modell der Verantwortungsethik zurechnen kann!

Weitere ethische Quellen – ihre Chancen und ihre Problematik

Kehren wir noch einmal zu den in der Gegenwart sehr aktuellen Fragen der Bioethik zurück, die wir bereits in Zusammenhang mit dem naturrechtlichen Modell der Normenbegründung gestreift haben.

Um die Erfolgsrate bei der Befruchtung im Reagenzglas (die sog. *In-vitro*-Befruchtung) zu steigern und die Eingriffe zur Entnahme von Eizellen nicht wiederholt durchführen zu müssen, werden der Frau bei einem einzigen Eingriff gleich mehrere Eizellen entnommen. Der größere Teil der auf diese Weise *in vitro* erzeugten Embryonen wird jedoch zunächst einmal eingefroren (sog. *Kryokonservierung* bei sehr niedrigen Temperaturen). Diese dienen gleichsam als Reserve für einen weiteren Behandlungszyklus. Deshalb gibt es in fast allen Ländern, in denen die *In-vitro*-Befruchtung durchgeführt wird, mittlerweile Banken mit Tausenden von eingefrorenen Embryonen; dabei ist jedoch völlig offen, was mit diesen geschehen soll, wenn sie nicht mehr wie vorgesehen für die künstliche Befruchtung gebraucht werden.

Entnahme tiefgekühlter Eizellen für In-vitro-Kultur

?!

- Setzen Sie sich mit der beschriebenen Vorgehensweise kritisch auseinander!
- Vergleichen Sie die Ergebnisse Ihrer Diskussion mit der folgenden Stellungnahme aus einer Verlautbarung der Glaubenskongregation!

„Jedem Menschen ist von der Empfängnis bis zum natürlichen Tod die Würde einer Person zuzuerkennen. Dieses Grundprinzip, das ein großes ‚Ja' zum menschlichen Leben ausdrückt, muss im Mittelpunkt des ethischen Nachdenkens über die biomedizinische Forschung stehen, die in der Welt von heute eine immer größere Bedeutung gewinnt."

Bei den zitierten Sätzen handelt es sich um die Einleitungsworte zu der am 8. September 2008 veröffentlichten Instruktion *„Dignitas personae"* („Die Würde der Person"), in der sich die römische Glaubenskongregation mit einigen Fragen der Bioethik befasst und die in enger Zusammenarbeit mit renommierten Fachleuten aus aller Welt verfasst wurde. Inhaltliche Schwerpunkte dieses Dokuments sind die Fortpflanzungsmedizin und Gentherapie, das Klonen sowie die Stammzellforschung. Am Ende des ersten Teils wird die Zielsetzung der Instruktion näher bestimmt:

„Wenn die Kirche über die ethische Wertigkeit einiger Ergebnisse der neueren Forschungen der Medizin bezüglich des Menschen und seines Ursprungs urteilt, greift sie nicht in den Bereich ein, welcher der medizinischen Wissenschaft als solcher eigen ist, sondern erinnert alle Betroffenen an die ethische und soziale Verantwortung ihres Handelns. Sie ruft ihnen ins Gedächtnis, dass der sittliche Wert der biomedizinischen Wissenschaft abhängt *von der unbedingten Achtung, die jedem Menschen* in allen Momenten seines Daseins *geschuldet ist*, sowie vom *Schutz der spezifischen Eigenart der personalen Akte, die das Leben weitergeben.* Die vorliegende Stellungnahme gehört zur Sendung des Lehramtes, *die Bildung der Gewissen zu fördern:* also die Wahrheit, die Christus ist, authentisch zu lehren und zugleich die Prinzipien der sittlichen Ordnung, die aus dem Wesen des Menschen selbst hervorgehen, mit Autorität zu erklären und zu bestätigen."
(Dignitas personae, 10)

Aus diesem Textauszug wird deutlich, dass die kirchliche Tradition sich bei der Festlegung von Handlungsnormen nicht auf die Auslegung biblischer Weisungen beschränkt. Die Heilige Schrift und ihre Auslegungstradition stellen zwar eine entscheidende Grundlage für die kirchliche Normbegründung dar, daneben gibt es jedoch noch eine weitere wichtige Quelle: die menschliche Vernunft. Wissenschaftliche Erkenntnisse, wie sie auch im vorliegenden Textauszug angesprochen werden, spiegeln den aktuellen Sachstand wider und sind gerade vor dem Hintergrund des technischen Fortschritts unabdingbar für die Anwendung der ethischen Prinzipien der Heiligen Schrift. Wenn in der Instruktion zum Beispiel von der Achtung die Rede ist, „die jedem Menschen in allen Momenten seines Daseins geschuldet ist", so handelt es sich hier um eine biblisch begründete Wertvorstellung, die auf einen wissenschaftlich begründeten Sachverhalt bezogen wird. Da es sich hier jeweils um inhaltliche Aussagen handelt, spricht man in Bezug auf Offenbarung und Vernunft auch von den beiden *materialen* Quellen der Moral. Dem kirchlichen Lehramt kommt die Aufgabe zu, auf dieser Basis verbindliche Richtlinien für das konkrete Handeln zu formulieren. Da das Lehramt dabei keine eigenen inhaltlichen Vorgaben macht, bezeichnet man es auch als *formale* Quelle. Auf diese Weise wirken alle drei Quellen der Moral bei der Normfindung zusammen. Am Ende des Prozesses steht jedoch der einzelne Mensch, der die auf diese Weise gewonnenen Handlungsmaximen mithilfe seiner Gewissensentscheidung situationsbezogen umsetzt.

?!

- Recherchieren Sie, zu welchen Festlegungen die Instruktion bei den angesprochenen Fragen der Bioethik gelangt und welche Rolle dabei die drei genannten Quellen spielen (die Instruktion ist auf der Homepage der Deutschen Bischofskonferenz leicht zugänglich)!
- Diskutieren Sie auf dieser Grundlage Chancen und Probleme der kirchlichen Normbegründung!

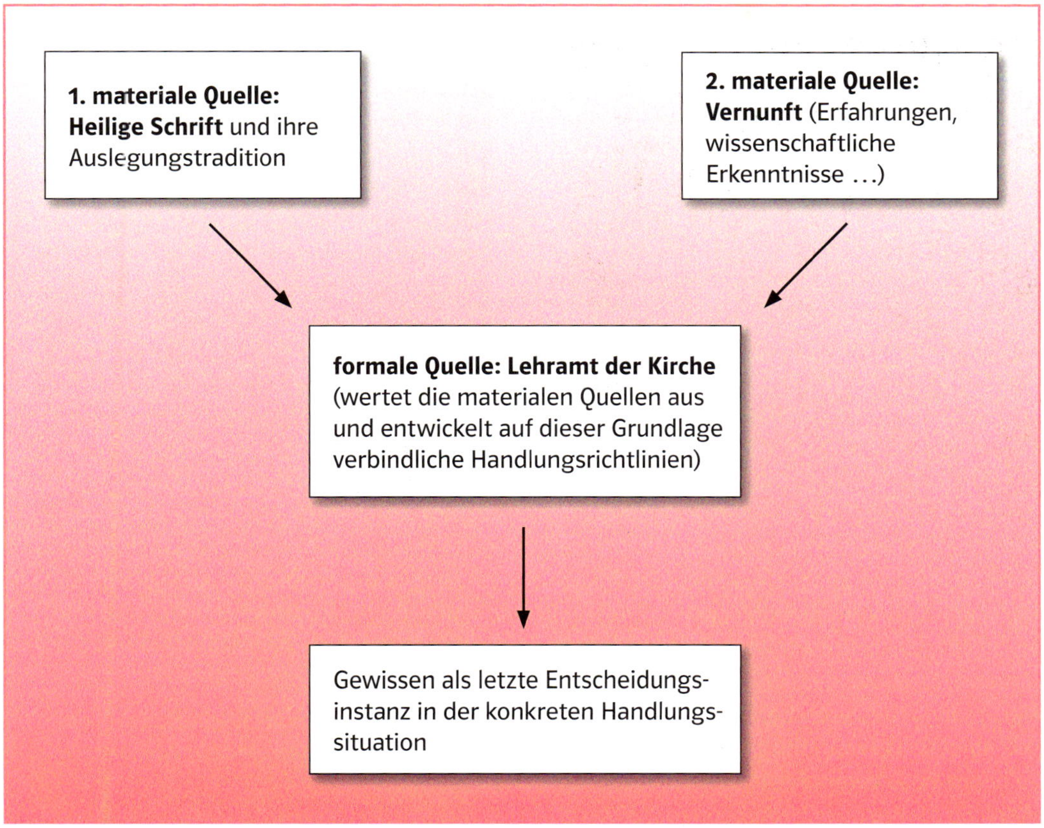

Die Rolle des Gewissens als letztverbindliche Instanz

Bei unserer Übersicht über den Ablauf des ethischen Entscheidungsprozesses in Bibel und kirchlicher Tradition sind wir am Ende auf das Gewissen gestoßen. Eine jüdische Legende kann uns dabei helfen, den Stellenwert des Gewissens in diesem Kontext genauer zu bestimmen.

„Zu Rabbi Josua ben Levi kam eines Tages ein Flüchtling und sprach: ‚Die Häscher des Königreichs sind hinter mir her, um einer Staatssache willen mein Leben zu nehmen; verbirg du mich und errette mich!' Und Rabbi Josua sah sein gehetztes Angesicht, nahm ihn auf in seinem Haus und verbarg ihn.

Gegen Abend umringten die Häscher die Stadt, sandten einen Boten hinein und ließen sagen: ‚Der Flüchtling ist in die Stadt geflohen. Gebt ihn heraus, wenn nicht, so soll euer aller Leben für seines büßen.' Da lief das Volk auf dem Markt zusammen, die Frauen erhoben ihre Stimme in Geschrei, und die Menge brandete um Rabbi Josua, dass er ihnen rate und helfe. Er aber stand bleich und still in ihrer Mitte und erbat Bedenkzeit bis zum Morgen.

Da es Nacht war, saß Rabbi Josua in seiner Stube bei der brennenden Lampe. Vor dem verhüllten Fenster klang noch das Heulen aufgeregter Frauen. Im Zimmer war es still. In den Decken des Lagers ruhte der Flüchtling im erschöpften Schlaf, das Licht der Lampe entdeckte scharfe Schatten in seinem unter Träumen angstvoll zuckenden Gesicht. Rabbi Josua aber saß in Bangigkeit über der schweren Entscheidung, die ihm aufgeladen war, und wusste sich nicht zu helfen. Leben lag in seinen Händen. In der einen dieses gehetzte, das zu ihm geflohen war, in der anderen das Leben seiner Gemeinde. Durfte er den vertrauenden Flüchtling opfern? Durfte er die ihm anvertrauten Menschen in Gefahr bringen? Er bebte, dass er nicht mit reinem Herzen die Frage entscheide, an der er selbst so nah beteiligt war. Und er wagte nicht allein zu handeln, zu verantworten die furchtbare Wahl. So suchte er sich Rat bei den Meistern der Lehre, die vor ihm gewesen waren. Er saß vor der Lampe, gebeugt über die Bücher, und forschte im Gesetz und in der Mischna nach. Zuletzt fand er ein Wort, das entschied: ‚Wenn das Leben vieler in Gefahr ist, so darf der Angeklagte ausgeliefert werden.' Er lehnte sich zurück im Stuhl und atmete tief auf. Hinterm Fenstervorhang graute schon der Morgen. Rabbi Josua sah mit schlaflos brennenden Augen übergroß die Schrift der Mischna, erkannte aber nicht die Schrift im Angesicht des Menschen, jenes Flüchtlings, der sich seinem Schutz anempfohlen hatte. Er beugte sich über das Lager und schüttelte den Schlafenden wach: ‚Ich bin verantwortlich für die Gemeinde, von meiner Hand wird dein Leben gefordert. Ich habe nach bestem Wissen und Gewissen die Mischna durchforscht und die Vorschrift gefunden: wo das Leben vieler in Gefahr steht, darf der Angeklagte ausgeliefert werden.' So sprach Rabbi Josua tonlos. Der Flüchtling aber sank zurück in Todesangst. Rabbi Josua sprach hastig weiter: ‚Entkommen kannst du nicht, denn die Stadt ist von Häschern umstellt. Ich muss dich ausliefern um der vielen Leben willen, die mir anvertraut sind. Erspare mir die letzte Bitterkeit, dass ich Gewalt gegen dich anwende, und liefere dich selbst aus!' Des Lehrers Entschlossenheit aber war größere Gewalt als Faust und Schlag. Der Flüchtling sah die letzte Brücke seiner Rettung brechen. Vor der Stadt erschollen die Signale der Häscher; heulend vor Angst stürzte das Volk gegen Rabbi Josuas Haus. Und er stand bleich und still in ihrer drängenden Mitte, während der Flüchtling hinausging, sein einziges Leben zu opfern."

(Johannes Gründel, Normen im Wandel)

?!

- Diskutieren Sie die Entscheidung Rabbi Josuas vor dem Hintergrund möglicher Handlungsalternativen und entscheiden Sie im Anschluss daran, ob seine Entscheidung aus Ihrer Sicht richtig war!
- Lesen Sie danach die Fortsetzung dieser jüdischen Legende auf der folgenden Seite!

„In der nächsten Nacht saß Rabbi Josua wieder still bei der Lampe. Draußen auf der Straße verklang der Jubel des geretteten Volkes. Sein Gesicht aber war bleich; er wusste seine Gemeinde in Sicherheit, den Flüchtling aber tot. Wieder prüfte er alles, was seinen Entschluss bestimmt hatte. Doch plötzlich bemerkte er in der Stille draußen leises Bewegen an der Wand, und die Tür öffnete sich. Eine große Gestalt trat herein, es war der Prophet Elia. Josua stand auf und grüßte ihn mit schweigendem Gruß. Der Prophet sah zunächst stumm im Zimmer umher, deutete auf das leere Lager und fragte: ‚Wo ist der Flüchtling?' – Rabbi Josua erschrak und antwortete hastig: ‚Die Häscher drohten, wenn er nicht ausgeliefert würde, die ganze Stadt zu zerstören. Ich aber forschte nach bestem Gewissen in der Mischna und fand eine Vorschrift: wo das Leben vieler in Gefahr steht, darf der Angeklagte ausgeliefert werden.' Der Prophet aber stand, als höre er nicht, und fragte erneut nach dem Flüchtling. Rabbi Josua sank zurück in seinen Stuhl, bedeckte sein Gesicht mit den Händen, konnte aber vor dem forschenden Blick des Propheten nicht bestehen und antwortete bebend: ‚Er ist gegangen, sich selbst auszuliefern, denn ich sprach mit ihm, und ich fand eine Vorschrift in der Mischna …' Da trat der Prophet dicht an den Rabbi und sprach mit starker Stimme: ‚Warum warst du nicht eingedenk der Mischna der Frommen, die allein in den Herzen der Gerechten geschrieben steht? Bist du darum ein Gerechter ohne Fehl, dass du an den Buchstaben der Vorschrift dich klammerst? Siehe, in der bittersten Not helfen nicht die Meister der Lehre, weder die vorher waren, noch die nachher sein werden, da bist du mit Gott allein und musst vor ihm erleiden die menschliche Nichtigkeit bis auf den Grund. Wehe dir, dass du geflüchtet bist zu irdischer Hilfe und hast Gottes Angesicht nicht ertragen!'

Und der Prophet wandte sich und ging hinaus ohne Gruß. Rabbi Josuas Kopf aber sank auf den Tisch nieder in bitterster Not, und er erkannte, dass er falsch gewählt hatte."

(Johannes Gründel, Normen im Wandel)

- Überlegen Sie, warum Rabbi Josua aus Sicht der jüdischen Legende „falsch gewählt" hat!
- Setzen Sie Ihre Überlegungen zu den folgenden Texten aus dem Römerbrief und der Konzilserklärung in Beziehung!

Wenn Heiden, die das Gesetz nicht haben, von Natur aus das tun, was im Gesetz gefordert ist, so sind sie, die das Gesetz nicht haben, sich selbst Gesetz. Sie zeigen damit, dass ihnen die Forderung des Gesetzes ins Herz geschrieben ist; ihr Gewissen legt Zeugnis davon ab, ihre Gedanken klagen sich gegenseitig an und verteidigen sich … *(Röm 2,14f)*

„Im Innern seines Gewissens entdeckt der Mensch ein Gesetz, das er sich nicht selbst gibt, sondern dem er gehorchen muss und dessen Stimme ihn immer zur Liebe und zum Tun des Guten und zur Unterlassung des Bösen anruft und, wo nötig, in den Ohren des Herzens tönt: Tu dies, meide jenes. Denn der Mensch hat ein Gesetz, das von Gott seinem Herzen eingeschrieben ist, dem zu gehorchen eben seine Würde ist und gemäß dem er gerichtet werden wird. Das Gewissen ist die verborgenste Mitte und das Heiligtum im Menschen, wo er allein ist mit Gott, dessen Stimme in diesem seinem Innersten zu hören ist. Im Gewissen erkennt man in wunderbarer Weise jenes Gesetz, das in der Liebe zu Gott und dem Nächsten seine Erfüllung hat. Durch die Treue zum Gewissen sind die Christen mit den übrigen Menschen verbunden im Suchen nach der Wahrheit und zur wahrheitsgemäßen Lösung all der vielen moralischen Probleme, die im Leben der einzelnen wie im gesellschaftlichen Zusammenleben entstehen."

(Gaudium et spes, 16)

- Stellen Sie abschließend dar, warum das Gewissen in der christlichen Ethik als letztverbindliche Instanz ethischen Handelns angesehen werden kann. Beziehen Sie bei dieser Darstellung auch Ihre Kenntnisse zu Weg und Notwendigkeit der Gewissensbildung mit ein!

Ethische Letztbegründung und Probleme der gesellschaftlichen Konsensbildung

Eine Umfrage aus dem Jahr 2008 „Wie halten Sie es mit der Religion?" wurde von Paul Kirchhof und Annette Schavan folgendermaßen beantwortet:

„Jeder Mensch – ob Nobelpreisträger oder Taugenichts – hat die gleiche Würde und ist willkommen in dieser Gemeinschaft, weil er Mensch ist! Es braucht keine weitere Begründung. Wenn es heißt, dass der Mensch Ebenbild Gottes ist oder – noch sensationeller – dass Gott Mensch geworden ist, dass wir Gott also im Menschen beheimaten können – dann ist das der radikalste Gleichheits- und Freiheitssatz, den die Rechtsgeschichte je hatte."

(Paul Kirchhof, 1987–1999 Richter am Bundesverfassungsgericht)

„Ich bin davon überzeugt, dass öffentliche Verantwortung den Segen Gottes braucht. Sie braucht die Erinnerung daran, dass es die besondere Treue Gottes zu seiner Schöpfung und zum Menschen gibt. Vor allem hat der Zusatz ‚so wahr mir Gott helfe' [in der Eidesformel] ja auch zu tun mit einer Überzeugung, die am Beginn der Präambel unseres Grundgesetzes steht, dass wir nämlich in allem, was wir tun, in Verantwortung vor Gott und den Menschen handeln."

(Annette Schavan, seit 1995 Landes- bzw. Bundesministerin)

?!

- Arbeiten Sie heraus, welche Bedeutung hier jeweils dem Glauben an Gott für das (politische) Handeln zugeschrieben wird!
- Wie hätten Sie diese Umfrage beantwortet? Formulieren Sie dazu eine kurze persönliche Stellungnahme!

Annette Schavan bezieht sich in ihrer Antwort auf die Präambel des Grundgesetzes. Hier heißt es: „Im Bewusstsein seiner Verantwortung vor Gott und den Menschen, von dem Willen beseelt, als gleichberechtigtes Glied in einem vereinten Europa dem Frieden der Welt zu dienen, hat sich das Deutsche Volk kraft seiner verfassunggebenden Gewalt dieses Grundgesetz gegeben …"

Das Grundgesetz wurde vom 10. bis zum 23. August 1948 bei einem Verfassungskonvent in Herrenchiemsee erarbeitet und am 23. Mai 1949 feierlich verabschiedet. Dabei war die *invocatio dei* („Anrufung Gottes"), mit der das Grundgesetz heute eröffnet wird, zunächst keineswegs unumstritten. Es war der SPD-Politiker und Staatsrechtler Carlo Schmid (1896–1979), der schließlich den Vorschlag machte, den Gottesbezug dem Verfassungsentwurf in Form einer Präambel voranzustellen – und das war kein Zufall. Carlo Schmid gehörte nämlich zu den wenigen Überlebenden des Kreisauer Kreises, einer christlichen Widerstandsgruppe im „Dritten Reich".

Führender Kopf des Kreisauer Kreises war Helmuth James von Moltke (1907–1945). Für Moltke war Deutschland unter der Herrschaft des Nationalsozialismus das „Land der Gottlosen", wie er es in einem Brief an seine Frau formulierte. Seine detaillierten Schilderungen des Prozesses vor dem Volksgerichtshof, der mit dem Todesurteil am 11. Januar 1945 endete, beschreiben das Verfahren als Konfrontation zweier völlig unvereinbarer Weltanschauungen. Auch der Richter Roland Freisler war sich dessen offenbar bewusst, als er Moltke vorhielt: „Herr Graf, eines haben das Christentum und wir Nationalsozialisten gemeinsam, und nur dies eine: Wir verlangen den ganzen Menschen." Für Helmuth James von Moltke war dies der entscheidende Satz der gesamten Verhandlung. In einem Brief, den er kurz vor seiner Hinrichtung am 23. Januar 1945 geschrieben hat, kommentiert er ihn mit den Worten:

„Ich weiß nicht, ob die Umsitzenden das alles mitbekommen haben, denn es war eine Art Dialog (…), bei dem wir uns beide durch und durch erkannten. Von der ganzen Bande hat nur Freisler mich erkannt, und von der ganzen Bande ist er auch der einzige, der weiß, weswegen er mich umbringen muss. (…) Er hat bei mir keinen einzigen Witz auf meine Kosten gemacht (…). Nein, hier war es blutiger Ernst: ‚Von wem nehmen Sie Ihre Befehle? Vom Jenseits oder von Adolf Hitler? Wem gilt Ihre Treue und Ihr Glaube?'"

(Helmuth James Graf von Moltke, Im Land der Gottlosen)

Auf dem Foto ist zu sehen, wie Helmuth James von Moltke sich vor dem Volksgerichtshof verteidigt; dabei kam es zu einer scharfen Auseinandersetzung mit dem Vorsitzenden Richter Roland Freisler, die Moltke selbst als entscheidende Konfrontation zwischen dem Nationalsozialismus einerseits und dem Christentum andererseits gedeutet hat.

Es sind genau diese Erfahrungen, die letztlich dazu geführt haben, dass die Präambel des Grundgesetzes die Menschenrechte durch den ausdrücklichen Rückbezug auf die Verantwortung vor Gott jedem menschlichen Ermessensspielraum entzieht. Gott fungiert hier als oberste Instanz, die nicht mehr hinterfragt werden kann. Mit dieser „Letztbegründung“ soll zum Ausdruck gebracht werden, dass diese für das Zusammenleben der Menschen unverzichtbaren ethischen Normen von keiner irdischen Instanz, von keinem politischen System je wieder in Frage gestellt werden dürfen.
Ernst-Wolfgang Böckenförde (geb. 1930), führender deutscher Staats- und Verwaltungsjurist und von 1983 bis 1996 wie Paul Kirchhof Richter am Bundesverfassungsgericht, brachte diese Zusammenhänge in einem viel zitierten Satz folgendermaßen auf den Punkt: „Der freiheitliche, säkularisierte Staat lebt von Voraussetzungen, die er selbst nicht garantieren kann.“

Als jedoch im Jahr 2004 ein Entwurf für eine EU-Verfassung vorgelegt wurde, hat man nach heftiger Diskussion bewusst darauf verzichtet, einen Gottesbezug an den Anfang zu setzen. Hans-Jürgen Papier, von 2002 bis 2010 Präsident des Bundesverfassungsgerichts, warnte in einem Interview sogar vor „allzu viel Verfassungslyrik“. Die Frage nach dem Gottesbezug und der damit verbundenen Letztbegründung bleibt also nach wie vor auf dem Prüfstand.

?!

- Nehmen Sie entweder zu der Aussage Hans-Jürgen Papiers oder zum Satz von Ernst-Wolfgang Böckenförde vor dem Hintergrund der hier vorliegenden Informationen einen begründeten Standpunkt ein!
- Diskutieren Sie abschließend, inwiefern der Gottesbezug dazu beitragen kann, in ethischen Fragen zu einem gesellschaftlichen Konsens zu gelangen!

Raffael, Der Traum des Ritters, 1550

Ein junger Ritter träumt offensichtlich seinen Traum vom rechten Leben. Wie Herakles am Scheideweg gilt es zu wählen: Was will ich in meinem Leben, was soll aus mir werden? Zwei Frauen bieten sich an: Die linke von beiden, die Virtus (= Tugend) reicht ihm ein Schwert und ein Buch, die rechte ist freilich attraktiver, als Voluptas (= Lust) verspricht sie mit einer Blume das, wovon ihr Name kündet. Doch Raffaels Bild will etwas anderes als die einfache Scheidung wie im Fall von Herakles. Handelt es sich bei der Wahl von Sittlichkeit und Glück wirklich um Gegensätze? Beide Frauen sind freundschaftlich aufeinander bezogen. Die weißen Blüten in Hand und Haar der Voluptas versprechen Lust, die Virtus bietet mit Buch und Schwert Bildung und Tapferkeit. Aus zwei scheinbaren Gegensätzen werden drei Gaben, oder sind es sogar vier? Die Linke der Anmutigen spielt mit einer Kette, wird sie diesen Gürtel lösen? Aus einem Entweder-oder bzw. einem Richtig oder Falsch wird hier mit der Sprache des Bildes das harmonische Zugleich von zwei, drei oder vier Lebensentwürfen, die sich nicht ausschließen müssen.

Antoni Tàpies, Ohne Titel

Robert Spaemann deutete dieses Bild von Antoni Tàpies, das er in seinem Zimmer in der Ludwig-Maximilians-Universität in München immer vor Augen hatte, folgendermaßen: „Es beginnt klein und zögerlich, gleichsam ein schüchterner, unsicherer Vorbote oder Vorklang, dann etwas Abstraktes, das wieder Ordnung herzustellen versucht in diesem Dreieck, doch bricht am Ende mit einem Mal die blanke Gewalt dieser Tatze hervor. Der Künstler lehrt sehen, d. h. Werte entdecken, die man vorher nicht wahrgenommen hat."

Vom Sich-Täuschen über die Realität erzählt diese Geschichte von Ernst Jünger:
„Mir gegenüber sitzt ein Gast bei einem halb geleerten Glase Bier. Er ruft den Kellner, bezahlt und geht dann, um ein Gespräch zu führen, in eine Telefonzelle. Der Kellner räumt das Glas ab. An den Platz setzt sich ein neuer Gast, der gleichfalls ein Bier bestellt. Er scheint in Eile, denn er bricht auf, nachdem er hastig die Hälfte getrunken hat. Inzwischen hat der erste sein Gespräch beendet und kommt in den Garten zurück. Ich sehe ihn seinen Platz aufsuchen und behaglich die Neige leeren, dann geht er gemächlich fort. Was ist es, das mich an diesem belanglosen Vorfall verwirrte, der eigentlich in das Reich der komischen Arabesken gehört? Ich fühlte mich eher durch ihn bestürzt. Und worin liegt das Bestürzende? (…)"

(Ernst Jünger, In Kröpkes Garten)

In der Antike war nicht – wie in der Neuzeit nach Kant –, die Frage, *was soll ich tun*, sondern die Frage, *was will ich eigentlich und im Grunde*, die zentrale Frage der Ethik. Die Antwort der Antike: ein geglücktes Leben im Ganzen. Dies aber, so die Überzeugung von Platon und Aristoteles, gelingt nicht ohne Beachtung der Realität, die wir vorfinden, die uns vorgegeben ist. Sittliches Handeln bedeutet dann, der Wirklichkeit gerecht werden. Der Satz, das Kind schreit, beschreibt nicht nur einen Zustand; er will etwas von mir. Das Sollen folgt aus dem Sein für den, der recht zu interpretieren weiß. Wie aber interpretieren wir richtig? Erkennen wir die Zeichen!

II. Ethische Kompetenz aus christlicher Sicht: aktuelle Herausforderungen

Die Ehe ist die Verbindung zweier Personen verschiedenen Geschlechts zum lebenswierigen wechselseitigen Besitz ihrer Geschlechtseigenschaften.
(Immanuel Kant)

Alle Verliebtheit, wie ätherisch sie sich auch gebärden mag, wurzelt allein im Geschlechtstriebe.
(Arthur Schopenhauer)

Ehe: so heiße ich den Willen zu zweien, das Eine zu schaffen, das mehr ist, als die es schufen.
(Friedrich Nietzsche)

Die Liebe ist nur ein schmutziger Trick der Natur, um das Fortbestehen der Menschheit zu garantieren.
(William Somerset Maugham)

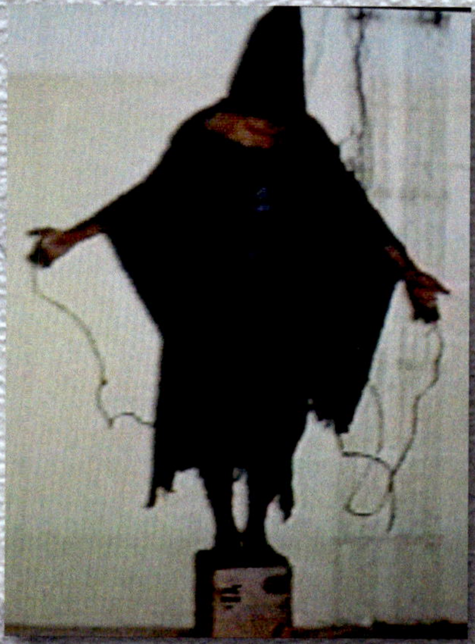

Ich werde am Du.
(Martin Buber)

Ein **Partner** ist jemand, der etwas gemeinsam mit einem anderen ausführt oder ausübt, das engl. Wort „part" (=Teil) steckt in unserem deutschen Begriff. Somit ist ein Partner auch Teilhaber, Partner sind gegenseitig Teil des anderen. Eine **Partnerschaft** ist daher im weitesten Sinn eine gleichwertige Gemeinschaft von mehreren Menschen. Im engeren Sinn bezeichnet man mit Partnerschaft eine enge, oft auch verbindliche (Liebes-)Beziehung zwischen gleichberechtigten Personen.

?!

- Sammeln Sie verschiedene Formen von Partnerschaften und denken Sie dabei auch über die Beziehung von Mann und Frau hinaus!
- Ordnen Sie die gefundenen Partnerschaften verschiedenen Lebensbereichen zu!
- Diskutieren Sie, inwiefern sich eine verbindliche Beziehung von einer unverbindlichen unterscheidet!

Mensch-Sein funktioniert nicht ohne Beziehungen zu anderen Menschen. Dies drückt sich auch im obigen Zitat von Martin Buber aus, das er weiterführt mit „Alles wirkliche Leben ist Begegnung". Jede Beziehung hat diese anthropologische Komponente: Mein Partner ist Mensch.
In der christlichen Anthropologie wird der Mensch als Person angesehen, der die Freiheit der Entscheidung und damit die Verantwortung für diese Entscheidung und sein damit verbundenes Handeln besitzt. Jeder Mensch kann aus dieser Perspektive seine Partner frei wählen.

?!

- Diskutieren Sie die Buber-Zitate und den implizierten Umkehrschluss!

Aus der dem Partner ebenfalls zukommenden Personwürde ergeben sich Rahmenbedingungen für die Gestaltung der Partnerschaft.

?!

- Suchen Sie Rahmenbedingungen für die Gestaltung von Geschäftspartnerschaften!

Pablo Picasso, Liebespaar, 1923

?!

- Beschreiben Sie die Kennzeichen einer gelingenden Partnerschaft in diesem Bild!
- Erläutern Sie, inwiefern eine partnerschaftliche Beziehung eine notwendige Bedingung für eine gelingende Ehe darstellt!
- „Ein Mensch ist niemals Objekt, sondern immer personales Subjekt." Entwerfen Sie in diesem Rahmen Facetten einer personal gestalteten Partnerschaft!

Respekt in der Partnerschaft
„Zehn Regeln für einen respektvollen Umgang miteinander

1 – Deine Welt ist anders als meine
Haben Sie Respekt vor der Wirklichkeit Ihres Partners – denn die Welt sieht von einem anderen Standpunkt ganz verschieden aus. Ihr Partner hat andere Erfahrungen, Vorlieben, Prioritäten und Werte als Sie.

Versuchen Sie, sich in Ihren Partner hineinzuversetzen, und nehmen Sie sich selbst nicht für wichtiger als ihn.

2 – Jeder Mensch will gehört werden
Jeder Mensch hat ein Grundbedürfnis nach Beachtung und Gehörtwerden. Es kann sehr beunruhigend, ja quälend sein, wenn man keine Antwort bekommt, zum Beispiel auf eine Frage oder einen Brief. Antworten ist Kontakt, Respekt und Wertschätzung, Antworten ist Geben.

3 – Seien Sie zuverlässig
Verbindlichkeit und Zuverlässigkeit sind die Voraussetzungen dafür, dass Vertrauen in der Partnerschaft entstehen kann. Wenn die Willkür mit einem durchgeht, entsteht beim Gegenüber das Gefühl: ‚Ich bin es wohl nicht mehr wert, dass du dich an unsere Abmachungen hältst?!' Sie wünschen sich doch auch einen Partner, auf den man sich verlassen kann und mit dem man durch dick und dünn gehen kann, oder?

4 – Zuwenden statt abwenden
Zuwendung hält das ‚Wir'-Gefühl in der Beziehung aufrecht. Wenden Sie sich nicht von Ihrem Partner ab, auch nicht, wenn es – im Streitfall – leichter scheint. Zeichen der Zuwendung, des Interesses, des Respekts sind die Kettenglieder, die stabile Verbindungen entstehen lassen.

5 – Gefühle sind immer wahr
Wenn wir anderen erzählen, wie es uns geht, geben wir etwas von uns preis. Dann wollen wir nicht etwa hören: ‚Das ist doch gar nicht so schlimm!' Was wir dann wollen, ist Solidarität und Verständnis. Wenn Ihnen ein Gefühl mitgeteilt wird, antworten Sie also bitte nicht unbedacht, sondern einfühlsam, und signalisieren Sie Verständnis und Mitgefühl.

6 – Zeigen Sie Anerkennung, Würdigung und Wertschätzung
Wer sich dauerhaft bindet, begibt sich gemeinsam mit seinem Partner auf einen Langstreckenlauf, der viel Energie und gegenseitige Unterstützung fordert. Aber wo bleiben die Anfeuerungsrufe, die Erfrischungen und der Streckensupport? Dabei ist es doch so einfach, mit kleinen Gesten und liebevollen Worten zu sagen: ‚Ich respektiere dich, ich schätze dich, du bist mir wichtig.'

7 – Nichts ist selbstverständlich
Haben Sie auch manchmal das Gefühl, Sie rackern sich tagein, tagaus ab, und keiner merkt es, keiner dankt Ihnen für Ihren Einsatz? Dank auszusprechen ist eine schlichte und gleichzeitig grundsätzliche Form, Respekt zu zeigen, auch in der Partnerschaft. Sagen Sie es: ‚Ja, ich bin dankbar, dass wir uns getroffen haben!'

Info-Box

Das Wort **Respekt** kommt vom lateinischen respicere, das „zurücksehen" bedeutet und somit „Rücksicht". Wenn wir Rücksicht auf den anderen nehmen, respektieren wir seine Bedürfnisse und seine Verletzlichkeit.

8 – Um Entschuldigung bitten und verzeihen
Verletzungen sind in einer Partnerschaft unvermeidbar – jeder macht mal Fehler. Eine Entschuldigung wirkt dann wie Wundbalsam auf die Beziehungsschrammen. Doch diese will auch angenommen sein. Wer verzeihen kann, übernimmt Verantwortung für sich selbst und lässt nicht länger zu, dass andere Menschen das eigene Leben dauerhaft negativ beeinflussen.

9 – Ohne Ehrlichkeit keine Achtung
Wir wollen vertrauen können, vor allem dem Menschen, der uns am liebsten ist. Dafür brauchen wir das Gefühl: Unser Partner ist eine ehrliche Haut. Lügen haben eine zersetzende Wirkung, sie führen nicht nur zum Verlust der Achtung in der Partnerschaft, sondern über kurz oder lang auch zum Verlust der Achtung vor sich selbst.

10 – Was du nicht willst, das man dir tut ...
Dieser Merksatz ist Zusammenfassung und Wegweiser zugleich, denn er eint alle bisherigen Regeln und dient gleichzeitig als Gebrauchsanweisung: Behandle die Menschen, die dir begegnen, so wie du von ihnen behandelt werden willst – mit Respekt."

(Hartwig Hansen, Respekt – Der Schlüssel zur Partnerschaft)

?!

- Erstellen Sie Ihr persönliches Ranking der genannten Regeln für eine Partnerschaft und vergleichen Sie dies mit Ihrem Nachbarn!

?!

- Nehmen Sie zu den Zitaten von Kant, Schopenhauer, Nietzsche und Maugham auf der Kapiteleingangsseite begründet Stellung!

Fragt man Jugendliche nach ihnen wichtigen Werten, rangiert bei allen Umfragen „Treue" auf den vordersten Plätzen:

„Die Wertschätzung der Treue ist offenkundig. (...) Selbst wo ein Treuebruch nicht erheblichen äußeren Schaden anrichtet, erschüttert er doch das Vertrauen und führt zu einer Belastung, wenn nicht zur Zerstörung der Beziehung. In alldem zeigt sich die unverzichtbare Bedeutung, die der Treue sowohl für das Gelingen der zwischenmenschlichen und sozialen Beziehungen als auch für die Entwicklung der Persönlichkeit zukommt. (...) In der Lebensgemeinschaft der Ehe schafft Treue eine Vertrauensbasis, die dem Partner Geborgenheit vermittelt und die Sicherheit und die Freiheit bietet, um sich seinerseits ganz auf die Beziehung einzulassen (...).
Nicht zuletzt ist es zur Persönlichkeitsentwicklung unerlässlich, jenseits von Zufall und Vorläufigkeit (...) zielbezogene Entscheidungen zu treffen und in einen bestimmten Lebensentwurf zu integrieren."

(Neues Lexikon der christlichen Moral)

?!

- Erklären Sie die Bedeutung der Treue für das Gelingen der Ehe!
- Setzen Sie sich mit der hohen Zustimmung zum Wert der Treue einerseits und mit dem Zuspruch von Internetportalen, die Seitensprünge vermitteln, andererseits auseinander!

„Mann und Frau gehören zueinander. Sie haben ihre Gaben, die sie entfalten sollen (...).

Dass gerade diese Verschiedenheit in der Einheit auch Spannung enthält und zu Zerreißproben führen kann, wir wissen es. (...) Je näher man sich ist, desto mehr kann man sich auch in die Haare kriegen. Die Liebe ist ein Anspruch, der mich nicht unberührt lässt. In ihm kann ich nicht einfach schlicht ich bleiben, sondern ich muss mich immer wieder verlieren, indem ich zugehobelt werde, verwundet werde. Und gerade dieses, denke ich, gehört auch zur Größe, zur heilenden Macht der Liebe, dass sie mich verwundet, um meine größeren Möglichkeiten hervorzubringen. Insofern darf man sich Liebe nicht nur romantisch vorstellen, dass sozusagen der Himmel auf beide herabkommt, wenn sie sich gefunden haben, und von da an alles nur noch gut ist. Die Liebe muss man sich als Passion vorstellen. Nur wenn man bereit ist, sie als Passion zu ertragen und sich so immer wieder neu ineinander anzunehmen, dann kann auch eine lebenslange Partnerschaft reifen. Wenn man dagegen dann, wenn es kritisch wird, sagt, das möchte ich vermeiden und auseinandergeht, dann versagt man sich gerade die wirkliche Chance, die in dem Zueinander von Mann und Frau und damit in der Realität der Liebe liegt."

(Papst Benedikt XVI., Gott und die Welt)

?!

- Erstellen Sie ein Wortfeld zu den Begriffen „Passion/Leidenschaft" und verdeutlichen Sie dabei die Vieldeutigkeit dieser Begriffe!

Gott selbst ist der Urheber der Ehe. Er segnet im Sakrament der Ehe die Liebe der Brautleute, die letztlich aus der göttlichen Liebe hervorgeht: So wie Gott sein auserwähltes Volk im Alten Bund liebt und treu ist, so wie Jesus im Neuen Bund das ideale Vorbild der Liebe Gottes zu den Menschen ist, so soll in der ehelichen Liebe einerseits diese Liebe Gottes aufscheinen und so kann auch andererseits die eheliche Liebe der Horizont der Christusbegegnung im Alltag sein. Gott erschuf den Menschen als sein Abbild, als Mann und Frau schuf er sie und gab ihnen den Auftrag „Seid fruchtbar, und vermehret euch" (Gen 1,27f). Durch die Zeugung von Nachkommenschaft werden die Eheleute selbst aktive Schöpfungspartner Gottes.

Darum wird der Mann Vater und Mutter verlassen und sich an seine Frau binden und die zwei werden ein Fleisch sein.
Dies ist ein tiefes Geheimnis; ich beziehe es auf Christus und die Kirche.

(Eph 5,31-32)

„Durch ihre natürliche Eigenart sind Ehe als Institution und die eheliche Liebe auf die Zeugung und Erziehung von Nachkommenschaft hingeordnet und finden darin gleichsam ihre Krönung.“
(Gaudium et Spes, 48)

?!
- Wiederholen Sie aus Ihrem Grundwissen den Begriff „Sakrament“ und beziehen Sie ihn auf Eph 5,31f!

Das größte Versprechen, das ein Mensch geben kann

Die Frage nach der Bereitschaft zu einer christlichen Ehe

Priester (P): N., ich frage Sie: Sind Sie hierhergekommen, um nach reiflicher Überlegung aus freiem Entschluss mit Ihrer Braut N. / Ihrem Bräutigam N. den Bund der Ehe zu schließen?
Antwort: Ja.

P: Wollen Sie Ihre Frau/Ihren Mann lieben und achten und ihr/ihm die Treue halten alle Tage Ihres Lebens, bis der Tod Sie scheidet?
Antwort: Ja. (...)

P: Sind Sie bereit, als christliche Eheleute Ihre Aufgabe in Ehe und Familie, in Kirche und Welt zu erfüllen?
Beide antworten: Ja. (...)

Großer Vermählungsspruch

P: Da Sie also beide zu einer christlichen Ehe entschlossen sind, so schließen Sie jetzt vor Gott und der Kirche den Bund der Ehe, indem Sie das Vermählungswort sprechen. Dann stecken Sie einander den Ring der Treue an.

N.,

vor Gottes Angesicht nehme ich dich an als meine Frau/meinen Mann.

Ich verspreche dir die Treue

in guten und bösen Tagen,

in Gesundheit und Krankheit.

Ich will dich lieben, achten und ehren alle Tage meines Lebens.

Trag diesen Ring

als Zeichen der Liebe und Treue.

Im Namen des Vaters und des Sohnes und des Heiligen Geistes.

(aus der Liturgie des Ehesakraments)

?!
- Fassen Sie zusammen, welche Kennzeichen und Funktionen der christlichen Ehe aus den Quellen Bibel – Konzilstext – Liturgie erkennbar sind!
- Das katholische Eheverständnis zeichnet ein Idealbild. Überlegen Sie, welche Voraussetzungen Ihrer Meinung nach erfüllt sein müssen, damit aus dem größten Versprechen nicht der größte Versprecher eines Menschen wird!
- Setzen Sie sich mit Lebensformen wie Patchwork-Familien, gleichgeschlechtlichen Partnerschaften oder dem Leben mit ständig wechselnden Partnern aus Sicht der Kirche auseinander!
- Entwerfen Sie einen Segenswunsch, mit dem Sie sich bei Ihrer Eheschließung identifizieren könnten!

Dana Dawson, 3 Is Family

„We've been working for a long time
And now my baby is here,
No more hanging with the wrong crowd
'Cause you mean more to me, dear

When I first saw your face
I knew you would take the clouds away
And what we've created together is
The greatest gift in the whole wide world

One and one is two, two is me and you
Two plus one is three, three is family
I believed in you and your love is true
Finally complete, three is family

Our hearts beating altogether
The tears are running down on my face,
God, this moment will last forever
And everything falls into place

In this crazy world
I know there'll be plenty mountains to climb
But the three of us together will
Keep me strong for the rest of my life

One and one is two, two is me and you
Two plus one is three, three is family
I believed in you and your love is true
Finally complete, three is family

Baby divine
Grow up in time
So I can feel this feeling again
Through your very eyes

One and one is two …"

?!

- Vergleichen Sie den Songtext mit dem katholischen Eheverständnis!
- Der Text eröffnet bereits eine weite Perspektive. Erläutern Sie, was die Sängerin in der letzten Strophe anspricht!
- Definieren Sie Ihren Begriff von „Familie" und überlegen Sie, warum man heute noch eine Familie gründen sollte!

„Ein Mann und eine Frau, die miteinander verheiratet sind, bilden mit ihren Kindern eine Familie. Gott hat die Familie gestiftet und ihr die grundlegende Verfassung gegeben. Ehe und Familie sind auf das Wohl der Gatten sowie auf die Zeugung und Erziehung von Kindern hingeordnet. Zwischen den Mitgliedern einer Familie entstehen persönliche Beziehungen und grundlegende Verantwortungen. In Christus wird die Familie zur *Hauskirche*, denn sie ist eine Gemeinschaft des Glaubens, der Hoffnung und der Liebe. (...) Die Familie ist die Urzelle der menschlichen Gesellschaft. Sie geht jeder Anerkennung durch die öffentliche Autorität voraus. Die familiären Prinzipien und Werte bilden die Grundlage des gesellschaftlichen Lebens. Das Familienleben ist eine Einübung in das gesellschaftliche Leben."

(Katechismus der Katholischen Kirche [Kompendium], S. 165f)

?!

- Erklären Sie, warum die Kirche die Familie als Urzelle der menschlichen Gesellschaft bezeichnen kann!
- Erläutern Sie die persönliche Dimension einer Entscheidung für Nachkommenschaft!

Artikel 6 GG

(1) Ehe und Familie stehen unter dem besonderen Schutze der staatlichen Ordnung.
(2) Pflege und Erziehung der Kinder sind das natürliche Recht der Eltern und die zuvörderst ihnen obliegende Pflicht. Über ihre Betätigung wacht die staatliche Gemeinschaft.

Das Bundesverfassungsgericht hat in der Vergangenheit mehrfach Urteile für den Schutz der Familien gefällt, wenn politische Entscheidungen dem Grundgesetz nicht entsprachen.

?!

- Diskutieren Sie, ausgehend von den Bestimmungen des Grundgesetzes bis hin zu aktuellen politischen Entscheidungen, den Grad der Übereinstimmung zwischen kirchlichem und staatlichem Familienverständnis!

„44. *Die moralisch verantwortungsvolle Offenheit für das Leben ist ein sozialer und wirtschaftlicher Reichtum.* Große Nationen haben auch dank der großen Zahl und der Fähigkeiten ihrer Einwohner aus dem Elend herausfinden können. Umgekehrt erleben einst blühende Nationen jetzt wegen des Geburtenrückgangs eine Phase der Unsicherheit und in manchen Fällen sogar ihres Niedergangs – ein entscheidendes Problem gerade für die Wohlstandsgesellschaften. Der Geburtenrückgang, der die Bevölkerungszahl manchmal unter den kritischen demografischen Wert sinken lässt, stürzt auch die Sozialhilfesysteme in die Krise, führt zur Erhöhung der Kosten, schränkt die Rückstellung von Ersparnissen und in der Folge die für die Investitionen nötigen finanziellen Ressourcen ein, reduziert die Verfügbarkeit qualifizierter Arbeitskräfte und verringert das Reservoir der „Köpfe", aus dem man für die Bedürfnisse der Nation schöpfen muss. Außerdem laufen die kleinen, manchmal sehr kleinen Familien Gefahr, die sozialen Beziehungen zu vernachlässigen und keine wirksamen Solidaritätsformen zu gewährleisten. Diese Situationen weisen die Symptome eines geringen Vertrauens in die Zukunft sowie einer moralischen Müdigkeit auf. Daher wird es zu einer sozialen und sogar ökonomischen Notwendigkeit, den jungen Generationen wieder die Schönheit der Familie und der Ehe vor Augen zu stellen sowie die Übereinstimmung dieser Einrichtungen mit den tiefsten Bedürfnissen des Herzens und der Würde des Menschen. In dieser Hinsicht sind die Staaten dazu aufgerufen, *politische Maßnahmen zu treffen, die die zentrale Stellung und die Unversehrtheit der auf die Ehe zwischen einem Mann und einer Frau gegründeten Familie*, der Grund- und Lebenszelle der Gesellschaft, dadurch fördern, indem sie sich auch um deren wirtschaftliche und finanzielle Probleme in Achtung vor ihrem auf Beziehung beruhenden Wesen kümmern."

(Caritas in veritate)

?! • Analysieren Sie den Gedankengang des Papstes zum Wert der Familie!

?! • Überprüfen Sie anhand des Grundgesetzes, inwieweit die Forderungen des Papstes an die staatliche Autorität erfüllt sind!

Die Präsidentenfamilie Obama erhält von Papst Benedikt XVI. bei einer Privataudienz die Enzyklika „Caritas in Veritate".

Ja zur souveränen Abhängigkeit

Der Schritt zur Familiengründung erfordert heutzutage Mut. In einer Gesellschaft, die die Unabhängigkeit des Menschen betont, ist der Schritt zur Ehe und zur Familie scheinbar ein Schritt in die Abhängigkeit.

„Autonomie und Individualität, so scheint es, gewinnen sich in dem Maße, wie ein Mensch sich gegen andere absetzen und als unabhängiges Individuum behaupten kann. Das christliche Welt- und Menschenverständnis setzt einen wichtigen Gegenakzent: Nicht seine **Unabhängigkeit** gilt hier als Bedingung der Möglichkeit der Menschwerdung des Menschen, sondern gerade seine **Abhängigkeit**; seine Abhängigkeit von anderen und dem ganz Anderen. Es sind gerade seine personalen Beziehungen, in denen sich der Mensch als Mensch konstituiert. Seine je einzigartige Individualität entwickelt sich erst in den dialogischen Beziehungen zum mitmenschlichen Du. Das macht Menschen abhängig; genauer: alle Menschen in gleicher Weise voneinander abhängig."

(Andreas Lob-Hüdepohl, Sozialethiker)

?! • Setzen Sie diese Argumentation in Beziehung zum Zitat von Martin Buber auf S. 42!

Eine Lanze für den Zölibat

„Ein neuer Papst, ein neu ernannter Bischof, ein neu gewählter Vorsitzender der Deutschen Bischofskonferenz – jeder Amtsträger der katholischen Kirche wird vom deutschen Durchschnittsjournalisten zunächst gemessen an drei Prüffragen: Wie hältst du's mit der ‚Homo-Ehe'? Was sagst du zum Priestertum der Frauen? Wie hast du's mit dem Zölibat? (...) Auch Erzbischof Robert Zollitsch, der Nachfolger von Kardinal Lehmann im Vorsitz der Deutschen Bischofskonferenz, wurde bei seinem ersten Interview in einem der sogenannten Leitmedien dieser Prozedur unterzogen. Zur Frage nach der Aufhebung des Eheverbots für Priester sagte er unter anderem: ‚Einerseits ist die Ehelosigkeit des Priesters ein großes Geschenk für unsere Kirche. Es ist immer wieder die Entscheidung, die Herausforderung: Ist Gott die Realität, für die ich alles auf diese Karte setze? Ohne die Verbindung zwischen Priesterweihe und Ehelosigkeit würden wahrscheinlich nur sehr wenige mit diesem Ernst darüber nachdenken. Wir merken jedoch bei uns, dass der Ordensnachwuchs weniger wird, weil die Herausforderung des Evangeliums schwer zu vermitteln ist. Und natürlich ist die Verbindung zwischen Priestertum und Ehelosigkeit nicht theologisch notwendig.' Schließlich spricht er sich gegen ‚Denkverbote' bei der Auseinandersetzung mit dem Zölibat aus und betont, dass seine Abschaffung einer ‚Revolution' gleichkäme, ‚bei der ein Teil der Kirche nicht mitginge', das heißt, die zur Kirchenspaltung führte.

Obgleich sich Zollitsch völlig korrekt im Sinne seiner Kirche geäußert hat, gefiel manchem innerkirchlichen Kritiker seine Offenheit nicht. Dabei ist Offenheit der einzige Weg, dem Zölibat die offensive Verteidigung zuteil werden zu lassen, die er verdient. Denn der Zölibat war umstritten, seit er im vierten Jahrhundert nach und nach verpflichtend wurde, und er wird umstritten bleiben, solange es ihn gibt. Die Kirchengeschichte zeigt, wie lebhaft um den Zölibat gerungen wurde; es war ein jahrhundertelanger Weg bis zu der Ernsthaftigkeit, mit der der Zölibat heute gefordert und angenommen wird. Gerade weil er theologisch nicht zwingend ist, muss er als gute Ordnung immer neu begründet werden. Und er muss sich heute besonders behaupten gegenüber einer hedonistischen Gesellschaft, die optimale individuelle Bedürfnisbefriedigung als ihr Ziel ansieht. Dieser Gesellschaft muss es ein Stachel im Fleisch sein, dass es Menschen gibt, die sich freiwillig um einer Lebensaufgabe willen zu Ehelosigkeit und sexueller Enthaltsamkeit verpflichten. Es ist keine Frage, dass der Verzicht auf der kreatürlichen Seite des Lebens zu großer innerer Freiheit auf der geistigen Seite führen kann. So wird der Zölibat zur Energiequelle, wie Pater Beda Müller, Benediktinermönch der Abtei Neresheim, in einem Zeitungsbeitrag ausführte. Die ganzheitliche Hingabe an den Dienst am Evangelium gibt dem Amt eine besondere Würde und macht es teuer. Der Zölibat ist ein unübersehbares Zeichen und als solches zu achten und zu bewahren.

Ich sage das als evangelisch-lutherischer Theologe, der verheiratet ist und einige Jahre als Pfarrer tätig war. Ich weiß um den Segen und die Kraft, die aus der Familie für einen Pfarrer fließen können. Ich will den Zölibat in der evangelischen Kirche nicht wieder einführen. Dass Martin Luther ein Verfechter der Priesterehe war, hatte gute Gründe; (...) Und ich weiß um den menschlichen und geistigen Reichtum des evangelischen Pfarrhauses durch die Jahrhunderte. Allerdings hat diese Entwicklung auch zu einer Verbürgerlichung des Pfarrerberufes geführt, die ganz gewiss mit beigetragen hat zur Entfremdung der Kirche von den ärmeren Volksschichten im 19. Jahrhundert. Und natürlich nehmen Pfarrerehen Anteil an allgemeinen gesellschaftlichen Entwicklungen; sie werden zum Beispiel nicht seltener geschieden als andere Ehen, oft mit verheerenden Folgen für den Dienst. Bei der Diskussion über die Abschaffung des Zölibats gibt es einen großen Vorteil: Man weiß, worauf man sich einlässt. Die evangelischen Kirchen haben einen jahrhundertelangen Flächenversuch gemacht. Nun kann man abwägen. (...) Etwas anders zu machen, heißt nicht immer, es besser zu machen. Der Zölibat passt am besten zu dem Amt, das den gekreuzigten Christus predigt, ‚den Juden ein Ärgernis und den Griechen eine Torheit' (1. Korinther 1,23)."

(Steffen Heitmann, Mitherausgeber des Rheinischen Merkur)

- Analysieren und bewerten Sie den Gedankengang Heitmanns!
- Beurteilen Sie, inwieweit es Berufe gibt, in denen ein eheloses Leben vorteilhaft sein könnte!

Schwester Dr. Lea Ackermann wurde 1937 im Saarland geboren. Nach einer Banklehre und anschließender Tätigkeit als Bankkauffrau trat sie 1960 in die Gemeinschaft der „Missionsschwestern unserer lieben Frau von Afrika" (Weiße Schwestern) ein. Sr. Lea wurde mit zahlreichen Preisen und Ehrungen ausgezeichnet und gewürdigt: u. a. zwei Bundesverdienstkreuze, Frau Europas, Bul le mérite, Ketteler-Preis, Romano-Guardini-Preis.

Sie veröffentlichte diverse Artikel und Bücher: u. a. ihre Autobiografie „Um Gottes willen, Lea!", „Verkauft, versklavt, zum Sex gezwungen" und zusammen mit Pater Prof. Dr. Fritz Köster „Über Gott und die Welt – Gespräche am Küchentisch".

Leben gestalten: Sr. Lea, warum fiel 1960 die Entscheidung für ein eheloses Leben und zum Eintritt ins Kloster?

In ein urkatholisches Elternhaus hineingeboren und von meiner Veranlagung religiös interessiert, freiheitsliebend und abenteuerlustig, schien mir der Eintritt in eine Missionsgemeinschaft, die alle ihre Mitglieder nach Afrika schickt, gerade das Richtige. Ich war in dieser Zeit auch nicht verliebt, ich habe geschwärmt, aber eine Ehe eingehen, Kinder aufziehen und den Rest meines Lebens in meinem Dorf verbringen, schien mir nicht attraktiv. Obwohl ich mein Dorf und mein Elternhaus liebte, schien mir ein Leben in Familie vor Ort eher ein Schreckgespenst.

Leben gestalten: Inwiefern ist der Zölibat für Sie eine Energiequelle in Ihrem Leben geworden?

Ungebunden und frei mit Gleichgesinnten zu leben, ist schon sehr verlockend. Und dazu habe ich mich entschlossen. Ich konnte alle meine Kraft, Kreativität und Fantasie für mein Engagement (z. B. in der Schule in Ruanda als Direktorin oder als Gründerin von SOLWODI) einsetzen, ohne auf Familie oder Kinder Rücksicht nehmen zu müssen. Dass das nicht immer einfach ist und war, gebe ich gerne zu. Ich lernte Menschen kennen, mit denen ich mir ein gemeinsames Leben gut habe vorstellen können. Ich hatte mich aber entschieden und habe diese Grundentscheidung nie infrage gestellt oder bereut.

Leben gestalten: In welchen Situationen Ihres Lebens war der ehelose Lebensentwurf vorteilhaft?

Ich konnte mich ohne Rücksicht auf Familie und Kinder frei in meinen Aufgaben engagieren. In Afrika war ich öfters in sehr abenteuerlichen Situationen und ich hatte nur die Verantwortung für mich. Auch in Deutschland habe ich immer gedacht, dass ich ohne Familie weniger erpressbar bin. Schließlich konnte ich mich für Kinder in Not engagieren und habe sie wie eigene aufgenommen. Das ehelose Leben ist ein freies Leben. Gerade beim ehelosen Leben ist Freundschaft sehr wichtig, um allen Aufgaben gewachsen zu sein.
Ich habe Mitschwestern und ich habe Freunde. Dafür bin ich sehr dankbar.

Leben gestalten: Gab es auch andere Situationen?

Ja, es gab Zeiten der Trauer und der Einsamkeit. Ich erinnere mich, als ich 50 Jahre alt wurde, bekam ich eine Panikattacke, als mir plötzlich bewusst wurde, dass ich eine Erfahrung nie haben werde: ein Kind in meinem Körper auszutragen und zu pflegen. In dieser Zeit habe ich den Verzicht durch meine Entscheidung zur Ehelosigkeit sehr schmerzhaft gespürt. Aber jede Entscheidung kostet auch ihren Preis.

Leben gestalten: Wir danken Ihnen für dieses offene Gespräch!

?!

- Informieren Sie sich weiter über Sr. Leas Biografie und im Internet über das Hilfsprojekt SOLWODI!
- Setzen Sie die Argumente Heitmanns in Beziehung zum Leben von Schwester Dr. Lea Ackermann!
- Setzen Sie abschließend Mt 19,3-12 in Beziehung zu den Aussagen Steffen Heitmanns und Sr. Dr. Lea Ackermanns!
- Organisieren Sie evtl. einen Besuch eines SOLWODI-Referenten an Ihrer Schule, z. B. im Rahmen des folgenden Sozialethik-Themas!

?!

- Erklären Sie mithilfe der folgenden Karikatur, wie es zur **Allgemeinen Erklärung der Menschenrechte** kam!
- Nehmen Sie Stellung zu der in der Karikatur angedeuteten göttlichen Urheberschaft der Menschenrechte!

Plantu/UNESCO, Menschenrechte

Bereits in der Antike war die Unterscheidung zwischen von Menschen verfassten Gesetzen und den ungeschriebenen „Menschenrechten" bekannt. Diese ungeschriebenen Rechte wurden am häufigsten mit dem **Naturrecht** begründet (vgl. S. 14f).
Bedarf es der Transzendenz, um diese Menschenrechte bzw. das Naturrecht zu begründen? Der niederländische Rechtsphilosoph Hugo Grotius (1583–1645) kommt bei seinen Überlegungen zu folgendem Schluss: Das durch die Vernunft gefundene Naturrecht würde auch dann gelten, wenn es keinen Gott gäbe.

Die Kirche lehnte die Menschenrechtsidee zunächst ab, weil sie ohne Gottesbezug begründet wurde. Letztlich erkannte sie aber, dass der Gedanke der Menschenrechte in höchstem Maße mit der biblischen Schöpfungsbotschaft und Jesu Verkündigung vom Reich Gottes korrespondiert.

„Ich will ehrlich sein, und deshalb muss ich leider zugeben: Vor allem in Europa musste die Menschenrechtsidee auch gegen die Kirche durchgesetzt werden. In der Frühphase ihrer Artikulierung wurden die Menschenrechte durch die Kirche aggressiv abgelehnt, die Rede war von einer ‚Selbstermächtigung des Menschen', der sich plötzlich an die Stelle Gottes setzen wollte, von einem ‚Aufstand des Menschen gegen Gott', und von den ‚zügellosen Freiheitslehren', die nicht nur von einer genuin christlichen Ethik, sondern sogar vom Naturrecht abweichen würden (so sogar noch Papst Leo XIII. in seiner Enzyklika *Immortale Dei* von 1885, ein Papst, der in sozialen Fragen weitaus fortschrittlicher dachte). So weit die Fakten. Aber man muss auch nach den tieferen Gründen für diese zunächst entschiedene Ablehnung fragen. So lässt sich sagen, dass diese Feindschaft gegenüber den Menschenrechten und dem aufklärerischen Freiheitspathos natürlich zu einem Teil erklärbar ist durch den historischen Kontext, in dem diese sich vor allem in Europa herausbildeten: Die französische Revolution mit ihrem antiklerikalen, laizistischen Gestus machte es der Kirche in gewisser Weise leicht, alles miteinander zu vermengen und kollektiv abzulehnen – die gewalttätige Seite der Revolution, den Kampf gegen das gallikanische Staatskirchentum und die Formulierung politischer Freiheitsrechte, die eben auch im Kontext der Revolution stattfand. Dabei wird übrigens leicht vergessen, dass gerade zu Beginn der Revolution der niedere Klerus der Kirche durchaus zu den entschiedenen Verfechtern des Kampfes um mehr Freiheit gehörte."

(Erzbischof Reinhard Marx)

?!

- Nennen Sie den Begründungszusammenhang des Naturrechts nach Hugo Grotius!
- Diskutieren Sie die Schlussfolgerung von Grotius!

?!

- Zeigen Sie auf, wie die Kirche den allgemeinen Entstehungszusammenhang der Menschenrechte wahrnahm und darauf reagierte!

Der erste Markstein in der Geschichte der Menschenrechte ist die Unabhängigkeitserklärung der USA (1776):

„We hold these truths to be self-evident, that all men are created equal, that they are endowed by their Creator with certain inalienable Rights, that among these are Life, Liberty, and the pursuit of Happiness."

- Ordnen Sie die Unabhängigkeitserklärung einem der beiden bereits genannten Begründungslinien der Menschenrechte zu!
- Lesen Sie die „Allgemeine Erklärung der Menschenrechte" und suchen Sie Elemente des christlichen Menschenbildes!
- Vergleichen Sie die „Allgemeine Erklärung der Menschenrechte" mit dem 1997 formulierten Entwurf einer „Allgemeinen Erklärung der Menschenpflichten"!

Mittlerweile ist die Menschenrechtsidee fester Bestandteil christlicher Ethik. Ausgangspunkt für die moderne christliche Begründung der Menschenrechte ist die Idee der **Menschenwürde**, die sich aus dem Schöpfungsglauben und aus dem biblischen Verständnis des Menschen als Ebenbild Gottes ergibt und der damit verbundenen Heiligkeit jeglichen menschlichen Lebens. Die Menschenrechte lassen sich, aus der Menschenwürde abgeleitet, in drei Kategorien differenzieren:

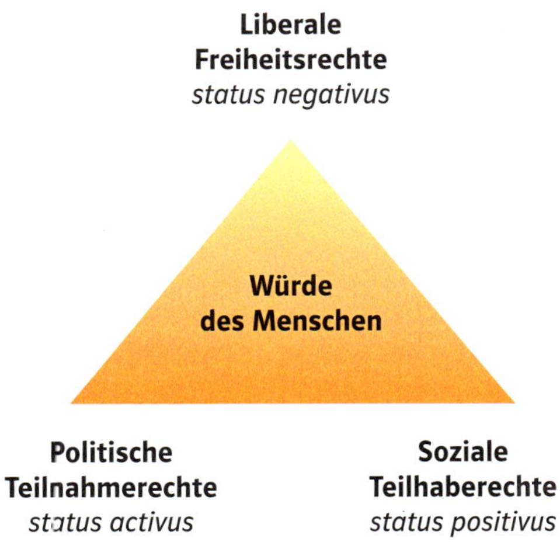

- Klassifizieren Sie die in der „Allgemeinen Erklärung" genannten Menschenrechte in die drei Bereiche der Grafik!
- Benennen Sie ein natürliches Recht und eine daraus folgende natürliche Pflicht aus der Idee der unverletzlichen Menschenwürde!

In seiner Rede vor der Vollversammlung der Vereinten Nationen 2008 verteidigte Papst Benedikt XVI. die universale und absolute Geltung der Menschenrechte sowie, daraus abgeleitet, das Recht der Vereinten Nationen zu humanitären Interventionen.

- Diskutieren Sie, ob bzw. auf welche Weise eine starke internationale Autorität die Einhaltung der Menschenrechte erfolgversprechend einfordern kann. Berücksichtigen Sie dabei auch die entsprechenden Aussagen in *Caritas in Veritate* bzw. die genannte Rede des Papstes! Diese Quellentexte finden Sie beide im Internet.

Können die Menschenrechte, wie sie in der „Allgemeinen Erklärung der Menschenrechte" proklamiert wurden, die Basis eines globalen Ethos sein? Braucht es ein solches Ethos überhaupt?
Das Kernproblem bleibt das Dilemma zwischen dem **universalen Anspruch** eines globalen Ethos auf Basis der Menschenrechte einerseits und der **kulturellen Differenzierung** und dem damit verbundenen Recht auf Selbstbestimmung andererseits.
Trotzdem gelingt es der internationalen Staatengemeinschaft in der jüngeren Vergangenheit, schwere Menschenrechtsverletzungen aufzuarbeiten und strafrechtlich zu verfolgen.

Slobodan Milošević im Gerichtssaal in Den Haag

1. Der Internationale Strafgerichtshof für Jugoslawien ist ein 1993 eingerichteter Strafgerichtshof, der für die Verfolgung schwerer Verbrechen zuständig ist, die in den Jugoslawienkriegen seit 1991 verübt wurden. Prominentester Angeklagter war der ehemalige jugoslawische Staatspräsident Slobodan Milošević, der vor Prozessende verstarb.
2. Der Internationale Strafgerichtshof für Ruanda hat mehrere Personen des Völkermordes angeklagt und abgeurteilt. Daneben gab es auch Verfahren gegen „Hassmedien", die zum Völkermord in Ruanda anstachelten.
3. Der Internationale Strafgerichtshof in Den Haag ist ein ständiges Internationales Strafgericht und zuständig für Delikte des Völkerstrafrechts, unter anderem Verbrechen gegen die Menschlichkeit sowie Kriegsverbrechen.

Dieser Gerichtshof ist durch einen Internationalen Vertrag ins Leben gerufen worden und besitzt durch die 109 Staaten (Stand: Juni 2009), die den Vertrag unterzeichnet und ratifiziert haben, eine sehr hohe Legitimation. 40 Staaten unterzeichneten den Vertrag, ratifizierten ihn aber nicht, unter anderem USA, Russland, Volksrepublik China, Israel und Iran. Die USA zogen ihre Unterschrift sogar später wieder zurück.

- Erörtern Sie Möglichkeiten, die solche Kriegsverbrechertribunale haben!
- Überlegen Sie sich Gründe, warum manche Staaten diesen Vertrag nicht ratifizieren und informieren Sie sich, warum die USA ihre Unterschrift zurückgezogen haben! Beschreiben Sie die Probleme, die hier offensichtlich werden!

Zwei reale Fallbeispiele sollen das Grund-problem bei der Umsetzung von Menschenrechten beschreiben, wenn Staaten sich der Kontrolle von außen verschließen. Die Grundfrage lautet jeweils, welchen Schwierigkeiten man bei der Verwirklichung von Menschenrechten begegnet.

I. China und die Menschenrechte
Auszug aus der Rede des chinesischen Außenministers, Tang Jiaxuan, vor der 54. Generalversammlung der Vereinten Nationen am 22. September 1999 in New York:

„Der (...) Punkt bezieht sich auf die souveräne Gleichheit und die Nichteinmischung in die inneren Angelegenheiten anderer. Argumente wie Menschenrechte haben neuerdings Vorrang vor der Souveränität, und humanitäre Intervention scheint in letzter Zeit in Mode gekommen zu sein. (...)

Wir glauben, dass es die heilige Pflicht aller Regierungen ist, Menschenrechte und Grundfreiheiten zu fördern und zu schützen und dass alle Länder dazu verpflichtet sind, im Einklang mit den Zielen und Grundsätzen der Charta der Vereinten Nationen und internationaler Menschenrechtsinstrumente sowie im Lichte ihrer jeweiligen nationalen Umstände und relevanten Gesetze.

Aber wie sich die politischen Systeme, die Niveaus wirtschaftlicher Entwicklung, die Geschichte, der kulturelle Hintergrund und die Werte von Land zu Land unterscheiden, ist es nur natürlich, dass Länder unterschiedliche Interpretationen und sogar abweichende Sichtweisen in Bezug auf Menschenrechte haben. Die Länder sollten sich auf der Basis von Gleichheit und gegenseitigem Respekt um Dialog und Austausch bemühen, um ein besseres Verständnis füreinander zu entwickeln, gemeinsame Grundlagen auszubauen und mit ihren Unterschieden vernünftig umzugehen, statt unter dem Vorwand Menschenrechte die Konfrontation zu suchen oder sich in die inneren Angelegenheiten anderer einzumischen.

Das Thema Menschenrechte ist in seinem Kern eine innere Angelegenheit des jeweiligen Landes und sollte hauptsächlich von der Regierung des betreffenden Landes aus eigenem Antrieb thematisiert werden. Uns ist eine unterschiedliche Welt zu eigen. Jedes Land hat das Recht, sein eigenes soziales System, Entwicklungswege und Werte, die den jeweiligen nationalen Umständen entsprechen, zu wählen.

Die Geschichte Chinas (...) zeigt, dass die Souveränität eines Landes die Voraussetzung dafür ist und für die Menschen dieses Landes die Basis für Menschenrechte darstellt. Wenn die Souveränität eines Landes in Gefahr gerät, können seine Menschenrechte kaum effektiv geschützt werden."

- Informieren Sie sich über die aktuelle Situation der Menschenrechte in China, z. B. auf der Homepage von Human Rights Watch oder Amnesty International!
- „Menschenrechte sind eine innere Angelegenheit des jeweiligen Landes." Diskutieren Sie diese These und ihre Konsequenzen!

- Die Völkergemeinschaft argumentiert, dass Menschenrechte universal gültig sein müssen. Schreiben Sie einen fiktiven Antwortbrief an den chinesischen Außenminister, in dem Sie den universalen Geltungsanspruch der Menschenrechte begründen!

II. USA und die Menschenrechte

Im Kampf gegen den internationalen Terrorismus nach dem 11. September 2001 setzte die Bush-Administration auch auf Maßnahmen, die offensichtlich der Allgemeinen Erklärung der Menschenrechte widersprachen. Begründet wurden diese Maßnahmen damit, dass sie der Verhinderung neuer Terroranschläge dienen würden:

Waterboarding: Diese Foltermethode, die das Ertränken simuliert, wurde von der CIA und anderen US-amerikanischen Regierungsbehörden bei der Vernehmung Terrorverdächtiger angewandt.

US-Gefangenenlager Guantánamo: In diesem Lager auf Kuba wurden Kriegsgefangene aus der Afghanistan-Invasion von 2002 völkerrechtswidrig ohne Prozess festgehalten. Folter und unmenschliche Behandlung der Insassen standen auf der Tagesordnung.

Geheime CIA-Gefängnisse: v. a. außerhalb der USA, in denen man, oft durch ausländische Gehilfen, Terrorverdächtige „befragte". Präsident Bush drängte nach Bekanntwerden der Gefängnisse den Kongress, klare Regeln zu schaffen, damit US-Ermittler nicht von mutmaßlichen Terroristen verklagt werden konnten.

Bushs Nachfolger, Präsident Obama, verbot als eine der ersten Amtshandlungen jegliche Folter und ordnete die Schließung des Gefangenenlagers Guantánamo an.

- Diskutieren Sie, ob es erlaubt ist, zur Verhinderung eines Terroranschlags Menschenrechte zu verletzen!
- Die USA sind in vielen Bereichen ein Paradigma der christlich-abendländischen Kultur für andere Kulturen der Welt. Überlegen Sie, welche Folgen diese Handlungen im Namen der Terrorbekämpfung für die Akzeptanz unserer Wertvorstellungen in anderen Kulturkreisen haben!

?!

- Tauschen Sie sich in Kleingruppen darüber aus, wie Sie zu einer Entscheidung kommen! Sammeln Sie die verschiedenen Erfahrungen und stellen Sie die Ergebnisse der Kleingruppe anschließend Ihrem Kurs vor!
- Kategorisieren Sie alle gefundenen Entscheidungsfindungen nach Ihrem jeweiligen Maßstab!
- Diskutieren und beurteilen Sie die jeweiligen Maßstäbe und nehmen Sie dabei nochmals Bezug auf die Ergebnisse Ihrer Diskussion zur Abituraufgabe auf S. 8!

Die Freiheit des Menschen (vgl. Jahrgangsstufe 11, Christliches Menschenbild) hat die Wahlmöglichkeit des Menschen bei Entscheidungen notwendig zur Folge.

Die verschiedenen ethischen Modelle und die Rolle des Gewissens bei der Urteilsbildung wurden im ersten Kapitel bereits ausführlich behandelt.

Manchmal sind allerdings die Alternativen nicht klar nach „gut/richtig" und „schlecht/falsch" zu kategorisieren, sondern die Handlungsalternativen sind schwieriger zu beurteilen und differenzierter zu bewerten.

Dabei ist guter Rat oft teuer und viele Dinge würde man später mit der hinzugewonnenen Lebenserfahrung im Rückblick vielleicht anders entscheiden.

„Güterabwägung heißt eine im praktischen Lebensvollzug überaus wichtige ethische Methode, die immer dann angewendet werden muss, wenn ein Mensch vor einer unausweichlichen Entscheidung steht u. dabei zwei oder mehrere Güter in Konkurrenz miteinander stehen. Die G. ist strikt verschieden von der *Doppelwirkung einer Handlung*, die gleich unmittelbar Gutes u. Schlechtes (Schädliches) hervorbringt u. bei der es ethisch nicht legitim ist, Schlechtes direkt zu intendieren (Doppelwirkung einer Handlung ist es wiederum nicht, wenn eine Handlung nicht gleich unmittelbar Gutes u. Schlechtes hervorbringt, sondern das Gute intendiert u. unmittelbar hervorgebracht wird, während das Schlechte nur als Nebenwirkung in Kauf genommen wird, wie das bei der legitimen indirekten Sterbehilfe der Fall ist). Bei der Doppelwirkung einer Handlung handelt es sich oft um die Abwägung zweier Übel u. damit um einen schwerwiegenden Gewissenskonflikt (z. B. medizinisch indizierte Abtreibung, um den als größeres Übel geltenden Tod der Mutter zu vermeiden). Bei der G. nehmen Menschenrechte u. -würde in jedem Fall den höheren Rang ein. Bei der Abwägung von ‚geistigen', kulturellen u. materiellen, nur ‚nützlichen' Gütern wie bei einer Konkurrenz von Gemeinwohl u. Eigennutz besteht ein beträchtlicher Spielraum an Gewissensfreiheit. Dass der Schutz der Umwelt das höhere verpflichtende Gut gegenüber dem privaten Reichtum oder dem Genuss weniger ist, versteht sich von selber. (…)"

(Herbert Vorgrimler, Neues Theologisches Wörterbuch)

Info-Box

Güter sind dem menschlichen Handeln vorgegebene (präsittliche) Objekte, die dem Wohl (= lat. *bonum*) des Menschen dienen und daher mögliche Ziele des menschlichen Strebens sind, z. B. Leben, Sexualität.

?!

- Suchen Sie weitere Beispiele für Güter und klassifizieren Sie diese in Ihrem Kurs nach ihrer Wichtigkeit!
- Begründen Sie, warum die Verwirklichung eines Gutes u. U. eine Güterabwägung notwendig macht!
- Differenzieren Sie die Begriffe „Güterabwägung" und „Doppelwirkung einer Handlung"!

Für eine Güterabwägung ist letztlich eine begrifflich klare Vorstellung von Gütern nötig. Die Grundgüter – wie sie auch in den Menschenrechten formuliert sind – haben bei einer Güterabwägung immer den Vorrang, unmittelbare Güter den Vorrang vor mittelbaren Gütern. In einer Güterabwägung kann man auch zwischen bedingenden und bedingten Gütern unterscheiden.

Schwieriger sind Abwägungen zwischen gleichrangigen Gütern; hier eröffnet sich ein großer Ermessensspielraum des Einzelnen. Kategorien wie die geringere Wahrscheinlichkeit des Eintritts eines Übels können eine Rolle spielen, denn das geringere Übel ist in einer solchen Situation dem größeren Übel vorzuziehen.

?!

- Ordnen Sie Ihre gefundenen Güter den genannten Kategorien zu!
- Erstellen Sie eine Collage zum Thema Güterabwägung, in der Sie eine geeignete Darstellung der Güter und ihrer Bedeutung bei einer Güterabwägung entwerfen!

Eine sorgfältige Güterabwägung dient dazu, dass der Handelnde die Möglichkeit hat, Güter zu verwirklichen. Dabei ist zu beachten, dass eine Güterabwägung kein formalisierbares Verfahren im Sinne eines Algorithmus ist, das auf jeden Einzelfall in gleicher Weise angewendet werden kann und bei dem nur die entsprechenden Eingangsparameter zu variieren sind und man die richtige Entscheidung erhält.

Wie hätten Sie entschieden?

„Lara ist 16 und wohnt in einem armen, südamerikanischen Land. Sie hat keine Ausbildung und findet nirgends eine Anstellung. Die Aussichten sind gering, je eine zu bekommen, da es bereits viele Arbeitslose gibt. Auch ihre Eltern sind ohne Arbeit und ihre jüngeren Geschwister müssen arbeiten und können die Schule nicht besuchen.
Eines Tages kommt eine Ärztin in ihren Ort. Sie sagt, sie arbeite für einen großen Pharmakonzern. Der würde viele Embryonen benötigen für neue gentechnische Heilungsmethoden. Junge Frauen könnten viel Geld verdienen, wenn sie sich für fünf Jahre verpflichten würden, sich einmal pro Jahr künstlich befruchten zu lassen und den Embryo der Firma zu geben. Das Geld, das Lara angeboten wurde, würde genügen, sich und ihre Familie zu ernähren und dazu noch eine Ausbildung als Lehrerin zu machen. Sie würde auch medizinisch gut versorgt werden.
Lara plagen Zweifel, die sie die ganze Nacht wach halten. Sie wurde streng nach katholischen Grundsätzen erzogen, die eine Abtreibung verbieten. Ihr fällt der Gedanke schwer, ihren Embryo zu verkaufen und das jedes Jahr wieder zu tun. Aber sie weiß nicht mehr, wovon sie in Zukunft leben soll. Daher beschließt sie, den Vertrag zu unterschreiben, der ihr angeboten wurde."

(Georg Lind, Das Dilemma liegt im Auge des Betrachters)

?!

- Wie schwer empfinden Sie die Aufgabe, vor die Lara sich gestellt sah? Geben Sie einen Zahlwert zwischen 0 (ganz einfach) und 6 (sehr schwer) an!
- Was meinen Sie: Hat Lara richtig oder falsch gehandelt? Teilen Sie Ihren Kurs in eine Pro- und eine Kontra-Gruppe und bereiten Sie sich 10 Minuten auf eine Diskussion im Plenum vor!

  In der Diskussion gelten zwei Regeln:
  - Jedes Argument ist zulässig, es dürfen aber keine qualifizierenden Aussagen über Personen oder Gruppen gemacht werden.
  - Die Leitung des Gesprächs wechselt ständig. Wer gerade gesprochen hat, ruft von denen, die sich in der anderen Gruppe melden, einen auf, der ihm antworten darf.

Im folgenden Text, der aus dem Buch „Das Kapital“ des Münchner Erzbischofs Reinhard Marx entnommen ist, wird ein bestimmtes Verhalten angeprangert.

?!

- Lesen Sie zum besseren Verständnis die im Text genannte Bibelstelle!

„Die wahren Propheten waren keine Hofbeamten mehr, die den Königen und Mächtigen nach dem Mund redeten, sondern sie fühlten sich Gott und damit einem höheren Recht, einer höheren Gerechtigkeit verpflichtet. Dadurch gerieten sie nicht selten in Konflikt mit der Macht, wurden angefeindet und verfolgt. Ein besonders eindrucksvolles Beispiel ist der Prophet Jeremia, der um die Wende vom siebten zum sechsten vorchristlichen Jahrhundert wirkte und die damals Herrschenden mit kompromissloser Härte kritisierte. Dem von 608 bis 598 v. Chr. regierenden König Jojakim hielt er in drastischen Worten seine Ungerechtigkeit vor und prophezeite ihm als Strafe Gottes ein erbärmliches Ende [vgl. Jer 22,13-19].

Heute sitzen die Zyniker, die keine Hemmungen haben, sich auf Kosten anderer zu bereichern, in aller Regel nicht mehr in Königspalästen, sondern in Büros in New York, London und anderen Metropolen dieser Welt. Anders als die Tyrannen im Alten Orient brauchen sie sich bei ihren Beutezügen allerdings nicht auf das eigene Volk beschränken, sondern sie können in der ganzen Welt ihr Unwesen treiben. Dazu benötigen sie auch nicht wie ihre antiken Vorfahren teure Armeen, sondern es reichen Laptop, Handy und das ‚nötige Kleingeld‘ für ein paar Investments und Anwaltshonorare.

Unglaublich, aber wahr: Während die internationale Staatengemeinschaft sich den Kopf darüber zerbricht, wie man die Schuldenprobleme von Entwicklungsländern in den Griff bekommen kann, haben sich gewissenlose Spekulanten gerade auf Geschäfte mit diesen Schulden spezialisiert. Ihren Namen haben sich diese Spezialfonds redlich verdient: ‚Geierfonds‘ (vulture funds). Wenn ein Land nachhaltig in Zahlungsschwierigkeiten gerät, kaufen die ‚Geier‘ unter den Hedgefonds mit hohen Abschlägen auf die ursprüngliche Kreditsumme dessen Schulden auf und verklagen es dann auf Rückzahlung der vollen Beträge einschließlich Zins und Zinseszins. Dieses Geschäft ist so simpel und lukrativ, wie es unmoralisch ist.

Erfinder dieses ‚Investmentmodells‘ ist der New Yorker Milliardär Paul Singer. Dessen Hedgefonds Elliot Associates hatte 1996 Schulden von Peru in Höhe von 20 Millionen Dollar für rund 11 Millionen Dollar gekauft und verklagte dann das Land auf Rückzahlung der vollen Summe plus Zinsen, Zinseszinsen und Anwaltshonorare. Weil Singer damit drohte, dass er peruanische Gelder im Ausland gerichtlich pfänden bzw. einfrieren lassen werde und dass er über Klagen und politische Einflussnahme versuchen werde, die Verhandlungen mit den internationalen Institutionen über eine Neustrukturierung der Schulden Perus zu blockieren, hatte er Erfolg. Während die Gläubigermehrheit ein Umschuldungsprogramm unterstützte, erstritt sich Elliot Associates vor Gericht 58 Millionen Dollar – nach einer ursprünglichen ‚Investition‘ von wie gesagt 11 Millionen Dollar. Ein so lukratives ‚Geschäftsmodell‘ hat inzwischen zahlreiche Nachahmer gefunden. Im April 2007 hat ein Gericht in London das südafrikanische Land Sambia zu der Zahlung von 17 Millionen Dollar an den amerikanischen ‚Geierfonds‘ Donegal verurteilt. Donegal hatte zu dem Spottpreis von 3 Millionen Dollar Schulden Sambias im Wert von 15 Millionen Dollar von Rumänien gekauft. 1979 hatte das bitterarme afrikanische Land diesen Kredit im Rahmen eines Kaufs landwirtschaftlicher Geräte von den Rumänen bekommen. Sambia geriet bald in Zahlungsverzug, und 1999 kaufte Donegal die Ansprüche aus dem 20 Jahre alten Kreditgeschäft. Ursprünglich wollte der ‚Geierfonds‘ 55 Millionen Dollar erstreiten. Der zuständige Londoner Richter reduzierte die Summe nur deshalb auf 17 Millionen Dollar, weil er zu der Überzeugung gelangt war, dass Donegal den damaligen sambischen Präsidenten Chiluba mit einer Millionen-‚Spende‘ geschmiert hatte, damit dieser dem Verkauf der Staatsschulden auf dem sogenannten sekundären Markt zustimmte.

Trotzdem konnte der ‚Geierfonds' sich über eine Rendite von mehr als 550 Prozent freuen.

Besonders perfide an diesem Fall ist, dass Sambia zu einem der ärmsten Länder der Welt gehört. 64 Prozent der knapp 12 Millionen Menschen in dem Land müssen mit weniger als einem Dollar am Tag auskommen. Die internationale Gläubigergemeinschaft hatte Sambia deswegen einen umfassenden Schuldenerlass gewährt. Die 17 Millionen Dollar an Donegal zahlt Sambia aus seinem Sozial- und Schulbudget, was drastische Einschnitte bei der Gesundheitsversorgung und bei dem Programm der Alphabetisierung der Bevölkerung bedeutet. Dringend benötigte Medikamente für rund 100 000 Menschen kann die sambische Regierung nun nicht mehr finanzieren. Die Aids-Rate in Sambia ist eine der höchsten weltweit. 20 Prozent der sambischen Kinder sind Aids-Waisen.

Als der BBC-Reporter Greg Palast den Gründer von Donegal, Michael Sheehan, darauf ansprach, ob er bei seinen Geschäften mit der Not der Ärmsten keine Gewissensbisse habe, antwortete Sheehan ungerührt: ‚Das sind nicht meine Schulden. Ich hatte lediglich die Möglichkeit zu einem Investment.' (...)

Angesichts solcher schreienden Ungerechtigkeiten fällt es mir auch als Bischof schwer, mich zurückzuhalten. Ich wünsche raffgierigen und gewissenlosen Spekulanten unserer Tage nicht das Schicksal, das der Prophet Jeremia dem König Jojakim vorhergesagt hat, aber ich glaube fest, dass diese ‚Investoren', die mit ihnen kooperierenden Banker und ihre (Un-)Rechtsanwälte dereinst vor Gott Rechenschaft für das von ihnen begangene Unrecht werden ablegen müssen. Ich glaube nicht, dass ihnen dann der Hinweis auf bestehende Gesetzeslücken helfen wird. Die Gebote Gottes kennen keine Löcher, durch die jene schlüpfen könnten, die sich an der Not und dem Elend anderer bereichern."

(Erzbischof Reinhard Marx)

?!

- Vergleichen Sie die konkurrierenden Interessen und Güter und beurteilen Sie das Verhalten der Finanzinvestoren aus christlicher Sicht!

?!

- Sie arbeiten in einer zentralen Position der Internationalen Finanzaufsicht. Ziehen Sie aus den genannten Vorfällen Ihre Schlussfolgerungen und entwickeln Sie alternative Ratschläge an die Fondsmanager!

Anstelle von übertriebenen Renditeerwartungen stellen sogenannte ‚Mikrokredite', die sich zwischen 1 € und 1000 € bewegen, ethische Überlegungen ins Zentrum. Mit diesen Krediten soll insbesondere ärmeren Menschen oder Genossenschaften in Entwicklungsländern eine Möglichkeit der Investition geboten werden, die diesen sonst nicht offenstünde, getreu dem Oikocredit-Ansatz „dass arme Menschen in der Lage sind, sich ein besseres Leben aufzubauen, wenn sie die Chance dazu erhalten, wenn man ihnen Kredit gibt."

Für dieses Konzept hat der Bengale Muhammad Yunus, Begründer der Grameen Bank, 2006 den Friedensnobelpreis erhalten. Ein ähnliches Konzept verfolgt die vom Ökumenischen Rat der Kirchen gegründete Kreditgenossenschaft Oikocredit.

Muhammad Yunus auf dem Evangelischen Kirchentag 2007 in Köln

?!

- Informieren Sie sich im Internet über die Mikrokredite bzw. Oikocredit und die damit verbundenen ethischen Vorstellungen!

> „Die Soziallehre der Kirche erwächst geschichtlich aus dem, was das gesellschaftliche Leben an Fragen, insbesondere an Streitfragen aufwirft, und was es an Nöten und Ungerechtigkeiten erzeugt. Wie die Kirche selbst, so ist auch ihre Soziallehre kein „System", sondern gehört dem Bereich des Tatsächlichen, des Geschichtlichen, des praktischen Lebens an, die allerdings immer an den Maßstäben des Gesetzes Gottes gemessen werden."
> *(Oswald von Nell-Breuning, Sozialethiker)*

?!

- Formulieren Sie aktuelle Streitfragen des gesellschaftlichen Lebens und diskutieren Sie Antworten, die den Maßstäben des Gesetzes Gottes entsprechen!
- Informieren Sie sich über die auf dieser Seite genannten Personen!

Soziales Engagement war seit Beginn des Christentums eine Selbstverständlichkeit und im Römischen Reich quasi kennzeichnend für die neue Religion.
Diesem Auftrag wurde die katholische Kirche auch im 19. Jahrhundert gerecht, als katholische Vordenker mit der Industrialisierung die Nöte und Probleme der Menschen erkannten und handelten – zu nennen sind Persönlichkeiten wie „Arbeiterbischof" Wilhelm Emmanuel Freiherr von Ketteler (1811–1877, Gründer der Katholischen Arbeitnehmer-Bewegung KAB), Adolph Kolping (1813–1865, Gründer des Kolpingwerks), Don Bosco (1815–1888, Gründer der Salesianer) – oder auch durch christlich inspirierte Schriften von Franz von Baader (1765–1841) und Adam Heinrich Müller (1779–1829), die die Dringlichkeit der sozialen Frage bereits sehr früh erkannten. Diese mutigen Vorkämpfer mussten manchmal auch innerkirchlichen Widerstand überwinden.
Der öffentliche Einfluss der Kirche zu Beginn des 19. Jahrhunderts war eher begrenzt. Aufklärung und Säkularisation förderten das Aufkommen säkularer Nationalstaaten, die Kirche musste sich den neuen Herausforderungen in einer säkularer werdenden Welt stellen und gleichzeitig Wege finden, ihre Botschaft zu verkünden. Die gefundene Lösung für diese Herausforderung war das Kommunikationsmittel der päpstlichen Rundschreiben: die Enzykliken. Gerade mit der aufkommenden sozialen Frage wurden die sogenannten „Sozialenzykliken" ein wichtiges Instrument der kirchlichen Einflussnahme in der Öffentlichkeit. Die „Mutter aller Sozialenzykliken" *Rerum Novarum* (1891) von Papst Leo XIII. thematisierte die Arbeiterfrage und war quasi der amtskirchliche Startschuss für die Entwicklung der katholischen Soziallehre.
In der Folgezeit wurde sie – meist auf *Rerum Novarum* inhaltlich und zeitlich Bezug nehmend – in päpstlichen Rundschreiben, Verlautbarungen und Konzilstexten weiterentwickelt und den zeitlichen Gegebenheiten angepasst.

1891	Leo XIII.	Enzyklika *Rerum Novarum*	Rechte der Arbeiter, Recht auf Eigentum, Solidarität
1931	Pius XI.	Enzyklika *Quadragesimo Anno*	Auseinandersetzung mit politischen Totalismen, Subsidiarität
1961	Johannes XXIII.	Enzyklika *Mater et Magistra*	Menschenwürde, Situation der Arbeitswelt, Nord-Süd-Konflikt, Intern. Solidarität
1963	Johannes XXIII.	Enzyklika *Pacem in Terris*	Gerechter Friede in der Welt, Menschenrechte
1965	II. Vaticanum	Pastoralkonstitution *Gaudium et Spes*	Grundlegung und Zusammenfassung der Soziallehre
1967	Paul VI.	Enzyklika *Populorum progressio*	Entwicklung der Völker, Ordnung sozialer Verhältnisse
1971	Paul VI.	Apostol. Schreiben *Octogesima Adveniens*	Urbanisierung, Stellung der Frau, Schaffung von Arbeitsplätzen
1981	Johannes Paul II.	Enzyklika *Laborem Exercens*	Stellenwert der menschlichen Arbeit angesichts zunehmender Technisierung
1987	Johannes Paul II.	Enzyklika *Sollictudo Rei Socialis*	Ost-West-Konflikt, Nord-Süd-Konflikt, Option für die Armen
1991	Johannes Paul II.	Enzyklika *Centesimus Annus*	Zusammenbruch des Kommunismus, Hilfe für den Osten und die Dritte Welt
2009	Benedikt XVI.	Enzyklika *Caritas in Veritate*	Aktualisierung unter dem Eindruck der Wirtschaftskrise und der Globalisierung

?!

- Untersuchen Sie die Themen der päpstlichen Stellungnahmen bezüglich ihrer Schwerpunkte und setzen Sie diese in Beziehung zu den jeweils aktuell anstehenden Problemen der Zeit!

Aus „Centesimus Annus“ (1991)

„15. (...) Schließlich ist die Sicherung einer ‚menschlichen' Arbeitszeit und eine entsprechende Erholung zu garantieren. Von Bedeutung ist das Recht, die eigene Persönlichkeit am Arbeitsplatz einzubringen, ohne dass dabei das eigene Gewissen oder die Menschenwürde Schaden leiden. Hier ist von Neuem an die Rolle der Gewerkschaften zu appellieren, die nicht nur als Verhandlungspartner, sondern auch als ‚Ort' dienen sollen, an dem die Persönlichkeit des Arbeiters zur Geltung kommen kann. Sie sollen dazu beitragen, eine echte Arbeitskultur zu entwickeln und den Arbeitern die volle menschliche Anteilnahme am Unternehmen zu ermöglichen. Zur Verwirklichung dieser Ziele muss der Staat, sei es unmittelbar oder mittelbar, seinen Beitrag leisten. Mittelbar dadurch, dass er nach dem *Prinzip der Subsidiarität* möglichst günstige Voraussetzungen für die freie Entfaltung der Wirtschaft bietet, die damit ein reiches Angebot an Arbeitsmöglichkeiten und einen Grundstock für den Wohlstand schafft. Unmittelbar leistet der Staat seinen Beitrag, wenn er nach dem *Prinzip der Solidarität*, zur Verteidigung des Schwächeren Grenzen setzt, die über die Arbeitsbedingungen entscheiden, und wenn er dem beschäftigungslosen Arbeiter das Existenzminimum garantiert. (...)

34. Sowohl auf nationaler Ebene der einzelnen Nationen wie auch auf jener der internationalen Beziehungen scheint *der freie Markt* das wirksamste Instrument für die Anlage der Ressourcen und für die beste Befriedigung der Bedürfnisse zu sein. Das gilt allerdings nur für jene Bedürfnisse, die ‚bezahlbar' sind, die über eine Kaufkraft verfügen, und für jene Ressourcen, die ‚verkäuflich' sind und damit einen angemessenen Preis erzielen können. Es gibt aber unzählige menschliche Bedürfnisse, die keinen Zugang zum Markt haben. Es ist strenge Pflicht der Gerechtigkeit und der Wahrheit zu verhindern, dass die fundamentalen menschlichen Bedürfnisse unbefriedigt bleiben und dass die davon betroffenen Menschen zugrunde gehen. Diesen notleidenden Menschen muss geholfen werden, sich das nötige Wissen zu erwerben, in den Kreis der internationalen Beziehungen einzutreten, ihre Anlagen zu entwickeln, um Fähigkeiten und Ressourcen besser einbringen zu können. (...)

35. Hier tut sich ein großes und fruchtbares *Feld des Einsatzes und des Kampfes* im Namen der Gerechtigkeit für die Gewerkschaften und für die anderen Organisationen der Arbeiter auf, die ihre Rechte verteidigen und ihre Subjektivität schützen. (...) In diesem Sinne kann man mit Recht von einem Kampf gegen ein Wirtschaftssystem sprechen, hier verstanden als Methode, die die absolute Vorherrschaft des Kapitals, des Besitzes der Produktionsmittel und des Bodens über die freie Subjektivität der Arbeit des Menschen festhalten will. Für diesen Kampf gegen ein solches System eignet sich als Alternativmodell nicht das sozialistische System, das tatsächlich nichts anderes als einen Staatskapitalismus darstellt. Es geht vielmehr um eine *Gesellschaftsordnung der freien Arbeit, der Unternehmen und der Beteiligung.* Sie stellt sich keineswegs gegen den Markt, sondern verlangt, dass er von den sozialen Kräften und vom Staat in angemessener Weise kontrolliert werde, um die Befriedigung der Grundbedürfnisse der Gesellschaft zu gewährleisten.“

?!

- Fassen Sie die wesentlichen Aussagen stichpunktartig zusammen!
- Nennen Sie die Prinzipien, die in der Enzyklika einerseits dem Kollektivismus, andererseits dem (Neo-)Liberalismus entgegengesetzt werden!

Sozialgesetzbuch V
§ 1 Solidarität und Eigenverantwortung
Die Krankenversicherung als Solidargemeinschaft hat die Aufgabe, die Gesundheit der Versicherten zu erhalten, wiederherzustellen oder ihren Gesundheitszustand zu bessern.

Frau G. und Frau P. leiden beide an Brustkrebs, der früh diagnostiziert und behandelt werden kann. Zur Vorbeugung eines Rückfalls ist ein teures und erprobtes Medikament empfehlenswert. Eine Dosis kostet allerdings 300 € und muss alle 14 Tage gespritzt werden, dies mindestens über zwei Jahre.
Frau P. ist privat, Frau G. gesetzlich krankenversichert. Frau P. bekommt das Medikament erstattet, Frau G. nicht.

?!

- Nehmen Sie Stellung zu dieser üblichen Praxis des deutschen Gesundheitssystems!
- Prüfen Sie, inwiefern dieses reale Beispiel den folgenden Sozialprinzipien widerspricht und diskutieren Sie die Konsequenzen eines solchen Gesundheitssystems!

PERSONALITÄT

„53. Der Mensch als Geschöpf von geistiger Natur verwirklicht sich in den zwischenmenschlichen Beziehungen. Je echter er diese lebt, desto mehr reift auch seine eigene persönliche Identität. Nicht durch Absonderung bringt sich der Mensch selber zur Geltung, sondern wenn er sich in Beziehung zu den anderen und zu Gott setzt. Die Bedeutung solcher Beziehungen wird also grundlegend. (…) Gemäß dieser [der Vernunft] wird die Person nicht durch die Gemeinschaft der Menschen absorbiert, beziehungsweise ihre Autonomie zunichte gemacht." *(Caritas in veritate)*

?!

- Begründen Sie, warum das Personalitätsprinzip die Basis aller anderen Prinzipien sein muss; ziehen Sie ggf. weitere Quellentexte (z. B. *Mater et Magistra*, 219f) hinzu!

SOLIDARITÄT

„43. ‚Die Solidarität aller, die etwas Wirkliches ist, bringt für uns nicht nur Vorteile mit sich, sondern auch Pflichten'. Viele Menschen neigen heute zu der Anmaßung, niemandem etwas schuldig zu sein außer sich selbst. Sie meinen, nur Rechte zu besitzen, und haben oft große Schwierigkeiten, eine Verantwortung für ihre eigene und die ganzheitliche Entwicklung des anderen reifen zu lassen. Es ist deshalb wichtig, eine neue Reflexion darüber anzuregen, dass *die Rechte Pflichten voraussetzen, ohne die sie zur Willkür werden.*"

(Caritas in veritate)

?!

- Nennen Sie Pflichten, die zum Prinzip der Solidarität gehören!
- Die kirchlicherseits propagierte „Option für die Armen" ist Teil des Solidaritätsprinzips.
  Beschreiben Sie solidarische Handlungsmöglichkeiten des Staates und des Einzelnen gegen Armut!
- Welchem Teil des Spannungsfeldes menschlicher Person (Individuum – Gemeinschaftswesen) steht das Solidaritätsprinzip nahe?

GEMEINWOHL

„7. Ferner muss besonderer Wert auf das Gemeinwohl gelegt werden. Jemanden lieben heißt sein Wohl im Auge haben und sich wirkungsvoll dafür einsetzen. Neben dem individuellen Wohl gibt es eines, das an das Leben der Menschen in Gesellschaft gebunden ist: das Gemeinwohl. Es ist das Wohl jenes ‚Wir alle', das aus Einzelnen, Familien und kleineren Gruppen gebildet wird, die sich zu einer sozialen Gemeinschaft zusammenschließen. Es ist nicht ein für sich selbst gesuchtes Wohl, sondern für die Menschen, die zu der sozialen Gemeinschaft gehören und nur in ihr wirklich und wirkungsvoller ihr Wohl erlangen können."

(Caritas in veritate)

?!

- Begründen Sie, warum sich das Gemeinwohlprinzip als ähnlich grundlegend sehen lässt wie das Personalitätsprinzip!
- Suchen Sie Beispiele, wo Gemeinwohl und Eigeninteresse im Gegensatz stehen können!

SUBSIDIARITÄT

„57. Besonderes Zeichen der Liebe und Leitkriterium für die brüderliche Zusammenarbeit von Gläubigen und Nichtgläubigen ist ganz sicher das *Prinzip der Subsidiarität*, Ausdruck der unveräußerlichen Freiheit des Menschen. Die Subsidiarität ist vor allem eine Hilfe für die Person durch die Autonomie der mittleren Gruppen und Verbände. Solche Hilfe wird geboten, wenn die Person und die sozialen Subjekte es nicht aus eigener Kraft schaffen, und schließt immer emanzipatorische Zielsetzungen ein, da sie die Freiheit und die Partizipation, insofern sie Übernahme von Verantwortung ist, fördert. Die Subsidiarität achtet die Würde der Person, in der sie ein Subjekt sieht, das immer imstande ist, anderen etwas zu geben. Indem sie in der Gegenseitigkeit die innerste Verfassung des Menschen anerkennt, ist die Subsidiarität das wirksamste Gegenmittel zu jeder Form eines bevormundenden Sozialsystems. Sie kann sowohl die vielfache Gliederung der Ebenen und daher der Vielfalt der Subjekte erklären als auch ihre Koordinierung. Es handelt sich demnach um ein besonders geeignetes Prinzip, um die Globalisierung zu lenken und sie auf eine echte menschliche Entwicklung auszurichten."

(Caritas in veritate)

?!

- Beurteilen Sie die These, dass das Subsidiaritätsprinzip ein besonders geeignetes Prinzip ist, um die Globalisierung zu lenken!
- Beschreiben Sie die Organisation eines Staates, wenn er diesem Prinzip folgt und übertragen Sie Ihre Ergebnisse auf internationale Organisationen (z. B. EU, UNO)!

„58. Das Prinzip der Subsidiarität muss in enger Verbindung mit dem Prinzip der Solidarität gewahrt werden und umgekehrt. Denn wenn die Subsidiarität ohne die Solidarität in einen sozialen Partikularismus abrutscht, so ist ebenfalls wahr, dass die Solidarität ohne die Subsidiarität in ein Sozialsystem abrutscht, das den Bedürftigen erniedrigt. Diese Regel allgemeiner Art muss ebenso sehr beachtet werden, wenn Fragen bezüglich internationaler Entwicklungshilfen angegangen werden." *(Caritas in veritate)*

?!

- Grenzen Sie Solidarität und Subsidiarität voneinander ab, auch unter Berücksichtigung des Spannungsfeldes menschlicher Person!

RETINITÄT

Das moderne Sozialprinzip der Retinität „übersetzt" das politische Prinzip der Nachhaltigkeit und erweitert so die „klassischen" Sozialprinzipien um die ökologische Dimension. Durch dieses neue Prinzip werden ökonomische und soziale Bereiche mit dem ökologischen Bereich vernetzt (lat. *rete* = Netz).

?!

- Stellen Sie die genannten Prinzipien in einem Schaubild dar!

„48. Die Projekte für eine ganzheitliche menschliche Entwicklung dürfen daher die nachfolgenden Generationen nicht ignorieren, sondern müssen zur Solidarität und *Gerechtigkeit zwischen den Generationen* bereit sein, indem sie den vielfältigen Bereichen – dem ökologischen, juristischen, ökonomischen, politischen und kulturellen – Rechnung tragen." *(Caritas in veritate)*

?!

- Begründen Sie das Prinzip der Retinität mithilfe der biblischen Schöpfungstexte in Gen 1-2 bzw. Ps 8!
- Entfalten Sie die weitere Dimension, die das Prinzip der Solidarität durch die Retinität erhält!

Claus Hipp ist ein Mann mit Grundsätzen, die Zehn Gebote sind seine Richtschnur. Der gläubige Katholik übernahm 1967 nach dem Tod seines Vaters die Betriebsleitung des Familienbetriebs und führte ihn zum weltweit größten Produzenten von Nahrungsmitteln mit Rohstoffen aus organisch-biologischem Landbau. Bereits sein Vater setzte 1956 als einer der ersten konsequent auf ökologische Landwirtschaft. Dabei geht er selbst in Sachen „Bewahrung der Schöpfung" mit gutem Beispiel voran: die Fabrik am Stammsitz deckt ihren Energiebedarf ausschließlich mit nachwachsenden Energien; ist er in München unterwegs, fährt er mit dem Fahrrad; sein Auto wird mit Pflanzenöl angetrieben. Vor der Fahrt ins Büro schließt er die Dorfkirche auf und bevor er heimkommt, fährt er ins Atelier, um zu malen. Prof. Nikolaus Hipp unterrichtet zudem nichtgegenständliche Malerei an der Staatlichen Kunstakademie Tiflis.

Leben gestalten: Welche Bedeutung haben die Prinzipien der katholischen Soziallehre für Ihr Unternehmen und wie fließen sie in das Unternehmen ein?

Wir haben bei uns eine Ethikcharta im Unternehmen und da heißt es schon, dass wir auf christlicher Grundlage handeln wollen und auch wollen, dass von allen, die bei uns beschäftigt sind, so gehandelt wird. Die Grundlagen des christlichen Glaubens beinhalten ja alle Fragen, die in einem Geschäftsleben aufkommen können und diese sollen entsprechend berücksichtigt werden.

Leben gestalten: Können Sie ein konkretes Beispiel nennen, wo sich das Handeln nach dieser Ethikcharta unterscheidet von einer „radikalen" Marktwirtschaft?

Wir können z. B. sagen, dass wir uns am langfristigen Erfolg auf anständige Weise orientieren wollen und nicht kurzfristigen Erfolg haben wollen, der u. U. auf zweifelhafte Weise erzielt wird. Das kurzfristige Denken ist sehr verbreitet. Es ist natürlich im Unternehmen, das an der Börse notiert ist oder in dem Unternehmen, in dem die Anteilseigner andere Menschen sind als die, die die Verantwortung tragen, viel schwieriger, weil hier die Menschen nach dem Aktienkurs bewertet werden. Im inhabergeführten Familienbetrieb kann man es sich leisten, langfristig zu denken und eben auch einmal auf etwas zu verzichten, um eben auf anständige Weise zu handeln.

Leben gestalten: Kann man mit einer solchen Einstellung im Wettbewerb bestehen oder ist man dann „der ehrliche Dumme"?

Es kann sein, dass man bei kurzfristiger Betrachtungsweise der „Dumme" ist, aber langfristig ist man es sicher nicht und wenn die Menschen anständig miteinander umgehen, dann werden sie weniger Kraft vertun als solche, die mit Streitereien sehr viel Kraft vertun.

Leben gestalten: Wie bewerten Sie die aktuelle Weltwirtschaftskrise?

Die Wirtschaftskrise ist eigentlich durch Täuschung und Habgier entstanden. Täuschung, weil Dinge versprochen wurden, die nicht einhaltbar waren und weil Sachen verkauft wurden, die mit einem hohen Risiko behaftet sind. „Ent-Täuschungen" hinterher gibt es nur, wenn vorher mal Täuschungen waren. Jeder weiß, sobald eine Verzinsung versprochen wird, die über das übliche Maß hinausgeht, steigt das Risiko enorm. Und es sind viele Menschen mit diesen Verlockungen in ganz große Not gebracht worden. Und all das ist sicher nicht korrekt.

Leben gestalten: Der Apostel Paulus beschreibt in 1 Kor 13,13 die christlichen Tugenden Glaube, Hoffnung, Liebe. Wie können diese Tugenden auch in der Wirtschaft tragen?

Glaube ist wichtig. Glaube heißt, etwas für wahr halten, was man nicht weiß, also nicht rumbohren oder das eigene Wissen so stolz gegen Dinge stellen, die eben keiner weiß. Glaube heißt auch demütig sein und für wahr halten, was man nicht sehen kann. Die Hoffnung, die brauchen wir, weil nur ein Optimist Erfolg hat. Hoffnung, die gibt unser Glaube, Christus ist sicher der Ausdruck der Hoffnung und Hoffnung heißt auch zu wissen, überzeugt sein, dass Gott es gut mit uns meint. Gerade im Geschäftsleben wird ein Handeln ohne Hoffnung nicht funktionieren. Schließlich Liebe – die Gottesliebe ist die höchste Form der Liebe und die Nächstenliebe ist genauso wichtig. Wenn wir aus dieser Liebe handeln, dann finden wir das Richtige, weil wir uns auch in den anderen Menschen hinein versetzen können. Insofern kann man das wirtschaftliche Handeln auch auf Glaube, Hoffnung und Liebe zurückführen und erklären.

Leben gestalten: Welche Impulse daraus können Sie aus der neuen Sozialenzyklika „Caritas in Veritate“ für Ihr unternehmerisches Handeln gewinnen?

Wir sehen darin einfach eine Bestärkung dessen, was wir auch in der Vergangenheit schon gemacht haben und wir finden es gut, dass der Papst sich dazu geäußert hat.

Leben gestalten: In Ihrem Buch „Die Freiheit, es anders zu machen“ wehren Sie sich gegen den Begriff der „sozialen Gerechtigkeit“, der Ihrer Meinung nach bereits in sich einen Widerspruch darstellt: Wenn ich sozial an einem Menschen handele, schreiben Sie, handele ich streng genommen ungerecht den anderen gegenüber und wenn ich gerecht handele in dem Sinne, alle gleich zu behandeln, ist es streng genommen unsozial den Bedürftigen gegenüber.
Wie beschreiben Sie das, was andere als „soziale Gerechtigkeit“ bezeichnen?

Wir können Augustinus zitieren: Gerechtigkeit ohne Barmherzigkeit ist Grausamkeit und Barmherzigkeit ohne Gerechtigkeit ist Chaos. Es muss in einem rechten Verhältnis zueinander sein. Wir müssen die Schwachen schützen, aber wir dürfen auch die Starken nicht ausbeuten. Denn das gibt es ja auch, dass Leistungsträger noch mehr machen müssen, um unter Umständen welche zu unterstützen, die zwar arbeitsfähig, aber nicht arbeitswillig sind.

Leben gestalten: In der Sozialenzyklika betont der Papst auch den Wert des Prinzips der Unentgeltlichkeit. Sie engagieren sich einerseits mit Ihrem Unternehmen für bedürftige Familien, andererseits aber auch privat als Schirmherr für die Münchner Tafel. Warum halten Sie ein solches unentgeltliches Engagement für unverzichtbar?

Es ist aus zweierlei Gründen unverzichtbar. Einmal ist Geben seliger als Nehmen: wir haben auch viele Dinge, die im Land ehrenamtlich gemacht werden, die anders vom Staat aus gar nicht zu machen wären. Die unentgeltliche Aktivität, auch in der Wirtschaft, eben die ehrenamtliche Tätigkeit, wird mit Freude und Begeisterung gemacht. Wenn alles nur bezahlt wird und rechenbar gemacht wird, dann ist vielfach die Motivation doch anders. Jeder muss dort bereit sein zu helfen, wo seine Hilfe eben erforderlich ist. Und ein Gemeinwesen lebt davon, dass gegenseitige Hilfe erfolgt. Aber wenn wir anfangen, alles nur zu rechnen, dann verhärtet sich die Gesellschaft und dann geht das Gemeinwesen kaputt.

Leben gestalten: Wenn man die Enzyklika genau liest, dann schlägt der Papst ein interessantes Steuermodell vor. Die Bürger sollen selbst entscheiden, wofür sie ihre Steuern zahlen, also selbst die Anteile für Bildung, Entwicklungshilfe, Soziales, Verteidigung usw. bestimmen. Halten Sie das für eine kühne Utopie oder ist so etwas in Ihren Augen realisierbar?

Wir haben eine Sache, die in diese Richtung geht, in der Schweiz. Da zahlt man den höchsten Steueranteil für die Gemeinde, den zweithöchsten für den Kanton und den dritthöchsten für den Bund. In Deutschland ist es gerade umgekehrt. Je näher der einzelne Steuerpflichtige aber bei der Verwendung seiner Mittel ist, je mehr er da mitreden kann, umso eher wird er engagiert und bereitwillig seine Steuern zahlen.

Leben gestalten: Die Schülerinnen und Schüler, die diese Seiten lesen, stehen kurz vor ihrem Abitur. Welchen Rat können Sie ihnen mit auf ihren weiteren Lebensweg geben?

Den Abiturienten kann man zu bedenken geben, dass bei ihrem weiteren Berufsweg Dienen und Verdienen in einem richtigen Verhältnis stehen sollen, dass sie Begeisterung und auch Opferbereitschaft für den Beruf aufbringen müssen und dass es überall Niederlagen und Härten gibt. Es kommt aber nicht darauf an, das alles zu vermeiden, sondern dass man nach Niederlagen wieder aufsteht und weitermacht. Sie sollen sich nicht entmutigen lassen und wertebewusst handeln. Wenn sie das tun, dann wird ihr Handeln überall Anerkennung finden. Aber wenn sie sich vor der Wahrheit verstecken und nur anpassen wollen, dann kann es schon sein, dass es problematisch wird.

Leben gestalten: Wir danken Ihnen für das Gespräch.

(Das Interview wurde im Juli 2009 in Pfaffenhofen geführt.)

?!

- Verfassen Sie eine schriftliche Antwort an Claus Hipp, in der Sie seine Positionen und seinen Ratschlag beurteilen!

Die königliche Familie: Echnaton, Nofretete und ihre Kinder, um 1350 v. Chr.

Wir sehen das Bild einer glücklichen Familie. Gerade weil es zu den sehr verletzenden Erfahrungen im Leben gehören kann, Ehen und Familien auseinanderbrechen zu sehen, berührt dieses Bild über Jahrtausende hinweg. Diese Familienidylle war im alten Ägypten politisches Programm. Echnaton hat in radikaler Weise (mit Aton) einen Monotheismus durchgesetzt. Im Bild seiner Familie stellt er den ganzen Staat unter den Schutz des einen Leben spendenden Gottes. Was hat das Wohlergehen des Staates mit Gott zu tun? Ist der Gottesbezug in der Präambel des Grundgesetzes nur zeitgebunden und „Verfassungslyrik"? Zehrt der Staat von normativen Voraussetzungen, die er selbst nicht garantieren kann? Habermas spricht von der Religion als einer Sinnressource, die die Welt allein nicht zu bieten hat, von der aber alle profitieren. Gibt es ein Überlebensinteresse des Staates an Religion?

Folgende Sätze stammen aus dem Sonnenhymnus des Echnaton:
Du erscheinst in der Vollkommenheit deiner Schönheit am Himmelshorizont,
Du lebendige Sonne, die Leben zuweist;
Du bist schön, gewaltig und strahlend,
Du bist hoch über jedem Land,
Deine Strahlen umfassen die Länder bis ans Ende deiner ganzen Schöpfung …
Du bewirkst, dass der Embryo bei den Frauen entsteht,
Du produzierst den Samen beim Mann,
Du erhältst den Sohn im Leib seiner Mutter am Leben,
Du beruhigst ihn, indem du seine Tränen stillst.
Du bist die Amme dessen, der sich noch im Schoß verbirgt,
Du spendest fortwährend den Hauch, der jeder Kreatur Leben schenkt.
Du hast die Erde erschaffen nach deinem Herz-Bewusstsein, der du allein warst.

Pablo Picasso, Das Leben, 1903

Stufen des Lebens: Liebe, Geborgenheit, Verzweiflung, Vereinsamung – schon im melancholischen Blick des Paares scheint alles vorweggenommen. Als Bilder im Bild öffnen sich Fenster der Zeit. Der ausgestreckte Zeigefinger im Zentrum, der auf Mutter und Kind weist, erinnert an Michelangelos Fresko, wo Gott Adam berührt und damit Leben schenkt. Hier kreuzen sich in dieser Hand Waagerechte und Senkrechte. Im helleren Bild über der Hand geht der Blick leicht von oben in eine unbestimmte Raumtiefe, die dunkle Skizze darunter bleibt rätselhaft. Wie eine Welt für sich wirkt das Weiß um Mutter und Kind. Woher kommt das Licht, das dunkle Schatten wirft?

III. Dimensionen der Zukunft – Gestaltungsauftrag für die Gegenwart

Statistisches Bundesamt erwartet rund 58 Prozent mehr Pflegefälle bis 2030
Die gesamte Gesellschaft wird sich verändert haben. Wir leben immer länger. Ich werde Prioritäten setzen müssen angesichts einer zunehmenden Verknappung der Zeit. *(Julian, 17)*

2029 wird die Medizin viel weiter sein und die Lebenszeit der Menschen deutlich verlängern. Die Folge daraus könnte eine Überbevölkerung sein mit vielen Problemen wie Trinkwasser- und Nahrungsmittelarmut. *(Thomas, 18)*

Ich habe Angst vor einem im Internet gläsernen Menschen. Ich hoffe, trotz Wirtschaftsproblemen einen guten Job zu haben. *(Lena, 18)*

Bald sieht Deutschland ganz schön alt aus

Ich werde stärker mit der Gesellschaft vernetzt sein, auch wenn ich versuche, mich zurückzuhalten. *(Michael, 18)*

Die Schere zwischen Arm und Reich, erfolgreich und nicht erfolgreich, bevorzugt und benachteiligt wird in der Bevölkerung immer größer werden. *(Patrick, 17)*

Ich habe Angst vor Umweltkrisen und vor einem Rückgang des Wohlstandsniveaus. *(Theresa, 17)*

Ich bin glücklich mit meiner Familie und einem Beruf, der angemessen bezahlt ist, aber vor allem Spaß macht. Wahrscheinlich verdiene ich aber so schlecht, dass ich mir nicht zutraue, eine Familie zu gründen, und werde mir nur Sorgen um meine Rente machen. *(Andrea, 18)*

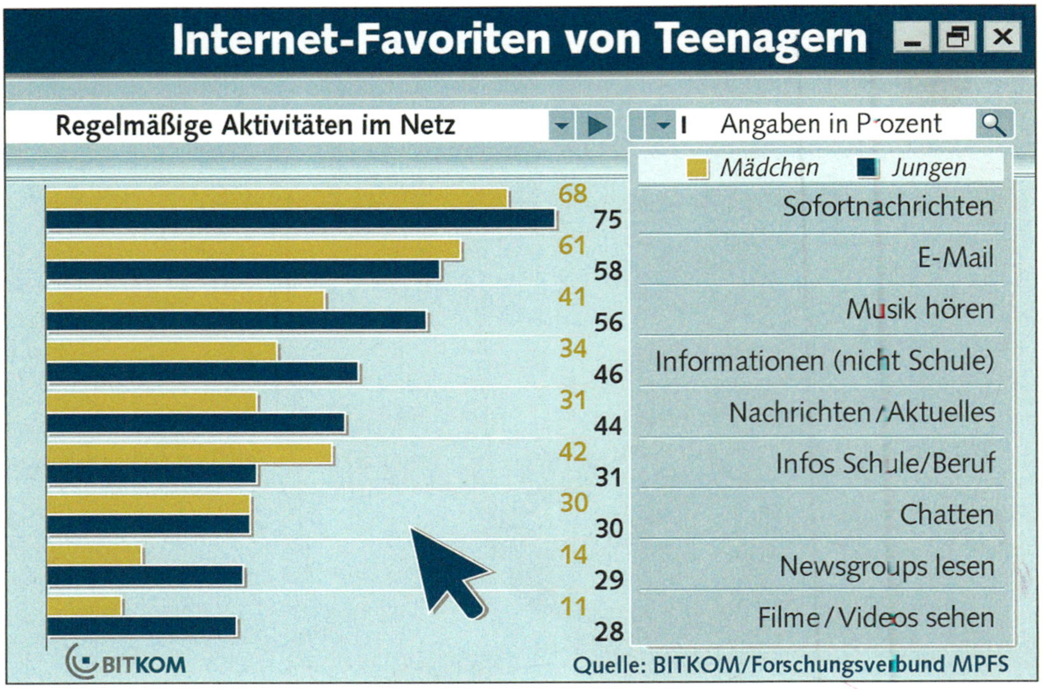

Laut Umfragen ist das Internet aus dem Leben der Jugendlichen nicht mehr wegzudenken. 83 % nutzen das Internet täglich oder mehrmals pro Woche. 40 % der jungen Erwachsenen haben ein Profil bei einer Online-Community. Jeder zweite junge Nutzer zwischen 14 und 29 Jahren veröffentlicht persönliche Infos im Netz.

?!

- Tragen Sie weitere Nutzungsmöglichkeiten des Internets zusammen!
- Diskutieren Sie auf dem Hintergrund Ihrer eigenen Erfahrungen die Ergebnisse der Umfrage!

Der im März des Jahres 2008 verstorbene Joseph Weizenbaum, einer der Pioniere der frühen Computerwissenschaft, schreibt 1972 über die Gefahren des Computerzeitalters: „Unsere Zivilisation steht heute am Anfang einer schweren geistigen Krise. Akademiker, Industrielle und Journalisten beschäftigt die Möglichkeit, dass der Computer irgendwie beweisen wird, ‚das Gehirn sei lediglich eine Maschine aus Fleisch'. Allein eine solche These zu erwägen bedeutet, den Nutzen der Freiheit des Menschen, seiner Würde und seiner Autonomie in Frage zu stellen (...). Sie könnte die Ebbe und Flut der Kulturen durch eine Welt ohne Werte ersetzen, eine Welt, in der alles Wesentliche vor langer Zeit bestimmt und für alle Zeiten festgehalten worden ist. Der meiste Schaden, den der Computer potentiell zur Folge haben könnte, hängt weniger davon ab, was der Computer tatsächlich machen kann oder nicht kann, als vielmehr von den Eigenschaften, die das Publikum dem Computer zuschreibt. Der Nichtfachmann hat überhaupt keine andere Wahl, als dem Computer die Eigenschaften zuzuordnen, die durch die von der Presse verstärkte Propaganda der Computergemeinschaft zu ihm dringen."

(Joseph Weizenbaum, Albtraum Computer)

?!

- Beschreiben Sie, welche Zukunftsszenarien Joseph Weizenbaum 1972 als Folge des Computerzeitalters entwirft!
- Bewerten Sie, inwiefern die Befürchtungen Joseph Weizenbaums sich bewahrheitet haben!

„Was als ein Strom nützlicher Informationen begann, hat sich inzwischen in eine Sturzflut gewandelt."

(Neil Postman)

Den möglichen Folgen der neuen Kommunikationstechnologien geht Prof. Klaus Müller, Professor an der Universität Münster für philosophische Grundfragen der Theologie mit dem Schwerpunkt Cyber-Philosophy, nach.

Leben gestalten: Herr Prof. Müller, die neuen Medien werden in den Himmel gehoben oder verteufelt. Wo sehen Sie das „Teuflische" der neuen Medien?

Der Cyberpunk-Kultautor Neal Stephenson spricht von einer „Babel-Infocalypse", einem kommunikativen Wirrwarr, dessen Diabolik darin besteht, im banalen Gewand einer an sich harmlosen Unterhaltungselektronik daherzukommen. Der Internetforscher Geert Lovink spricht mit Blick auf die boomende Blogger-Kultur von „digitalem Nihilismus", weil die allermeisten Blogs, also Web-Tagebücher, Selbstdarstellungen oder Ausdruck von Selbstdarstellungszwang sind, die gar nicht gelesen werden, sodass genau das Gegenteil von Kommunikation eintritt. Einer dieser Spitzenblogger mit Namen Spokker Jones schrieb neulich: „In vierzig Jahren wird das Internet unter einer gigantischen Implosion der Dummheit kollabieren. Dann möchte ich sagen können: Ich war dabei."

Leben gestalten: Gibt es auch eine ausgewogene Betrachtung der neuen Medien?

Für den Schriftsteller Botho Strauß fungiert das „Netz" als Schlüssel und Gefängnis zugleich: Es erschließt ganze Informationsgebirge, aber zugleich muss diese – in gewissem Sinn einer Paranoia ähnliche – Vernetzung von allem mit allem schwindlig machen, weil wir gar nicht mehr wissen, wo in dem ganzen Gebilde, das kein Zentrum und kein Ziel hat, wir eigentlich stecken, was wir durch unser Eingreifen und Mittun an Konstruktivem oder Destruktivem veranlassen. Wir könnten, schlägt Strauß vor, unseren lebensweltlichen Ort „Arachnotopie" nennen – vom griechischen Wort „arachne" (Spinne). Sie könnte als „Wappentier unseres Gegenwartsbewusstseins" fungieren. Aber da niemand mehr außerhalb des Netzes denkt oder lebt, bleibt dahingestellt, wer Spinne ist und wer Fliege.

Leben gestalten: Inwiefern wird das Internet auch Bedeutung für die Religion haben?

Der Literaturwissenschaftler Hans Ulrich Gumbrecht konstatiert, dass das offenkundig erwachte „Bedürfnis nach einer Wiederverzauberung der Welt" in ursächlichem Zusammenhang mit der telematischen Transformation menschlichen Daseins steht: Die neuen Medien hätten, so Gumbrecht, den Menschen gleichsam mit Gottesqualitäten wie Allgegenwart, Allwissen und Zugriffseffizienz ausgestattet, jedoch um den Preis eines Funktionsverlusts des Körperlichen einerseits und andererseits eines beständigen Verfügbarseins für andere. Und genau darauf reagiere der Mensch mit einer „Sehnsucht nach dem verbindlichen und substanziellen Rahmen einer nicht im Maß des Menschen begründeten Kosmologie oder ‚Schöpfung', die unserer Existenz ihre räumliche und physische Dimension zurückgeben soll."

Leben gestalten: Herr Prof. Müller, wir danken für das Gespräch.

?!

- Erarbeiten Sie die im Text genannten positiven und negativen Folgen des „Internetzeitalters"!
- Diskutieren Sie, inwieweit das Internet für Sie ein Spinnennetz sein kann, in dem Sie Spinne, aber auch Fliege sein können!
- Erklären Sie, inwiefern das Internet eine Herausforderung für die Religion darstellt!

Bevölkerungsentwicklung in Deutschland

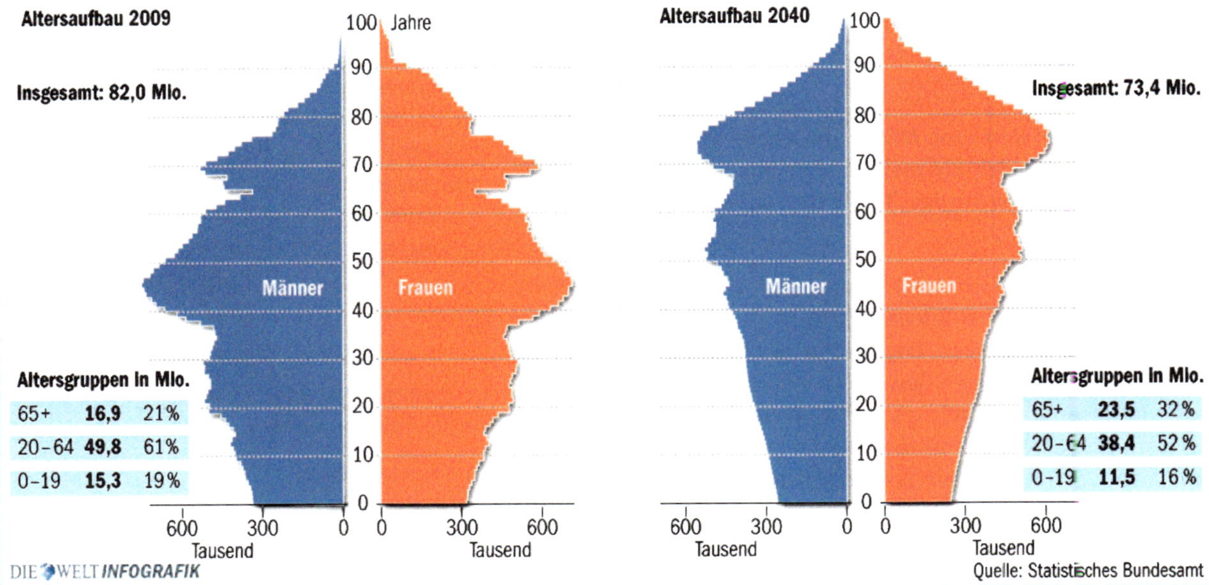

Das Miteinander von Jung und Alt ist schwierig, zumal es von vielen Vorurteilen und Klischees geprägt ist.

Klischees jüngerer Menschen gegenüber älteren Menschen:
1. Alte Menschen sind unselbstständig und pflegebedürftig, kurz: eine Last.
2. Ein weiteres Feindbild: Rentner hinterm Steuer, nur schön gemütlich, so als wäre immer Sonntag.
3. Keine Ahnung von Computern?
Computer und Internet – für viele Senioren immer noch Neuland.

Klischees älterer Menschen gegenüber jüngeren Menschen:
1. Respektlosigkeit und Egoismus sind typische Eigenschaften junger Leute.
2. Junge Leute wissen nichts von Anstand und Sitte, die Freizügigkeit nimmt überhand.

?!

- Benennen Sie weitere Vorurteile und Klischees!
- Bewerten Sie die Vorurteile!
- Zeigen Sie anhand der Diagramme demografische Entwicklungslinien auf!
- Diskutieren Sie die Folgen dieser Entwicklung!

„Reformnotwendigkeiten heute
Das sozialstaatliche Arrangement, so wie es heute besteht, ist alt geworden. Viele Selbstverständlichkeiten und Grundannahmen, auf denen das System sozialer Sicherung beruhte, gelten heute nicht mehr: Vollbeschäftigung, kontinuierliche Erwerbsarbeit in ein und demselben Beruf über die gesamte Berufsbiografie hinweg, stabile Sozialbeziehungen und geschlechterspezifische Rollenzuschreibungen, Bevölkerungswachstum oder zumindest demografische Stabilität und nicht zuletzt anhaltende Wachstumsraten. Zusammengenommen waren sie die stillschweigenden Voraussetzungen, auf denen der Sozialstaat seit den Fünfzigerjahren aufbaute. Heute sind dagegen *drei zentrale Herausforderungen* zu benennen, denen eine Sozialstaatsreform im 21. Jahrhundert im Kontext der europäischen Integration und der Globalisierung begegnen muss:

„GROSSMUTTER, WARUM LEBST DU SO LANGE?"

– Der demografische Wandel

Durch Geburtenrückgang und höhere Lebenserwartung kehrt sich die Bevölkerungspyramide um. Immer mehr ältere Menschen müssen über die Sozialbeiträge von immer weniger jungen Menschen finanziert werden. Die derzeitige Struktur der sozialen Sicherung privilegiert tendenziell ‚die Alten' gegenüber ‚den Jungen' und die Kinderlosen gegenüber denen, die Kinder großziehen. Diese Entwicklung droht die heute arbeitende und Beiträge zahlende Generation zu Hauptverlierern mangelnder Reformpolitik zu machen. Während sie heute hohe Rentenbeiträge zahlt, wird sie selbst bei Eintritt in den Ruhestand nur noch mit einer sehr viel geringeren Altersversorgung rechnen können. Der demografische Wandel führt neben einem Rückgang der Gesamtnachfrage zu einem nicht nur volkswirtschaftlich problematischen Fehlen von jungen Menschen und damit von Innovationskraft. Neben der Alterssicherung ist die Nachwuchsförderung zu betonen.

– Die Erosion alter Solidaritätsformen

Die bisherige Ausgestaltung des Sozialstaats hat als Institutionalisierung gesellschaftlicher Solidarität erheblich dazu beigetragen, die sozialen Risiken der Marktwirtschaft abzufedern. Andererseits trägt der Sozialstaat heute selbst dazu bei, dass die Grundlagen gesellschaftlicher Solidarität ausgezehrt werden, v. a. dadurch, dass die Solidarität in der Familie durch die heutigen sozialstaatlichen Umverteilungsmuster eher geschwächt als gestärkt wird. Damit werden letztlich auch die Bedingungen untergraben, auf die sich die Wirtschaft, der Staat und zivilgesellschaftliche Organisationen weiterhin stützen müssen. Es wird eine entscheidende Aufgabe sein, die Familie als primären Ort des Heranwachsens von Kindern und damit als Garant nachwachsender Generationen zu stärken und die Bereitschaft für neue Formen solidarischer sozialer Sicherung zu aktivieren.

– Die strukturelle Arbeitslosigkeit

Die Arbeitslosigkeit verfestigt sich seit Jahrzehnten. Dadurch werden immer mehr Menschen von der Teilhabe am gesellschaftlichen Leben ausgeschlossen. Ausbildungs- und Qualifizierungsangebote entsprechen nicht immer den Notwendigkeiten. Die Löhne sind durch Steuern und durch Beiträge für Sozialversicherungen zu hoch belastet. Das verursacht eine Lohnstruktur, die die Schaffung von Arbeitsplätzen für niedrig qualifizierte Arbeitnehmer erschwert und damit deren Einstieg in den Arbeitsmarkt beeinträchtigt oder verhindert. Für die Bekämpfung struktureller Arbeitslosigkeit gibt es keine einfachen Rezepte. Erfahrungen aus anderen Ländern zeigen, dass die notwendigen Reformen Besitzstände aller Beteiligten infrage stellen, Korporationsformen grundlegend erneuern und partikulare Interessen überwinden müssen. Dabei sind die Auswirkungen auf die Betroffenen ebenso zu berücksichtigen wie die veränderten Anreize für eine dynamischere wirtschaftliche Entwicklung."
(Sekretariat der deutschen Bischofskonferenz [Hrsg.], Das Soziale neu denken. Für eine langfristig angelegte Reformpolitik, Bonn 2003)

?!

- Entwerfen Sie fünf Fragen, auf die der Text eine Antwort gibt!
- Stellen Sie im Anschluss Ihrem Banknachbarn die entworfenen Fragen!
- Diskutieren Sie Lösungsmöglichkeiten für die genannten Reformnotwendigkeiten, indem Sie die katholische Soziallehre einbeziehen!

?!

- Setzen Sie die Aussage der Karikatur zu den Beobachtungen über die demografischen Entwicklungen in Europa in Bezug!

Info-Box

Futurologie, von Ossip K. Flechtheim 1943 eingeführter Begriff für Zukunftsforschung. In einem weiten Sinn umfasst die Futurologie gesamtgesellschaftliche Entwicklungstheorien. Im engeren und eigentlichen Sinn bezieht sie sich als konkrete politische Planungsforschung auf bestimmte Weichenstellungen für den Zeitraum der jeweils kommenden 5 bis 20 Jahre. Die Futurologie fasst die hierzu relevanten Forschungsergebnisse der einzelnen Wissenschaften wie Wirtschafts-, Politik- und Naturwissenschaften zusammen, wertet sie aus und zieht Schlussfolgerungen (Prognosen). Ihre inhaltlichen Schwerpunkte ändern sich mit den gerade drängenden Problemstellungen. Standen in den Sechzigerjahren Rüstungsfragen im Vordergrund, so wurden etwa seit Mitte der Siebzigerjahre ökologische Themen vorrangig.

?!

- Diskutieren Sie, welche Problemfelder heute im Vordergrund stehen dürften!
- Setzen Sie die jeweiligen inhaltlichen Schwerpunkte der Futurologie in Beziehung zur jeweiligen politischen und wirtschaftlichen Situation!

Eine Publikation der Fraunhofer-Gesellschaft mit dem Titel „Der Delphi-Report – Innovationen für unsere Zukunft“ wird so vorgestellt:

„Der Name des griechischen Heiligtums steht bis heute für Orakelsprüche. Entschieden fundierter als die antiken Prognosen sind die Produktvisionen der modernen „Delphi-Reports“: Blicke in die Zukunft – vom Wasserstoff-Auto und Aids-Impfstoff bis zu Stationen auf Mond und Mars. Die spannende Delphi-Befragung ist die umfangreichste Studie in Deutschland, die je einen Blick in die Zukunft gewagt hat: Über tausend Experten wurden um ihre Einschätzungen gebeten. Es geht keineswegs nur darum, unsere Neugier nach dem Morgen zu befriedigen. Wir müssen die Zukunft meistern, um unseren Kindern und Enkeln nicht eine ausgelaugte Umwelt mit zahllosen ungelösten Problemen zu hinterlassen. Die richtigen Entscheidungen für morgen sind heute fällig. Dazu braucht man zuverlässige Prognosen. Wie wichtig ein Projekt ist, welche Hemmnisse zu überwinden sind und wann es sich voraussichtlich realisieren lässt – das alles muss bei der Entscheidung berücksichtigt werden, was verstärkt geforscht werden soll.“

Die Priesterin Pythia verkündet einen Orakelspruch

?!

- Zeigen Sie an einem selbst gewählten Beispiel auf, welche Gesichtspunkte bei der Entscheidung für ein Forschungsvorhaben nach Meinung des Textes (S. 72) wichtig sind!
- Diskutieren Sie, welche Gesichtspunkte Sie hinzufügen würden!

Die Microsite Computerzeitung meldet am 14.04.2008: Der Delphi-Report des Fraunhofer ISI (Institut für System- und Innovationsforschung) in Karlsruhe erwartet z.B. für das Gebiet der IT-Technologie, dass 2019 kleine, leichte Datenbrillen oder Retina-Displays sowie leichte Datenhandschuhe verbreitet sind und zu Modeaccessoires werden.

?!

- Suchen Sie im Internet nach weiteren Thesen des Delphi-Reports.
- Recherchieren Sie arbeitsteilig diese und weitere Thesen Ihrer Wahl mit den Mittelwerten 2015 und 2018 und präsentieren Sie eine Bewertung unter Heranziehung des gebotenen statistischen Materials!
- Diskutieren Sie, ob diese Bewertung ausreicht!

Der Philosoph Hans Jonas bietet dazu folgende Überlegung an:

„Der endgültig entfesselte Prometheus ruft nach einer Ethik, die durch freiwillige Zügel seine Macht davor zurückhält, dem Menschen zum Unheil zu werden. Was der Mensch heute tun kann, das hat nicht seinesgleichen in vergangener Erfahrung.
Was kann als Kompass dienen? Die vorausgedachte Gefahr selber! In ihrem Wetterleuchten aus der Zukunft, im Vorschein ihres planetarischen Umfanges und ihres humanen Tiefganges, werden allererst die ethischen Prinzipien entdeckbar, aus denen sich die neuen Pflichten neuer Macht herleiten lassen (…).
Warum wir eine Verpflichtung gegenüber dem haben, was noch gar nicht ist, ist theoretisch gar nicht leicht und vielleicht ohne Religion überhaupt nicht zu begründen."

(Hans Jonas: Das Prinzip Verantwortung. Versuch einer Ethik für die technologische Zivilisation, Frankfurt am Main 1979)

?!

- Erläutern Sie die Forderung von Hans Jonas anhand eines selbst gewählten Beispiels und beziehen Sie dabei seinen speziellen ethischen Ansatz mit ein (→ S. 22)!
- Formulieren Sie Argumente, die für die Schlussbemerkung von Hans Jonas sprechen!

Technisch gesehen gibt es den Kompass seit dem 3./2. Jh. v. Chr., wie der abgebildete spektakuläre Fund der Unterwasserarchäologie zeigt.

Gehen wir kompasslos in die Zukunft?

Der englische Schriftsteller Aldous Huxley veröffentlichte 1932 seinen Roman „Schöne neue Welt", in dem er – wie der Titel nahelegt – einen Zukunftsentwurf vorstellt.

„Dreihundert Befruchter standen über ihre Instrumente gebeugt, als der Brut- und Norm-Direktor den Saal betrat. (…) ‚Bokanowskyverfahren', wiederholte der Direktor, und die Studentlein unterstrichen das Wort in ihrem Heftchen. Ein Ei – ein Embryo – ein erwachsener Mensch: das Natürliche. Aber ein bokanowskysiertes Ei knospt und sprosst und spaltet sich. Acht bis sechsundneunzig Knospen – und jede Knospe entwickelt sich zu einem voll ausgebildeten Embryo, jeder Embryo zu einem voll ausgewachsenen Menschen. Sechsundneunzig Menschenleben entstehen zu lassen, wo einst nur eins wuchs: Fortschritt.

‚Das Bokanowskyverfahren', schloss der BUND, ‚besteht im Wesentlichen aus einer Reihe von Unterbrechungen des Entwicklungsverlaufs. Wir hemmen das normale Wachstum, und, so paradox es klingt, das Ei reagiert darauf durch Knospung.' *Reagiert durch Knospung.* Die Bleistifte waren geschäftig am Werk. Der Direktor wies auf ein sehr langsam laufendes Band, auf dem soeben ein volles Reagenzgläsergestell in einen großen Metallkasten befördert wurde; ein anderes Gestell verließ ihn soeben. Der Mechanismus surrte leise. (…) ‚Dutzendlinge', wiederholte der Direktor mit weit ausholender Armbewegung, als verteilte er Almosen. ‚Viele Dutzendlinge.' Ein Student war töricht genug zu fragen, wo da der Vorteil liege.

‚Aber, lieber Freund!' Der Direktor drehte sich mit einem Ruck nach ihm um. ‚Begreifen Sie nicht? Ja, begreifen Sie denn das nicht?' Er hob den Zeigefinger mit feierlicher Miene. ‚Das Bokanowskyverfahren ist eine der Hauptstützen menschlicher Beständigkeit.' *Eine der Hauptstützen menschlicher Beständigkeit.* Menschen einer einzigen Prägung, in einheitlichen Gruppen. Ein einziges bokanowskysiertes Ei lieferte die Belegschaft für einen ganzen kleineren Fabrikbetrieb. ‚Sechsundneunzig völlig identische Geschwister bedienen sechsundneunzig völlig identische Maschinen!'"

(Aldous Huxley, Schöne neue Welt)

Info-Box

Der Begriff **Utopie** stammt aus der Zusammensetzung zweier griechischer Worte *ou* (nicht) und *topos* (Ort) und ist dem Titel eines 1516 erschienenen Staatsromanes von Thomas Morus *(De optimo rei publicae statu deque nova insula Utopia)* nachgebildet worden.
Innerhalb der Geschichte der Utopie sind Sozialutopien, die aus der Kritik an der je gegenwärtigen Gesellschaftsstruktur erwachsen und Gegenwelten entwerfen, vorherrschend.
In der Literatur taucht die Utopie oft in Form von Zukunftsromanen auf, in jüngerer Zeit gibt es vermehrt Umsetzungen im Film. Als Phänomen trifft man Utopie auch in der biblischen Überlieferung an.
Als klassische Utopie ist Platons (427–347 v. Chr.) „Politeia" (Der Staat) zu nennen.
Als negative Utopien (Schreckbilder des Befürchteten) sind Aldous Huxleys „Schöne neue Welt" (1932) und George Orwells „1984" (1949) besonders bekannt geworden.

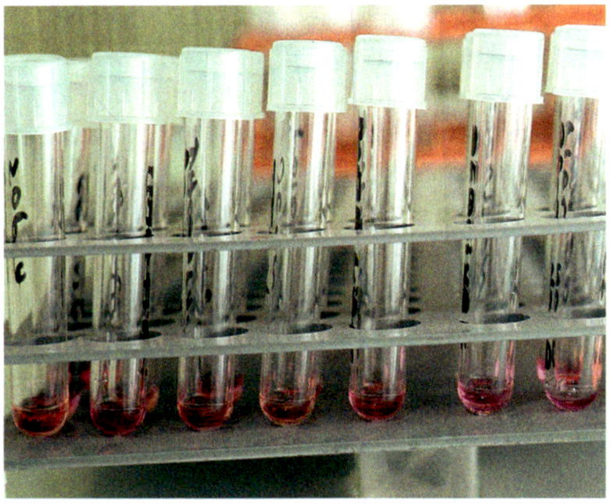

In-vitro-Fertilisation

?!

- Diskutieren Sie, ob es sich bei den im Roman geschilderten Zuständen um eine „Schöne neue Welt" handelt!
- Vergleichen Sie den Inhalt der Überlegungen aus dem Jahr 1932 mit den heutigen wissenschaftlichen Möglichkeiten!
- Recherchieren Sie weitere Beispiele für Utopien aus dem literarischen Bereich und dem Bereich des Films und stellen Sie diese inhaltlich vor!

Ernst Bloch

„Zuviel ist voll vom Etwas, das fehlt. Etwas treibt in uns, will weiter, hält es nicht bei sich aus, will aus sich heraus."

Der Philosoph Ernst Bloch (1885–1977) leistete einen wesentlichen Beitrag zur Bewertung von Utopie.

Sein Ausgangspunkt ist das Leiden der Menschen an unerträglichen Zuständen, an Ausbeutung, Entfremdung, Entwurzelung, Einsamkeit. Diesem Leiden am Gegenwärtigen aber ist der Mensch nicht nur ohnmächtig ausgesetzt, denn er besitzt Kräfte, die ihn diesen Zustand unter bestimmten Voraussetzungen überwinden lassen. „Es wäre uns nicht möglich, derart am Unzulänglichen zu leiden, wenn nicht in uns etwas weiter triebe und weit über alles Leibliche hinaustreiben wollte." Der Blick auf diese Welt zeigt Bloch, „dass dieses, was es gibt, nicht die Wahrheit sein kann", dass der Mensch sich auf die Suche machen muss nach „Chiffren, nach etwas, das es noch gar nicht in der vorhandenen Welt gibt." Die Suche nach dem, was es noch nicht gibt, ist für Bloch gleichbedeutend mit der Suche nach Heimat als Ort, an dem die Menschen sich selbst und anderen gegenüber nicht entfremdet sind. Gegen den Vorwurf, eine solche Welt sei nicht realisierbare Utopie, setzt Bloch den Begriff der „konkreten Utopie", der den Utopiebegriff positiv absetzt gegen bloße Träumerei oder Verbannung aller Hoffnungen auf eine bessere Welt im Jenseits. Utopie ist für Bloch etwas höchst Reales, hohes Ziel, das aber in der allernächsten menschlichen Nähe liegt.

Utopisches Bewusstsein bedeutet bei Bloch nicht unkonkrete, beziehungslose Schwärmerei, sondern ist als Mischung von nüchterner Analyse einerseits und Sehnsucht nach Veränderungen bzw. der Arbeit an Veränderungen andererseits schließlich „die Kraft, die vorwärts treibt". Hoffnung und Utopie sind bei Bloch auf konkrete Zielinhalte gerichtet: Auf einen realen Humanismus, eine Gesellschaft, in der Menschen das ihnen zustehende Naturrecht zu handeln und sich selbst als geltenden Wert fordernd einbringen; in der sie nicht stehen bleiben in der Position der Erniedrigten und Beleidigten, sondern einen „aufrechten Gang" wagen können.

?!

- Erläutern Sie, welche Aussagen Ernst Bloch zur Funktion der Utopie macht!
- Inwiefern kann man bei Bloch von einer Realutopie sprechen?
- Vergleichen Sie dies mit Ihren eigenen Ergebnissen zu modernen Beispielen von Utopie!

Im Jahr 1966 wurde folgender Text des britischen Genetikers J. B. S. Haldane veröffentlicht:

„Außerirdische Lebensbedingungen weichen am eindeutigsten in der Schwerkraft, der Temperatur, dem Luftdruck, der Luftzusammensetzung und der Strahlung (...) von unseren ab. Ein Gibbon ist dem Leben in einem schwächeren Schwerefeld wie in einem Raumschiff, einem Asteroid oder vielleicht sogar auf dem Mond von vornherein offenbar besser angepasst als der Mensch. Noch mehr gilt dies für Affenarten mit Greifschwänzen. Durch Pfropfen von Genen könnten solche Eigenschaften auch der menschlichen Rasse angezüchtet werden. Menschen, die ihre Beine durch Unfall oder Mutation verloren haben, wären als Astronauten besonders geeignet, denn die Beine des Menschen und ein großer Teil des Beckens sind in diesem Fall nicht nötig. Wenn man ein Medikament entdeckte, ähnlich dem Thalidomid [in Deutschland bekannt als Contergan], aber nur auf die Beine und nicht auf die Arme wirkend, könnte man die Mannschaft des ersten Raumschiffs zum Alpha Centauri damit behandeln (...)."

?!

- Beurteilen Sie die Idee Haldanes aus der Sicht Blochs und vom christlichen Menschenbild her!

Die Rose von Auschwitz

?!

- Betrachten Sie das Bild und überlegen Sie, welche Hoffnung Christen antreibt!

Der evangelische Theologe Jürgen Moltmann verweist in seiner Ethik der Hoffnung auf den Gedanken der „Exodusgemeinde – der Gemeinde des Auszugs"…

„Die Christen werden davor gewarnt, sich in der Gesellschaft als eine ‚anpassungsfähige Gruppe' zu verhalten und die vorfindlichen Verhältnisse kritiklos hinzunehmen. Sie sollen der Menschheit nicht dienen, damit die Welt bleibe, was sie ist, sondern, ‚damit sie sich verwandle und werde, was ihr verheißen ist' (…) Und eben darum hat der Exodus, der Auszug der Gemeinde aus dem ‚Lager' zu geschehen! Die Christenheit darf ihre Hoffnung auf die Zukunft nicht für sich behalten, sondern sie muss sie der ganzen Gesellschaft vermitteln. In ‚praktischem Widerstand und schöpferischer Neugestaltung' muss sie im Hinblick auf das heilsgeschichtliche Ziel der Welt das Bestehende infrage stellen und dem Kommenden dienen. Damit gerät sie in eine ‚konfliktgeladene, aber fruchtbare Partnerschaft' zur Gesellschaft. Sie bildet eine ‚beständige Unruhe' in ihr, mehr noch, sie ist ‚wie ein in die Welt hinausgesandter Pfeil ins Zukünftige'. ‚Sie überholt das Vorfindliche in Richtung auf das erwartete Neue und sucht nach Gelegenheiten, der verheißenen Zukunft immer besser zu entsprechen'. Dabei hat sie es nicht nur mit Personen zu tun und also mit individueller Rettung, sondern immer auch mit Verhältnissen und also mit sozialer Erneuerung (…).
So gibt die Christenheit aus dem ‚geöffneten Vorraum ihrer Hoffnung' neue Impulse für die Gestaltung des öffentlichen, gesellschaftlichen und politischen Lebens der Menschen."

?!

- Formulieren Sie die wesentlichen Aspekte der Position Moltmanns!
- Stellen Sie einen Bezug zum Bild her!

Der Weg des Menschen in die Zukunft ist im AT nicht nur im Exodus angesprochen, sondern vor allem in der Prophetie. Hier geschieht dies auch in der literarischen Gestalt der Utopie.
Die Wirkungsgeschichte dieser Texte reicht bis in die Gegenwart.

Jes 2,2-4

Am Ende der Tage wird es geschehen: Der Berg mit dem Haus des Herrn steht fest gegründet als höchster der Berge; er überragt alle Hügel. Zu ihm strömen alle Völker. Viele Nationen machen sich auf den Weg; sie sagen: Kommt, wir ziehen hinaus zum Berg des Herrn und zum Haus des Gottes Jakobs. Er zeige uns seine Wege, auf seinen Pfaden wollen wir gehen. Denn von Zion kommt die Weisung des Herrn, aus Jerusalem sein Wort. Er spricht Recht im Streit der Völker, er weist viele Nationen zurecht. Dann schmieden sie Pflugscharen aus ihren Schwertern und Winzermesser aus ihren Lanzen. Man zieht nicht mehr das Schwert, Volk gegen Volk, und übt nicht mehr für den Krieg.

Jes 11,1-10

Doch aus dem Baumstumpf Isais wächst ein Reis hervor, ein junger Trieb aus seinen Wurzeln bringt Frucht.

Der Geist des Herrn lässt sich nieder auf ihm: der Geist der Weisheit und der Einsicht, der Geist des Rates und der Stärke, der Geist der Erkenntnis und der Gottesfurcht. (...)

Er richtet nicht nach dem Augenschein, und nicht nur nach dem Hörensagen entscheidet er, sondern er richtet die Hilflosen gerecht und entscheidet für die Armen des Landes, wie es recht ist. (...)

Gerechtigkeit ist der Gürtel um seine Hüften, Treue der Gürtel um seinen Leib.

Dann wohnt der Wolf beim Lamm, der Panther liegt beim Böcklein. Kalb und Löwe weiden zusammen, ein kleiner Knabe kann sie hüten. Kuh und Bärin freunden sich an, ihre Jungen liegen beieinander. Der Löwe frisst Stroh wie das Rind.

Der Säugling spielt vor dem Schlupfloch der Natter, das Kind streckt seine Hand in die Höhle der Schlange.

Man tut nichts Böses mehr und begeht kein Verbrechen auf meinem ganzen heiligen Berg; denn das Land ist erfüllt von der Erkenntnis des Herrn, so wie das Meer mit Wasser gefüllt ist.

An jenem Tag wird es der Spross aus der Wurzel Isais sein, der dasteht als Zeichen für die Nationen; die Völker suchen ihn auf; sein Wohnsitz ist prächtig.

Das Zitat „Schwerter zu Pflugscharen" stammt aus der Bibel. In der DDR wurde es nach 1980 zum Symbol für staatsunabhängige Abrüstungsinitiativen. Teile der westdeutschen Friedensbewegung übernahmen es.

?!

- Lesen Sie Jes 2,2-4 sowie Jes 11,1-10 und arbeiten Sie (ggf. arbeitsteilig) die Bedeutung der dort enthaltenen Bildworte und deren Funktion heraus!
- Informieren Sie sich über den Zusammenhang eines der verwendeten Bildworte mit der jüngeren deutschen Geschichte!
- Stellen Sie auch diesbezüglich einen Zusammenhang mit den Gedanken Moltmanns her!

Wolfgang Lettl, Ecstasy, 1995

?!

- Tauschen Sie sich darüber aus, welche Aussagen Ihrer Meinung nach der Künstler mit seinem Bild macht!
- Nehmen Sie begründet dazu Stellung, ob Sie sich mit diesen Aussagen identifizieren können!

Info-Box

Eschatologie (von griech. *ta eschata* = die letzten Dinge) beschäftigt sich mit den Fragen nach dem Endschicksal des einzelnen Menschen (Individualeschatologie) und/oder einer universalen Heilserwartung (Universaleschatologie).

Apokalyptik meint im heutigen Sprachgebrauch die Rede von einem katastrophalen Weltende. Es handelt sich ursprünglich um die Sprache und Denkweise einer literarischen Gattung, die im jüdischen Bereich etwa 200 v. Chr.–100 n. Chr. als Gegenpol zu den schrecklichen Erfahrungen politischer Fremdherrschaft verbreitet war. In dieser Zeit verschwand die Gewissheit, Gott, der rettend eingreift, in der eigenen Geschichte zu erfahren. Die Hoffnung richtete sich daher aus der Geschichte heraus auf den neuen Äon. Dieser neue Äon (Zeitalter) wird den alten Äon, der in einer kosmischen Weltkatastrophe zugrunde gehen wird, ablösen; dann wird alle Unterdrückung, alles Leid ein Ende haben. Die Aussicht auf diese Wende bot den Menschen, die nichts anderes tun konnten als zu ertragen und abzuwarten, Trost in schwieriger Zeit. Der Plan für diesen Verlauf der Geschichte sei bei Gott verborgen und nur wenigen Menschen enthüllt (*apokalypsis* [griech.] = Offenbarung). Ausdrucksformen der Beschreibung des Untergangs des alten und der Wende zum neuen Äon sind z. B. der Schall der Posaunen, das Sich-Öffnen der Gräber, das Herauskommen der Toten und die Versammlung zum Gericht, das Öffnen des Buches … In der Apokalyptik geht es um eine besondere Form der Eschatologie.

Auch der moderne Mensch ist solchen Szenarien durchaus zugeneigt. So stellt der Film „Deep Impact" (USA, 1998) die Zerstörung New Yorks durch eine Flutwelle dar, die durch einen herabkommenden Kometen verursacht wird. Nur das World Trade Center bleibt zum Schluss übrig.

?!

- Informieren Sie sich genauer über den Film!
- Diskutieren Sie, warum die Menschen auch heute solchen Szenarien zugeneigt sind!
- Ziehen Sie die Info-Box heran und vergleichen Sie die Aussagen des Films mit der Apokalyptik im Rahmen der Bibel!
- Gestalten Sie eine Collage mit Ihren eigenen Zukunftsvorstellungen!

Während beim Propheten Jesaja gleichermaßen apokalyptische Elemente und das Phänomen der Utopie aufscheinen, finden wir z.B. bei Amos eine andere Position.

?!

- Untersuchen Sie die Aussage von Am 5,7.10-15, Am 8,4-7! Welche Forderung wird gestellt?
- Überlegen Sie, warum man die Position von Amos als „innergeschichtliche Eschatologie" bezeichnen kann!

Den Menschen, für die Jesus gepredigt hat und die das Neue Testament in seinen Ursprüngen gestaltet haben, waren apokalyptische Denkmuster ebenso vertraut wie die innergeschichtliche Eschatologie in der Prophetie des Alten Testaments.

Mk 13,24-27.31-33

Aber in jenen Tagen, nach der großen Not, wird sich die Sonne verfinstern, und der Mond wird nicht mehr scheinen; die Sterne werden vom Himmel fallen, und die Kräfte des Himmels werden erschüttert werden. Dann wird man den Menschensohn mit großer Macht und Herrlichkeit auf den Wolken kommen sehen. Und er wird die Engel aussenden und die von ihm Auserwählten aus allen vier Windrichtungen zusammenführen, vom Ende der Erde bis zum Ende des Himmels. (...)
Himmel und Erde werden vergehen, aber meine Worte werden nicht vergehen. Doch jenen Tag und jene Stunde kennt niemand, auch nicht die Engel im Himmel, nicht einmal der Sohn, sondern nur der Vater. Seht euch also vor und bleibt wach! Denn ihr wisst nicht, wann die Zeit da ist.

?!

- Zeigen Sie, dass es sich hier um einen apokalyptischen Text handelt!
- Weisen Sie anhand von Jes 13,10, Dan 7,13, Sach 2,10 nach, dass Aussagen aus dem Alten Testament aufgegriffen werden!
- Formulieren Sie Folgerungen für die Interpretation des Textes!

Eine Position für die heutige Zeit stellt Joseph Kardinal Ratzinger (heute Papst Benedikt XVI.) 1999 in einem Interview dar:

„Dass der christliche Glaube nicht Angst schafft, sondern sie überwindet, ist grundlegend: Das muss die Struktur unserer Verkündigung und unserer Spiritualität bestimmen (...) Es ist sehr wichtig zu klären, in welchem Sinn das Christentum Erfüllung der Verheißungen ist und in welchem Sinn nicht. Ich denke, dass die gegenwärtige Glaubenskrise ganz wesentlich auch mit einer ungenügenden Klärung dieser Frage zusammenhängt. Drei Gefahren drohen hier. Erstens – man legt die Verheißungen des Alten Testaments und die Heilserwartung der Menschen innerweltlich aus, im Sinne neuer und besserer Strukturen (...) – dann kann man das Christentum nur als gescheitert bezeichnen (...).
Die zweite Gefahr ist, dass man es als rein jenseitig, rein spirituell und damit auch ganz individualistisch versteht – dann wird man wieder der Ganzheit des Wesens Mensch nicht gerecht. Die dritte Gefahr, die besonders in Krisen- und Wendezeiten droht, ist das Ausweichen in apokalyptische Schwärmerei."

(Niels Christian Hvidt, Gespräch mit Joseph Kardinal Ratzinger)

?!

- Setzen Sie sich mit den angesprochenen Gefahren begründet auseinander!

Ein zentrales, aber gleichzeitig den Rahmen dieses Begriffes sprengendes Element in der neutestamentlichen Eschatologie ist die Reich-Gottes-Verkündigung Jesu.

Mt 4,17
Von da an begann Jesus zu verkünden: Kehrt um! Denn das Himmelreich ist nahe.

Lk 17,20-21
Als Jesus von den Pharisäern gefragt wurde, wann das Reich Gottes komme, antwortete er: Das Reich Gottes kommt nicht so, dass man es an äußeren Zeichen erkennen könnte. Man kann auch nicht sagen: Seht, hier ist es! oder: Dort ist es! Denn: Das Reich Gottes ist schon mitten unter euch.

Info-Box

Das Reich Gottes
Matthäus verwendet – um die Nennung Gottes zu vermeiden – den Begriff Himmelreich synonym zum Begriff „Reich Gottes".

?!

- Welche Vorstellung vom Reich Gottes machen Sie sich anhand der beiden biblischen Belege?
- Ziehen Sie einen Vergleich zur Zukunftsvorstellung der Apokalyptik!

„Worin aber besteht das Reich Gottes, das Jesus verkündigt? Nirgends finden wir in den Worten Jesu so etwas wie eine inhaltliche Beschreibung oder gar eine Definition. Ist das ein unglücklicher Zufall? Liegt es an einem Versehen des Evangelisten? Oder könnte es auch an der ‚Sache' selbst liegen?

Vielleicht ist das Reich Gottes zu umfassend und zu dynamisch, als dass es begrifflich abgegrenzt werden könnte, nicht ein fest umrissener Bereich, sondern ein Weg, der sich im Gehen verändert, ein Horizont, in den Jesus seine Jünger hineinführt und der sich, wenn man sich in ihm bewegt, ständig weitet. Vielleicht ist es eine Wirklichkeit, welche die daran Glaubenden so sehr mit einbezieht, dass sie nicht einfach ‚objektiv', von außen her, beschrieben werden kann, sondern immer nur erlebt, erfahren und so verstanden werden kann von denen, die sich darauf einlassen.

Jedenfalls hat Jesus denen, die zu ihm kamen, nicht das Reich Gottes ‚erklärt', sondern er hat sie aufgefordert, mit ihm zu gehen: ‚Folge mir nach!' (vgl. Mk 1,17). Deshalb wird man über ihn, seine Taten und Worte reden müssen, wenn man etwas Inhaltliches über das Reich Gottes aussagen will."

(Franz-Josef Nocke: Eschatologie)

Janet Brooks-Gerloff, Unterwegs nach Emmaus, 1992

?!

- Eine sehr bekannte „Weggeschichte" des Neuen Testaments finden Sie in Lk 24,13-34. Erörtern Sie den Zusammenhang der Perikope mit den Gedanken des Textes!

In einer Predigt in Taizé wurde den Jugendlichen das Reich Gottes so vorgestellt:

„Eines Tages bringen Menschen Kinder zu Jesus, damit er sie segnet. Die Jünger stellen sich ihnen entgegen. Jesus ist ungehalten und weist sie an, die Kinder zu ihm kommen zu lassen. Dann sagt er zu ihnen: ‚Wer das Reich Gottes nicht so annimmt wie ein Kind, der wird nicht hineinkommen' (Mk 10,13-16). Es ist gut, sich daran zu erinnern, dass einige Zeit vorher Jesus zu denselben Jüngern sagte: ‚Euch ist das Geheimnis des Reiches Gottes anvertraut' (Mk 4,11). Um des Reiches Gottes willen haben sie alles verlassen und sind Jesus nachgefolgt. Sie suchen die Gegenwart Gottes, möchten Teil seines Reiches sein.

Und nun gibt Jesus ihnen zu verstehen, dass sie die einzige Tür zum ersehnten Reich Gottes zuschlagen, wenn sie die Kinder zurückweisen! Was bedeutet es, das ‚Reich Gottes wie ein Kind zu empfangen'? (...) Ein Kind vertraut unbesehen. Es kann nicht leben, ohne den Menschen seiner Umgebung Vertrauen zu schenken. Sein Vertrauen ist nicht tugendhaft, sondern überlebensnotwendig. Um Gott zu begegnen, haben wir nichts Besseres als ein solches Herz eines Kindes, das sich unwillkürlich öffnet, schlicht zu bitten wagt, geliebt sein will. In Mk 9,37 vergleicht Jesus die Aufnahme eines Kindes mit der Aufnahme der Gegenwart Gottes. Es gibt eine geheime Übereinstimmung zwischen dem Reich Gottes und einem Kind. Ein Kind empfangen heißt eine Verheißung empfangen. Ein Kind wächst und entwickelt sich. Auch das Reich Gottes ist auf der Erde niemals etwas Vollendetes, sondern Verheißung, Dynamik und stets im Wachsen. Außerdem sind Kinder unberechenbar. (...) So haben wir die Gegenwart Gottes anzunehmen, wenn sie sich uns bietet, sei es gelegen oder ungelegen. Man muss das Spiel mitspielen. Das Reich Gottes empfangen, wie man ein Kind empfängt, heißt wachen und beten, damit man es in Empfang nehmen kann, wenn es da ist, auch unvorhergesehen, und ob man den Zeitpunkt für richtig hält oder nicht. (...) Jesus legt Wert darauf, dass ‚ein Kind wie dieses' ihn am besten repräsentiert und dass, wer immer es aufnimmt, ihn selbst bei sich hat. (...)

Es wird sich bei seiner Verhaftung und Folterung einmal mehr erweisen, dass Menschen alles Mögliche ihresgleichen zufügen, solange man wehrlos ist. Es ist also nicht erstaunlich, dass Jesus sich in dem Kind wiedererkennt, das er in die Mitte gestellt hat, denn oft sind auch wehrlose Kinder Menschen ausgeliefert, die über sie Gewalt haben. (...) Die ‚geringsten' seiner Brüder, Menschen, die wenig zählen, (...) sind der Weg, der einzige Durchgang, um in Gemeinschaft mit ihm zu leben. (...)
Auf den Wegen, auf denen sie zukünftig das Reich Gottes verkünden, sind auch die Apostel ‚den Händen der Menschen ausgeliefert'. Sie wissen nie im Voraus, wie sie aufgenommen werden. Aber sie sind Träger der Gegenwart Gottes."

- Arbeiten Sie die Grundgedanken des Textes heraus!
- Beurteilen Sie unter Einbeziehung Ihres Grundwissens, ob der Text die wesentlichen Elemente der Reich-Gottes-Predigt Jesu anspricht!
- Beziehen Sie auch
  z. B. Mt 5,38-42, Mt 7,12,
  Mt 13,18-23.31-33.44-46,
  Lk 4,16-19, Mt 9,35, Lk 10,9,
  Lk 11,20
  in Ihre Überlegungen mit ein!

In Jesu Person, Wort und Handeln ist das Reich Gottes jetzt zwar schon angebrochen, aber noch nicht vollendet. Die endgültige Verwirklichung ist Gott vorbehalten.

- Fassen Sie in verschiedenen Gruppen die Begriffe Apokalyptik, Prophetie und Reich Gottes jeweils in eine Skizze oder wählen Sie andere Gestaltungsmöglichkeiten!
- Diskutieren Sie anschließend über die Abgrenzung der Begriffe voneinander!

Ein Pfarrer, der seiner Gemeinde die christliche Hoffnung veranschaulichen wollte, machte einen Kastanienbaum, der vor der Kirche in voller Blüte stand, zum Gleichnis.
„Schien es nicht", rief er aus, „als Sie zur Christmette kamen, als wäre er tot, als würde er nie mehr zum Leben erwachen? Und dann brachen die Knospen auf, und er blüht und ist herrlich wie ein Baum des Paradieses." Nach dem Gottesdienst erwartete ihn ein Mann vor der Tür. „Sie haben ganz gegen Ihre Absicht erwiesen, dass es kein Fortleben gibt", sagte der Mann. „Der Baum wird im Herbst die Blätter verlieren und wieder kahl werden. Gewiss, er wird noch etliche Male blühen, aber schließlich bleibt er doch kahl und ist eingegangen. Immer ist der Herbst das Letzte, das Welken, die Fäulnis, der Tod." „Sie haben augenscheinlich recht", antwortete nachdenklich der Pfarrer, „aber vergessen Sie eines nicht: die Kastanien unter dem Laub."

?!
- Formulieren Sie ggf. andere Bilder, die für Sie das ewige Leben tragfähig beschreiben können!

Das Neue Testament beschreibt die Verheißungen für ein Leben nach dem Tode ebenfalls in eindrucksvollen Bildern, z. B.
Festmahl: Lk 15,22-32 – Hochzeit: Mt 22,1-13 – Paradies: Lk 23,42-43 –
Neue Stadt, neues Jerusalem: Offb 21,1-22,5 – Der Schoß Abrahams: Lk 16,19-31

Schoß Abrahams, Hortus deliciarum der Herrad von Landsberg, um 1180

?!
- Betrachten Sie das mittelalterliche Bild!
- Welche Hoffnungen und Grunderfahrungen der Menschen spiegeln sich in diesem und den anderen (Sprach-) Bildern wider?

Zur Bedeutung aller dieser Hoffnungsbilder gilt die wichtige Aussage des Paulus:

Nein, wir verkündigen, wie es in der Schrift heißt, was *kein Auge gesehen und kein Ohr gehört hat*, was keinem Menschen in den Sinn gekommen ist: das Große, das Gott denen bereitet hat, die ihn lieben.

(1 Kor 2,9)

Der Theologe Karl Rahner hat wenige Tage vor seinem Tod folgende Überlegungen angestellt: „Mir will scheinen, dass die Vorstellungsschemen, mit denen man sich das ewige Leben zu verdeutlichen sucht, meist wenig zur radikalen Zäsur passen, die doch mit dem Tod gegeben ist. Man denkt sich das ewige Leben, das man schon seltsam als ‚jenseitig' und ‚nach' dem Tod weitergehend bezeichnet, zu sehr ausstaffiert mit Wirklichkeiten, die uns hier vertraut sind: als Weiterleben, als Begegnung mit denen, die uns hier nahe waren, als Freude und Friede, als Gastmahl und Jubel und all das und Ähnliches, als nie aufhörend und weitergehend.
Ich fürchte, die radikale Unbegreiflichkeit dessen, was mit ewigem Leben wirklich gemeint ist, wird verharmlost, und was wir unmittelbare Gottesschau in diesem ewigen Leben nennen, wird herabgestuft zu einer erfreulichen Beschäftigung neben anderen, die dieses Leben erfüllen …"

Hieronymus Bosch, Seelen auf dem Weg ins Licht

- Arbeiten Sie heraus, was Karl Rahner an den gängigen Vorstellungen über das ewige Leben kritisiert!
- Erläutern Sie, warum er die Beschreibungen „nach" und „jenseitig" in Bezug auf den Tod als seltsam bezeichnet!
- Setzen Sie die Ausführungen Rahners in Beziehung zum Bild von Hieronymus Bosch!

„Weil die Gottesherrschaft bzw. ‚der Himmel' im Hier und Jetzt nicht nur anbrechen kann und darf, sondern anbrechen soll, kann die christliche Zukunftshoffnung dort, wo sie richtig verstanden wird, niemals bloße Vertröstung aufs Jenseits sein. Vielmehr steckt in ihr ein unaufhörlicher Appell, die verheißene Wirklichkeit auch tatsächlich erfahrbar werden zu lassen und Hoffnungszeichen in dieser Welt zu setzen (…)
Die Aussicht auf ein erfülltes und geglücktes Leben, in der heiligen Schrift in anschaulichen Bildern vor Augen gestellt, ist keine einlullende Beruhigung, sondern lässt in höchstem Maße sensibel werden für erfahrenes Unrecht und Unheil (…)
Wer nicht eine Vision von Gerechtigkeit und Heil hat, nimmt Ungerechtigkeit und Unheil nicht mehr wahr. Wer keine Träume hat, hat auch keinen Antrieb zum Handeln (…)"

- Setzen Sie sich mit der Berechtigung und den Grenzen von Sprachbildern in diesem Zusammenhang auseinander!

Matthias Klemm, Mauerchristus, 1990

es kommt eine auferstehung

das könnte manchen herren so passen
wenn mit dem tode alles beglichen
die herrschaft der herren
die knechtschaft der knechte
bestätigt wäre für immer

das könnte manchen herren so passen
wenn sie in ewigkeit
herren blieben im teuren privatgrab
und ihre knechte
knechte in billigen reihengräbern

aber es kommt eine auferstehung
die ganz anders wird als wir dachten
es kommt eine auferstehung die ist
der aufstand gottes gegen die herren
und gegen den herrn aller herren: den tod

(kurt marti)

?!

- Stellen Sie im Gespräch fest, was Sie am Bild und/oder Gedicht von Kurt Marti befremdet und was Ihnen vertraut ist und setzen Sie sich damit auseinander!

„Christlicher Auferstehungsglaube meint weder eine einfache Rückkehr ins Leben, sodass dies noch einmal gelebt werden könnte, noch eine geradlinige Verlängerung des irdischen Lebens ins Unendliche, ‚als ob nur (…) die Pferde gewechselt wären und dann weitergefahren würde', noch auch den Anfang eines neuen, diesmal besseren Lebens, in dem das frühere einfach zurückgelassen und vergessen wäre; er meint vielmehr die Verendgültigung und Vollendung des je konkret und individuell vollzogenen Lebens. Die ganze Geschichte meines Lebens wird für immer gültig, mein dauernder Besitz. Sie wird von Gott vollendet, was zwar die Hoffnung einschließt, dass das Negative und Fehlende in ihr geheilt und ergänzt wird, was aber nicht bedeutet, dass Gott etwas ‚ganz anderes' aus mir machte. Gott macht etwas aus meinem Leben."

(Franz-Josef Nocke)

?!

- Vergleichen Sie die Aussage des Textes mit der Aussage des Gedichtes!

Die christliche Hoffnung auf die Überwindung des Todes gründet einzig und allein in der Erfahrung der Auferweckung Jesu. Sie ist der Dreh- und Angelpunkt; mit ihr steht und fällt nicht nur die christliche Zukunftshoffnung, sondern das Christentum überhaupt, wie Paulus richtig erkannt hat:

1 Kor 15,14-15.17-20
Ist aber Christus nicht auferweckt worden, dann ist unsere Verkündigung leer und euer Glaube sinnlos. Wir werden dann auch als falsche Zeugen Gottes entlarvt (…) Wenn aber Christus nicht auferweckt worden ist, dann ist euer Glaube nutzlos, und ihr seid immer noch in euren Sünden; und auch die in Christus Entschlafenen sind dann verloren. Wenn wir unsere Hoffnung nur in diesem Leben auf Christus gesetzt haben, sind wir erbärmlicher daran als alle anderen Menschen. Nun aber ist Christus von den Toten auferweckt worden als der Erste der Entschlafenen.

Für das Neue Testament ist es keine Frage, dass die Auferstehung nicht erst nach dem Tode des Menschen Wirklichkeit wird, sondern in diesem Leben hier und jetzt beginnt – nämlich mit dem Glauben an Jesus Christus.

?!

- Stellen Sie einen Bezug zur Reich-Gottes-Verkündigung Jesu her!

Bei Paulus ergibt sich eine Spannung zwischen der Überzeugung, dass das neue Leben in Christus schon mit der Taufe begonnen hat und Gegenwart ist, und dem Festhalten an der Hoffnung auf das Kommen Christi am Ende der Tage, wie es die Evangelien in jüdisch-apokalyptischer Tradition bezeugen.

1 Kor 15,23
Es gibt aber eine bestimmte Reihenfolge: Erster ist Christus; dann folgen, wenn Christus kommt, alle, die zu ihm gehören.

„Wenn damit ernst gemacht wird, dass es bei Gott keine Zeit gibt bzw. dass die Dimension der Ewigkeit von der uns bekannten Dimension der Zeit grundlegend zu unterscheiden ist, dann ist es fraglich, ob die Vollendung der Welt einfach mit dem ‚Ende der Zeit' angesetzt werden darf. Die Ewigkeit verhält sich zu jedem Zeitpunkt, gleich ob er in der Vergangenheit oder in der Zukunft liegt, gleich ‚nahe' oder gleich ‚entfernt'. Aus diesem Grunde gibt es bei Gott kein ‚Früher oder Später'. In diesem Sinne erlebt jeder Mensch im eigenen Tod zugleich den Tod bzw. das Vor-Gott-Treten der anderen, unabhängig davon, wann dieser Tod stattfindet. Zugleich erlebt ein jeder im eigenen Tod die Vollendung der Welt. Der eigene Todestag und der ‚Jüngste Tag' fallen dann in eins und lassen sich zeitlich nicht mehr trennen. – In diesem Zusammenhang spielt es dann keine Rolle, ob die irdische Geschichte irgendwann einmal ein Ende hat oder beliebig lange weiterläuft."

(Sabine Pemsel-Maier, Der Traum vom ewigen Leben)

?!

- Betrachten Sie das Bild aus der orthodoxen Tradition! Sie können dazu die Info-Box auf S. 78 heranziehen.
- Vergleichen Sie die Aussage des Bildes aus der Tradition der orthodoxen Kirche mit der Aussage des Textes!
- Diskutieren Sie, welche Schwierigkeit die im Text vorgenommene Deutung mit sich bringt!

Die Erde gibt ihre Toten wieder, Kirche von Milies, Pilion/ Griechenland

Ich werde alle an mich ziehen

„Nach einer alten Legende hing Jesus mit weit ausgebreiteten Armen am Kreuz über dem Hochaltar. Die Gemeindemitglieder wollten dem Auferstandenen, der sich für sie hingegeben und den Tod besiegt hatte, aus Dankbarkeit und zum Zeichen seiner Macht eine kostbare Krone anfertigen lassen, die sein Haupt zieren sollte. So geschah es auch. Eines Tages kam ein Dieb in die Kirche und entdeckte bei seiner Suche nach wertvollen Schätzen die schöne Krone auf dem Haupt des Gekreuzigten. Er kletterte auf den Altar, trat mit einem Fuß auf den Nagel, der durch die Füße des Gekreuzigten getrieben war, und griff nach der Krone. In diesem Augenblick brach der Nagel durch das Gewicht des Diebes ab, sodass er den Halt verlor und abzustürzen drohte. Er hätte sich leicht das Genick brechen können, wenn der gekreuzigte Christus nicht plötzlich die Arme vom Kreuz gelöst hätte, um den Dieb zu umarmen und festzuhalten. Den Mann durchzitterte es, als er erkannte, wie groß die Liebe Gottes ist; sie ist größer als seine Gerechtigkeit."

(Willi Hoffsümmer)

?!

- Setzen Sie biblische Beispiele zu dem in der Legende geschilderten Sachverhalt in Beziehung!
- Diskutieren Sie, wie sich dies zur Rede vom Gericht am Ende der Zeiten verhält!

Im gesamten Umfeld Israels ist die Rede vom Gericht belegt. Am bekanntesten sind wohl die Darstellungen des ägyptischen Totengerichts. Bemerkenswerter für die Interpretation biblischer Texte sind neuere Funde in Jerusalem (s. Abb.) aus dem 7. Jh. v. Chr., die den Sonnengott flankiert von seinen Dienern „Recht" und „Gerechtigkeit" zeigen.

Wie verhalten sich solche Vorstellungen vom richtenden Gott zur Hoffnung auf die Liebe Gottes? Gerade die Rede vom Weltgericht (Mt 25,31-46) scheint eher eine Drohbotschaft als eine Frohbotschaft zu repräsentieren.

Akkadzeitliches Siegel (Akkad: Volk im Bereich Mesopotamiens)

Info-Box

Das **Buch Ezechiel** verarbeitet die Erfahrungen der Überlebenden nach der Zerstörung Jerusalems (587 v. Chr.).

?!

- Lesen Sie Mt 25,31-46!
- Vergleichen Sie den Text mit Ez 34,17-22!
- Vergleichen Sie die Situation, die zur Entstehung des Ezechielbuches führt, mit dem Umfeld der Entstehung des Matthäusevangeliums!

„Wer eine mittelalterliche Kathedrale betritt, hat vor Augen, was passiert, wenn sein letztes Stündlein geschlagen hat. Regelmäßig findet sich über dem Kirchenportal, in Stein gehauen, eine Szene des Jüngsten Gerichts. Jesus Christus thront in der Mitte: Als Richter über Lebende und Tote. Zu seiner Linken jammern die Verdammten, zu seiner Rechten strahlen die Erlösten. Gewogen und zu leicht befunden, das ist der Horror aller, denen es ernst ist mit Gott (...) Die Angst geht um, wenn man die Verrenkungen der Verdammten sieht. Aber beim Reich Gottes geht es um Gerechtigkeit. Zwischen Gut und Böse muss unterschieden werden. Wenn auf Erden immer wieder Frechheit siegt, muss doch wenigstens die letzte Instanz für Klarheit sorgen. Sonst wäre es zum Verzweifeln (...).

Sachsler Meditationsbild des Nikolaus von der Flüe aus dem 15. Jh., aufgegriffen als Misereor-Hungertuch von 1998. Hungertücher dienten in der Fastenzeit zur Verhüllung der Kreuze; die Misereor-Hungertücher erinnern an die Verantwortung für die Armen der Welt.

Es kann keine Versöhnung geben, die nicht die Schuld der Täter beim Namen nennt und den Opfern zu ihrem Recht verhilft (...).
Wie passt das zusammen: Gerechtigkeit und Liebe, (...) Urteilsvermögen und Mitleid? Die Antwort gibt das Gleichnis vom Weltgericht (Mt 25,31-46). Jesus (...) übernimmt zwei königliche Aufgaben: Er ist Hirte, und er ist Richter. Als König soll er sein Volk weiden und schützen, als König soll er auch für Gerechtigkeit sorgen.
Im Gleichnis sind die Rollen aber entgegen den ursprünglichen Erwartungen besetzt: Der Hirte ist es hier, der den entscheidenden Unterschied macht: zwischen Schafen und Böcken (...). Würde er den Unterschied nicht machen, wäre er kein guter Hirte, in der Herde herrschte Wirrwarr. Der Richter aber, der dann auf der Bildfläche erscheint, ist einer, der nicht aus sicherer Entfernung sein Urteil spricht, sondern mittendrin steckt im Schlamassel: ‚Ich war hungrig ... ich war durstig ..., ich war fremd und obdachlos ..., ich war nackt, ... ich war krank, ... ich saß im Gefängnis'.
Von dieser Warte aus beurteilt er das Verhalten der Menschen. Das ist die große Überraschung: Der König ist der Bettelmann, der Richter ist das Opfer – und die Konsequenzen sind radikal.
Das Gleichnis vom Weltgericht prognostiziert nicht, dass die Hälfte der Menschheit verloren geht, sondern klärt, worauf es ankommt, wenn er kommt: auf die Werke der Barmherzigkeit (...). Warum aber können diese Taten des Mitleids so unermessliches Gewicht erhalten? Weil Jesus, der Königssohn, der Gottessohn, sich mit den Leidenden identifiziert (...).
Es wird eine ehrliche Bilanz gezogen. Das Gericht ist nicht die Stunde der Weißwäscher. Aber im Moment des Urteils drehen sich die Verhältnisse von Stärke und Schwäche, von Lachen und Weinen, von Rache und Reue noch einmal um – doch die Hoffnung stirbt zuletzt, und die Liebe bleibt: die des Königs mit der Dornenkrone."

(Thomas Söding, Wo ist der König?)

?!

- Ziehen Sie die wesentlichen Aussagen des Textes heran, um die Funktion von Mt 25,31-46 als Hoffnungsbotschaft zu verdeutlichen!
- Das Misereor-Hungertuch von 1998 stellt die Werke der Barmherzigkeit in den Medaillons dar. Nehmen Sie eine Zuordnung vor!
- Eine moderne Interpretation gruppiert um die mittelalterliche Darstellung vier Brennpunkte heutigen Leidens. Gestalten Sie eine eigene Fassung!

Gegenüber allen innerweltlichen Versprechungen und Machbarkeitsfantasien, das Reich Gottes auf Erden verwirklichen zu können, liegt die Vollendung des Reiches Gottes allein in SEINER Hand. Daraus ergibt sich für uns folgende Handlungsmaxime:

> Herr,
> gib mir die Kraft, Dinge zu ändern,
> die ich ändern kann!
>
> Herr,
> gib mir Gelassenheit, Dinge hinzunehmen,
> die ich nicht ändern kann!
>
> Und gib mir die Weisheit, das eine vom
> anderen zu unterscheiden!

‚Ich muss es schaffen.' Heute steht das Wasser auch vielen Jugendlichen bis zum Hals. Der Druck, möglichst bald die Mittel zum Konsum und zur Risikoabsicherung zu beschaffen, lässt die jüngere Generation immer hektischer werden. Die Revolte hat sich unter dem starken Druck der äußeren Verhältnisse nach innen gekehrt und führt oft zu einem hohen Maß an Selbstausbeutung. (...) Nach allen Evangelien waren die Jünger entsetzt, dass ihr Meister im Sturm auf dem See ruhig schlief. Sie schrien zu ihrem ‚Herrn' um ‚Rettung' (Lk 8,23-27). Es gibt kaum etwas Eigenartigeres als Jesu Antwort: ‚Wo ist euer Vertrauen?' Waren die Schreie der Jünger nicht Ausdruck des Glaubens? Ihr Rufen war doch der existenzielle Ausdruck für ihr vorbehaltloses Vertrauen zum Herrn! Der Prophet aus Galiläa, der heilende Mensch hat den Ruf nach dem Helfer und dem Eingreifen Gottes als einen Ausdruck der Angst verstanden. Er nahm diese Angst ernst. ‚Er richtete sich auf, herrschte die Winde an und den See – und es ward ganz still.' Die Evangelien haben das in allen Kulturen bekannte Bild von der gefährlichen Überfahrt mit einer besonderen Erfahrung verbunden: Das ABC des Vertrauens, das Jesus verkündete und praktizierte, begann mit der achtsamen Wahrnehmung der Angst. In der Krise – das ist die Erfahrung, die das Christentum prägt – braucht der Leidende den Mitmenschen, der ihm Ruhe verschafft und ihn herausnimmt aus dem Gewoge der Überforderungen. (...) Im Schweigen wird nach Meister Eckhart Gott geboren. Im Raum dieser inneren Ruhe beruhigt sich die Angst und wächst die Kraft, sich selber zu erheben und die Verhältnisse zu verändern. Man kann das große Bild von der Überfahrt nicht feinfühlig genug lesen: Im Innersten unseres Selbst sind wir nicht allein. Auch wenn wir in der Krise alle äußeren Mächte zusammentrommeln, gelingt die Überfahrt erst dann, wenn wir in uns selbst die göttliche Ruhe wahrnehmen und wirken lassen. Auf diese Ruhe Gottes in uns selbst ist Verlass."

(Peter Eicher)

Altarbild von St. Philippus, München

?!

- Überlegen Sie, welche Ängste Ihr Leben beeinflussen!
- Überprüfen Sie die Aktualität des „Sturms auf dem See", indem Sie eine Collage mit Fotos erstellen, die zeigen, wie Menschen mit dem Druck umgehen!
- Bewerten Sie, inwiefern der Auferstehungsglaube Gelassenheit bewirken kann!

„Wir besitzen kostbare Werte mit einem Reichtum an Freiheit, Glauben, Solidarität, Kultur und Menschlichkeit, die wichtig sind für die Zukunft der Welt. Wir dürfen uns nicht verirren, denn dann würde ein wichtiger Teil der Menschlichkeit in der heutigen Welt verloren gehen. Getrennt jedoch werden wir uns zerstreuen und verirren und das verlieren, wofür wir einstehen. (…) Vereint, als in der Verschiedenheit vereinte Europäer, werden wir in der heutigen Welt eine freundliche und solide Kraft sein: eine Quelle der Menschlichkeit. Wir müssen die Leidenschaft für Europa und die einigende Kraft unter unseren europäischen Mitbürgern zum Wachsen bringen." *(Andrea Riccardi)*

Im Jahr 2009 erhielt Andrea Riccardi, der Gründer der katholischen Laienbewegung Sant'Egidio, den international angesehenen Karlspreis von Aachen. In der Begründung des Karlspreisdirektoriums heißt es:

„Sant'Egidio, die Andrea Riccardi als Gymnasiast 1968 gemeinsam mit einigen Freunden in Rom gründete, wuchs sich in den vergangenen vier Jahrzehnten zu einem weltumspannenden Beziehungsnetz aus, das (nach eigenen Angaben – formelle Mitgliederlisten oder -ausweise gibt es nicht) über 50.000 Mitglieder zählt, die in mehr als 70 Ländern auf vier Kontinenten engagiert sind – wobei sich die Anhängerschaft nicht zuletzt aus jungen Menschen rekrutiert. Neben dem gemeinsamen Gebet und der Weitergabe des Evangeliums haben sich die ehrenamtlich tätigen Mitglieder der Gemeinschaft die Freundschaft mit den Armen, die Ökumene und den Dienst am Frieden zum Ziel gesetzt. Allein in Rom kümmern sich die Freiwilligen um 10.000 Menschen, um Immigranten, Obdachlose, Drogensüchtige oder um die immer zahlreicheren Alten und Familien, die mit ihren Einkünften im teuren Rom nicht mehr ans Ende des Monats kommen. Sie versorgt Sant'Egidio in seinen Zentren fünf Mal die Woche mit einem warmen Abendessen. Sie erhalten Sprachunterricht, Anwaltsberatung [und] ärztliche Hilfe. Auch der Einsatz der ‚UNO von Trastevere', wie die Gemeinschaft bisweilen genannt wird, für eine weltweite Ächtung der Todesstrafe findet ebenso internationale Anerkennung wie die seit rund zwei Jahrzehnten von Sant'Egidio organisierten jährlichen ‚Friedensgebete'. Inspiriert durch das von Papst Johannes Paul II. 1986 einberufene interreligiöse Gebet von Assisi, laden die katholischen Laien alljährlich hohe und höchste Vertreter der Weltreligionen, zahlreiche politische Verantwortliche, aber auch die breite Öffentlichkeit zu gemeinsamen Friedens- und Gebetstagen ein, um, so Riccardi, ‚in verschiedenen Sprachen und Kulturen [zu] sagen, dass nur durch den Dialog und die offene Diskussion mit den anderen es möglich ist, eine authentische Kultur des Zusammenlebens aufzubauen, die so lebensnotwendig ist für jede Gesellschaft von heute'."

Andrea Riccardi

?!

- Recherchieren Sie aktuelle Projekte von Sant'Egidio im Internet!
- Skizzieren und erläutern Sie Zukunftsaufgaben, zu deren Lösung die gelebte Ethik von Sant'Egidio einen Beitrag leisten kann!

Jan Breughel d. Ä., Die Weissagung des Propheten Jesaja, ca. 1609

Im Zentrum ein Mann und seine Botschaft: Er kündet vom Gottesberg, zu ihm strömen alle Völker. Viele Nationen machen sich auf den Weg. Sie sagen: „Kommt wir ziehen hinauf zum Berg des Herrn und zum Haus des Gottes Jakobs. Er zeige uns seine Wege, auf seinen Pfaden wollen wir gehen. Denn von Zion kommt die Weisung des Herrn, aus Jerusalem sein Wort. Er spricht Recht im Streit der Völker, er weist viele Nationen zurecht. Dann schmieden sie Pflugscharen aus ihren Schwertern und Winzermesser aus ihren Lanzen. Man zieht nicht mehr das Schwert, Volk gegen Volk, und übt nicht mehr für den Krieg." Die Vision des Jesaja wurde immer wieder ganz konkret auch innerweltlich verstanden. Ein Schwert, das zum Pflug umgeschmiedet wird, war das Emblem der Friedensbewegung in der DDR. Aber auch das klingt in dieser Vision mit an: ein Friede, den die Welt nicht geben kann, der Gruß des Auferstandenen „Der Friede sei mit euch". Jesajas Vision bekommt so eine eschatologische Dimension. Breughels Bild schildert jedoch eine Welt von Krieg und Verbrechen: ein dunkles Gewölbe, im Hintergrund flieht eine weiße Gestalt, im Vordergrund stapelt sich Kriegsgerät. Daran legt ein als Pax (= Frieden) zu deutender Knabe Feuer. In der Höhle links arbeiten Männer um einen Amboss. Rechts symbolisieren drei Frauengestalten die Früchte des Friedens: Überfluss, Handel und Frömmigkeit. Sie wirken jedoch wie nicht von dieser Welt. Es erstaunt, dass davon auf der Realitätsebene der Welt nichts zu spüren ist. Es handelt sich um eine noch ausstehende Wirklichkeit.
Wir können heute das Bild auch als Warnung lesen, gibt es doch auch im Alten Testament den umgekehrten Satz, von Pflugscharen, die in Schwerter umgeschmiedet werden (Joël 4,10).
Die Zukunft auf Erden ist dem Menschen in die Hand gegeben.
Das endgültige Heil zu wirken, ist Gott vorbehalten.

Santa Prassede in Rom, Mosaik in der Zenonkapelle, nach 822

Gäbe es eine Hitliste der Ziele von Abiturfahrten, so dürfte Rom an erster Stelle stehen – und das mit Recht. Für viele junge Menschen aus Europa war Rom der Höhepunkt ihrer „Grand Tour“, ihrer Bildungsreise. Goethe war einer von ihnen. Führt auch Sie einmal der Weg nach Rom, so sollten Sie eine kleine Kirche unweit der berühmten Maria Maggiore nicht übersehen: Santa Prassede. In ihr befindet sich eine winzige Kapelle, die von alters her liebevoll „Paradiesgärtchen“ genannt wird. Ihre Ausstattung hat die Jahrhunderte überdauert. Sie wurde von Papst Paschalis I. als Grabeskapelle für seine Mutter gebaut.
Treten Sie ein, Sie werden etwas erahnen von dem überwältigenden Eindruck, den Menschen haben mussten, die nur im Kerzenlicht das Vibrieren der Mosaikwände erleben konnten. Gold und Licht, dieses Zusammenspiel in den leicht verkantet gesetzten Steinen, war ihnen eine Metapher für die Verwandlung von Materie in Geist. Diese Idee liegt wohl auch den vier Säulen zugrunde: Sie stehen nur zur Zierde in den Ecken, sie haben nichts zu tragen. Über ihnen erhebt sich – nun aber im Medium des Mosaiks – jeweils ein Engel.
Auf diesem Foto sehen Sie das einzige Fenster der Kapelle, links davon befindet sich Maria, rechts Johannes der Täufer. Maria, Johannes und – traditionellerweise zwischen beiden – Jesus sind kennzeichnend für einen Bildtypus, der Deesis, Fürbitte, genannt wird. Sie sind Ausdruck der Bitte der Menschen, in der Stunde des Todes Gott zu schauen. Jesus, der Auferstandene, ist auf diesem Bild präsent, anders als erwartet. Das Licht, das hier in die Grabeskapelle fällt, kündet vom Licht des Ostermorgens.

IV. Grundriss einer Zusammenschau: das christliche Credo

Barnett Newman, *The Cry*, 1946

Der Gott der Philosophen ist abstrakt: ein erstes Prinzip, ein letztes Ziel, das höchste Gut.

Marc Chagall, Glasfenster der Fraumünster-Kirche, Zürich, 1967

Der Gott der Bibel ist konkret: „Der Gott Abrahams, Isaaks und Jakobs, nicht der der Philosophen und Gelehrten."
(Blaise Pascal, Mathematiker und Philosoph, 1623–1662)

Der vollkommene Atheist steht auf der vorletzten Stufe vor dem vollkommensten Glauben – ob er ihn nun erreicht oder nicht –, der Gleichgültige aber hat gar keinen Glauben mehr, nur eine erbärmliche Angst.
(Fjodor M. Dostojewski, Schriftsteller, 1821–1881)

Wandzeichnung in einer Katakombe in Rom

Glaube ist kein defizienter Modus von Wissen, sondern ein personaler Akt.
(Heinrich Fries, Theologe, 1911–1998)

Wenig Naturwissenschaft führt vom Glauben weg, viel Naturwissenschaft führt zu ihm hin.
(Werner Heisenberg, Physiker, 1901–1976)

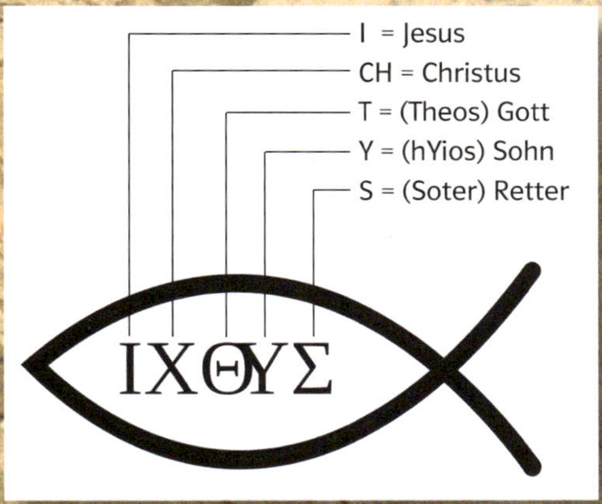

Für den gläubigen Menschen steht Gott am Anfang, für den Wissenschaftler am Ende aller seiner Überlegungen.
(Max Planck, Physiker, 1885–1947)

Zu glauben ist schwer, nichts zu glauben ist unmöglich.
(Victor Hugo, Dichter, 1802–1885)

Edvard Munch, Melancholie, 1894/95

Der Glaube ist für das Vorankommen des Menschen so unumgänglich nötig wie die Zugvorrichtung für den Wagen.
(Konfuzius, Philosoph, um 551–479 v. Chr.)

Vor zwei Jahren begann Ihr Religionsunterricht mit Fragen, sogenannten letzten Fragen:

Paul Gauguin, Woher kommen wir? Wer sind wir? Wohin gehen wir?, 1897 (Detail)

Was kann ich wissen, was soll ich tun, was darf ich hoffen, was ist der Mensch, was der Sinn des Lebens? Jetzt am Ende dieses Unternehmens sollen Sie das Glaubensbekenntnis der Kirche aus der Perspektive eben dieser Fragen bedenken.

Das Glaubensbekenntnis hat den Anspruch, das Wesentliche dessen, was christliche Identität ausmacht, zu benennen, mehr noch: zu bekennen.

Bei welchen Gelegenheiten, in welchen Situationen könnten folgende Glaubenssätze gesprochen werden?

- Ich glaube, dass du die Wahrheit sagst.
- Ich glaube, heute erwischt es mich mit einem Protokoll.
- Ich glaube, ich bin verliebt.
- Dass morgen mein Tag sein wird, daran glaube ich.
- Ich glaube, du wirst ein guter Arzt.
- Glaubst du an Gott?
- Das kann ich nicht wissen, das muss man glauben.
- Gestern, glaube ich, habe ich dich mit einer anderen gesehen.
- Ich glaube dir.
- Ich glaube an dich.

?!

- In welchem Sinn wird das Wort *Glaube* in den Zitaten der vorangegangenen Seiten gebraucht? Versuchen Sie, den Begriff *Glaube* jeweils mit anderen Begriffen zu umschreiben!
- Diskutieren Sie anhand dieser Aussagen die Bedeutung von „Glauben" im menschlichen Leben!
- Benennen Sie die Unterschiede und Übereinstimmungen religiösen Glaubens mit anderen Formen von Glauben!

Was heißt das: Ich glaube?

Meist verwenden wir das Wort Glaube dann, wenn wir nicht sicher sein können, ob etwas auch so ist, wie es aussieht, oder wie wir es erwarten.

Glauben heißt dann nicht genau wissen. Mit philosophischen Begriffen: *Glaube* ist ein defizienter Modus von Wissen, eine geringere Form von Wissen, eine nicht wirklich begründete Erkenntnis, nur Schein, nicht die Gewissheit der Wahrheit selbst, so Platon.

Glaube im religiösen Sinn unterscheidet sich davon erheblich. Aber selbst schon im Alltag gibt es eine andere Verwendung von „ich glaube". Wir sagen: „Ich glaube dir", wenn wir ausdrücken wollen, dass jemand unser Vertrauen hat. Es soll besagen: „Ich vertraue dir, ich baue auf dich, ich rechne mit dir." Wenn wir solche Sätze sprechen, ändern wir die Welt. Denn es gibt Sätze, die, wenn sie ausgesprochen sind, nichts lassen, wie es zuvor war. Beispiele dafür sind Sätze wie „ich verzeihe dir, ich verspreche dir, ich liebe dich, ich glaube an dich".

In der Sprachphilosophie bezeichnet man Situationen, in denen Sätze dieser besonderen Art besprochen werden, als „performative Sprechakte". Performare heißt verändern. Wir können mittels Sprache Wirklichkeit verändern. Es zeichnet geradezu den Menschen aus, dies zu können. Man nennt solches auch einen personalen Akt. Der Mensch als Person, mit seiner ganzen Existenz, Würde und Verantwortung und Freiheit kommt hier zum Vorschein. Um diese Sicht des Glaubens geht es der christlichen Religion. Glauben gewinnt hier existenzielle Bedeutung. Das ist weit weg vom Glauben als defizientem Modus von Wissen.

Marc Chagall, Der brennende Dornbusch

Bei der Berufung des Mose nennt Gott seinen Namen: Jahwe. Der Name ist Programm, er enthält schon die Botschaft:

Ich bin der Ich-bin-da.

Das soll heißen:

ich bin der Ich-bin-da-für-euch,

der Ich-war-da-für-euch,

der Ich-werde-immer-da-sein;

ich bin der, auf den ihr bauen dürft, dem ihr vertrauen und dem ihr glauben könnt.

Der Mensch kann Versprechen geben, einem Versprechen vertrauen, Vertrauen schaffen, glauben und Glauben schenken.
Glauben im religiösen Sinn hat die Bedeutung von „ich glaube dir, ich glaube an dich, ich vertraue dir".

Der Mensch ist auf Vertrauen hin angelegt. Ohne Vertrauen kann er gar nicht leben. Wenn Misstrauen die Grundstimmung ist, hat Partnerschaft keine Chance. Wer Liebesbeweise fordert, weiß nicht, was Liebe ist. Wer allerdings blindes und absolutes Vertrauen fordert, behandelt Erwachsene wie Kinder.

Auch wenn Vertrauen immer wieder enttäuscht wird, hat der Mensch zumindest eine Ahnung von einer Welt, in der es anders zugeht. Er will mehr Vertrauen schenken, bedingungslos lieben und geliebt werden, gerade weil er um seine Schwäche weiß.

Glauben im religiösen Sinn bedeutet, darauf zu vertrauen, dass auch solch unbedingte Liebe einen Ort hat, bei dem, der den Menschen besser kennt als er sich selbst: bei Gott. (Davon ist auch im Ps 139 die Rede, den Sie aus dem letzten Jahr kennen.)

Wenn Glauben in diesem Sinn als ein personaler Akt beschrieben wird, dann kann man auch sagen, dass Gott mehr als ein Prinzip, dass er Person ist. Von Gott als Person zu sprechen, bedeutet dann nicht, etwas Menschliches auf Gott zu übertragen (Anthropomorphismus). Vielmehr müsste man, wenn vom Personsein des Menschen die Rede ist, eher von Theomorphismus sprechen, da etwas Göttliches vom Menschen ausgesagt wird.

?!

- Überlegen Sie sich Situationen, in denen es Ihnen schwer- und in welchen es Ihnen besonders leichtfällt, Vertrauen zu schenken!
- „Trau, schau, wem" – Diskutieren Sie das Verhältnis von gesunder Skepsis und notwendigem Vertrauen!
- Inwiefern kann man sagen, dass das Tetragramm, der Gottesname Jahwe, als Antwort auf die Fähigkeit bzw. Anlage des Menschen zum Glauben gelesen werden kann? Begründen Sie Ihre Meinung!
- Ausdruck des Glaubens als dialogisches Geschehen sind im Alten Testament auch der Bundesgedanke und die Berufungsgeschichten. Was versteht man unter Bund, wo ist im Alten Testament vom Bund die Rede? Welche Berufungsgeschichten kennen Sie? Sammeln Sie Material für ein Kurzreferat!

Michelangelo Merisi da Caravaggio, Die Bekehrung des Paulus, 1601

Unterwegs aber, als er sich bereits Damaskus näherte, geschah es, dass ihn plötzlich ein Licht vom Himmel umstrahlte. Er stürzte zu Boden und hörte, wie eine Stimme zu ihm sagte: Saul, Saul, warum verfolgst du mich? (Apg 9,3-4). Saulus fällt vom Pferd und erblindet. Als er drei Tage später wieder – oder nun zum ersten Mal? – sehend geworden ist, ist er ein anderer. Für ihn wird diese Berufung tödlich enden.

Caravaggio kommt bei seiner Schilderung des Damaskus-Erlebnisses ganz ohne Darstellung der jenseitigen Dimension aus. Und doch ist sie da, als Rätsel, als Einladung zu innerer Schau.

Dem Blick des Betrachters am nächsten ist der Kopf des am Boden Liegenden. Seine Augen sind geschlossen. Die Arme hält er abwehrend und zugleich öffnend, fast wie im antiken Gebetsgestus nach oben gestreckt. Das Hufeisen des Pferdes ist bedrohlich nahe. Das Pferd füllt – in ebenso starker Verkürzung wie der liegende Paulus – mit ganzem Gewicht die obere Bildhälfte, das alles vor tiefschwarzer Nacht.

Doch woher kommt das Licht, das von oben die Szene dramatisch erhellt? Die Haltung des Dahingestreckten kontrastiert mit der Gleichgültigkeit von Knecht und Pferd.

Das Bild will dazu einladen, dem nachzufolgen, was nicht zu sehen ist, einem Geheimnis, das sich nur dem Blick nach innen offenbart.

Michelangelo Merisi da Caravaggio, Die Berufung des Matthäus

Auch dieses Bild zeigt eine Berufungsgeschichte. Ort des Geschehens ist ein einfaches Wirtshaus. Mehrere Personen sind um einen Tisch versammelt. Von rechts betreten zwei Männer den Raum, ein Lichtschein – seine Quelle ist jenseits des Bildraumes – begleitet sie und erhellt die Szene. Ganz am rechten Bildrand und von Petrus nahezu verdeckt – eine außergewöhnliche Bildfindung: Jesus. Seine erhobene rechte Hand weist auf einen der Gäste. Wer ist gemeint? Matthäus, der bärtige Alte, fasst mit der Rechten noch nach dem Geld am Tisch. Der Zeigefinger seiner Linken, sein Blick signalisieren ungläubiges Staunen: Hier kann es sich nur um einen Irrtum handeln.

Die Hand Jesu ist ein Zitat aus einem anderen Bild, nämlich der Erschaffung Adams in der Sixtinischen Kapelle von Michelangelo. Zitiert wird allerdings nicht die Hand Gottes, sondern – spiegelverkehrt – die des Adam! Wie will das gedeutet sein?

Jesus ruft mit dieser Geste in seine Nachfolge. Es wird die Kreuzesnachfolge sein. Darauf weist das Fensterkreuz genau über der Hand der Berufung hin.

Woraus und woraufhin lebst du?

„(...) Sohn Gottes? Jungfrauensohn? Abstieg ins Totenreich? Auferstehung? Himmelfahrt? Alles fragwürdig. Da scheint nichts zu unserem Weltbild und zu unserem Wirklichkeitsverständnis zu passen. Wohlgemerkt, das ist keine Bankrotterklärung des christlichen Glaubens, sondern der notwendige Anstoß zu neuer christlicher Sprachfähigkeit, die kritischem Denken standhält.
In den ersten christlichen Jahrhunderten, in denen das Apostolische Glaubensbekenntnis seine endgültige Form fand, wusste man selbstverständlich noch nichts von der Hypothese eines Urknalls und von einem Weltall, das sich in ständiger Ausdehnung befindet, ohne Oben und Unten. Im allgemeinen Bewusstsein von Christen und Nichtchristen war Gott räumlich oben gedacht. Das Christusbekenntnis ist in dieses Weltbild hinein verwoben. Heute gerät der Himmel oben mit dem Thron Gottes und dem Christus zur Rechten in Raumnot. (...) Wer ist Jesus Christus für uns, wenn wir das vergangene Weltbild nicht festhalten können und wollen? (...) Was meinen wir, wenn wir ‚Gott' sagen? Einen mächtigen Bewohner einer Überwelt, der irgendwo oben mit seinem Sohn thront, dem man es übel nimmt, dass er unten nicht dauernd nach dem Rechten sieht, zu unseren Gunsten vornehmlich? Diese räumliche Überwelt ist dahin. Gott als ein besonders mächtiges Wesen unter anderen Wesen, der sich letztlich doch vor uns verantworten muss (Wenn Du so mächtig bist, warum verhinderst Du nicht Kriege und lässt zu, dass wir unseren Planeten zerstören?), ist ein kindisches Wunschbild, das uns nicht erwachsen und verantwortlich werden lässt.
Ich staune immer wieder, was in den Köpfen von Frauen und Männern mit Abitur zum Begriff ‚Gott' vorhanden ist: kaum mehr ernst genommene Kindervorstellungen, Ansätze von überaus unklarem Ersatz. Irgendeine Macht ist überall. Aber wer oder was? Meist herrscht Sprachlosigkeit. Dazu kommt die stereotype Klage: Warum redet die Kirche nicht deutlicher? Immer so allgemeines frommes Gerede!
Systematische Theologie versucht nicht, Gott modern zu beweisen. Den Gott, den man beweisen muss, den braucht man nicht. Sie fragt, welche Wirklichkeit in den überlieferten Vorstellungen zur Sprache kommt, und ob diese Wirklichkeit nicht auch uns betrifft: der Vater im Himmel, der Allmächtige, der Herr usw. Damals und heute ist mit Gott und diesen Bildern aus unserer Erfahrungswelt (Vater, Herr usw.) das angesprochen, was als bestimmende Wirklichkeit in unserem Leben und in unserer Welt erfahrbar ist. Nicht in einer fantastischen Überwelt. Gott ist keine Bezeichnung für ein museales Hirngespinst, sondern die Bezeichnung für das, (...) was unserem Leben Richtung gibt und im Blick auf uns und unsere Welt Hoffnung schafft.
(...) Bohren wir einmal bei uns und anderen: Was nimmst du wirklich ernst? Woraus und woraufhin lebst du? Dann ist die Gottesfrage im Spiel, die Frage nach dem Letztgültigen.
(...) Regelmäßig taucht dann die Frage auf: Dann ist Gott ja gar keine Person. Ist das Gebet dann nicht unmöglich geworden? Als ob die Rede von der Person Gottes eine übermenschliche Gestalt meine, vielleicht sogar mit Haaren und Fingernägeln. Sie meint: von Gültigem angesprochen werden, erfülltes Leben ermöglicht bekommen in der Liebe, zu Hoffenden werden über das Grab hinaus. Das geschieht etwa in der Begegnung mit der Wirklichkeit Jesu, die als personales Du erfahren wird. Wir erfahren Gott, das Gültige, im Symbol des Du. Reflektiert von Gott als Person reden, ist Symbolsprache, d.h., wir erfahren in vergänglichen Bildern aus unserer Erfahrungswelt tragende Wirklichkeit. (...) Es kann ungeheuer befreiend wirken für das persönliche Leben und für die Sprachfähigkeit des Glaubens.

(Günther Roth, evang. Theologe)

- Schreiben Sie einen Kommentar zu diesem Text: Wo nimmt er Ihre Fragen auf, wo stimmen Sie zu, wo macht er Sie nachdenklich, was bleibt unverständlich, wo wirft er Fragen auf?
- „Was nimmst du wirklich ernst? Woraus und woraufhin lebst du?" Nehmen Sie sich einige Minuten Zeit, um in Stille über diese Fragen nachzudenken!

Albert Einstein, deutsch-jüdischer Physiker, veränderte mit seiner Relativitätstheorie maßgeblich das naturwissenschaftliche Weltbild. Woraus und woraufhin lebst du? In seinem Glaubensbekenntnis nimmt er Stellung.

Mein Glaubensbekenntnis

„Zu den Menschen zu gehören, die ihre besten Kräfte der Betrachtung und Erforschung objektiver, nicht zeitgebundener Dinge widmen dürfen und können, bedeutet eine besondere Gnade. Wie froh und dankbar bin ich, dass ich dieser Gnade teilhaftig geworden bin, die weitgehend vom persönlichen Schicksal und vom Verhalten der Nebenmenschen unabhängig macht. Aber diese Unabhängigkeit darf uns nicht blind machen gegen die Erkenntnis der Pflichten, die uns unaufhörlich an die frühere, gegenwärtige und zukünftige Menschheit binden. Seltsam erscheint unsere Lage auf dieser Erde. Jeder von uns erscheint da unfreiwillig und ungebeten zu kurzem Aufenthalt, ohne zu wissen, warum und wozu. Im täglichen Leben fühlen wir nur, dass der Mensch um anderer willen da ist, solcher, die wir lieben, und zahlreicher anderer, ihm schicksalsverbundener Wesen. Oft bedrückt mich der Gedanke, in welchem Maße mein Leben auf der Arbeit meiner Mitmenschen aufgebaut ist, und ich weiß, wie viel ich ihnen schulde.

Ich glaube nicht an die Freiheit des Willens. Schopenhauers Wort: ‚Der Mensch kann wohl tun, was er will, aber er kann nicht wollen, was er will', begleitet mich in allen Lebenslagen und versöhnt mich mit den Handlungen der Menschen, auch wenn sie mir recht schmerzlich sind. Diese Erkenntnis von der Unfreiheit des Willens schützt mich davor, mich selbst und die Mitmenschen als handelnde und urteilende Individuen allzu ernst zu nehmen und den guten Humor zu verlieren.

Nach Wohlleben und Luxus strebte ich nie und habe sogar ein gut Teil Verachtung dafür. Meine Leidenschaft für soziale Gerechtigkeit hat mich oft in Konflikt mit den Menschen gebracht, ebenso meine Abneigung gegen jede Bindung und Abhängigkeit, die mir nicht absolut notwendig erschien. Ich achte stets das Individuum und hege eine unüberwindliche Abneigung gegen Gewalt und gegen Vereinsmeierei. Aus allen diesen Motiven bin ich leidenschaftlicher Pazifist und Antimilitarist, lehne jeden Nationalismus ab, auch wenn er sich nur als Patriotismus gebärdet.

Aus Stellung und Besitz entspringende Vorrechte sind mir immer ungerecht und verderblich erschienen, ebenso ein übertriebener Personenkultus. Ich bekenne mich zum Ideal der Demokratie, trotzdem mir die Nachteile demokratischer Staatsform wohlbekannt sind. Sozialer Ausgleich und wirtschaftlicher Schutz des Individuums erschienen mir stets als wichtige Ziele der staatlichen Gemeinschaft. Ich bin zwar im täglichen Leben ein typischer Einspänner, aber das Bewusstsein, der unsichtbaren Gemeinschaft derjenigen anzugehören, die nach Wahrheit, Schönheit und Gerechtigkeit streben, hat das Gefühl der Vereinsamung nicht aufkommen lassen.

Das Schönste und Tiefste, was der Mensch erleben kann, ist das Gefühl des Geheimnisvollen. Es liegt der Religion sowie allem tieferen Streben in Kunst und Wissenschaft zugrunde. Wer dies nicht erlebt hat, erscheint mir, wenn nicht wie ein Toter, so doch wie ein Blinder. Zu empfinden, dass hinter dem Erlebbaren ein für unseren Geist Unerreichbares verborgen sei, dessen Schönheit und Erhabenheit uns nur mittelbar und in schwachem Widerschein erreicht, das ist Religiosität. In diesem Sinne bin ich religiös. Es ist mir genug, diese Geheimnisse staunend zu ahnen und zu versuchen, von der erhabenen Struktur des Seienden in Demut ein mattes Abbild geistig zu erfassen."

(Albert Einstein)

?!

- Analysieren Sie Einsteins „Glaubensbekenntnis" anhand der Fragen: Was ist letztlich gültig, was gibt seinem Leben Richtung und Hoffnung?
- Untersuchen Sie Einsteins „Glaubensbekenntnis" auf Gemeinsamkeiten und Unterschiede mit christlichen Glaubensvorstellungen!

Das Apostolische Glaubensbekenntnis

Ich glaube an Gott, den Vater, den Allmächtigen,
den Schöpfer des Himmels und der Erde.

Und an Jesus Christus,
seinen eingeborenen Sohn, unsern Herrn,
empfangen durch den Heiligen Geist,
geboren von der Jungfrau Maria,
gelitten unter Pontius Pilatus,
gekreuzigt, gestorben und begraben,
hinabgestiegen in das Reich des Todes,
am dritten Tage auferstanden von den Toten,
aufgefahren in den Himmel;
er sitzt zur Rechten Gottes, des allmächtigen Vaters; von dort wird er kommen, zu richten die Lebenden und die Toten.

Ich glaube an den Heiligen Geist,
die heilige katholische Kirche,
Gemeinschaft der Heiligen,
Vergebung der Sünden,
Auferstehung der Toten
und das ewige Leben. Amen.

Im Jahr 1970 von der Arbeitsgemeinschaft für liturgische Texte der Kirchen des deutschen Sprachgebietes verabschiedete Übersetzung der lateinischen Textfassung des Missale Romanum (Messbuch für den Römischen Ritus)

Dorothee Sölle: Glaubensbekenntnis

Ich glaube an Gott
der die Welt nicht fertig geschaffen hat
wie ein Ding das immer so bleiben muss
der nicht nach ewigen Gesetzen regiert
die unabänderlich gelten
nicht nach natürlichen Ordnungen
von Armen und Reichen
Sachverständigen und Uninformierten
Herrschenden und Ausgelieferten

Ich glaube an Gott
der den Widerspruch des Lebendigen will
und die Veränderung aller Zustände
durch unsere Arbeit
durch unsere Politik

Ich glaube an Jesus Christus
der recht hatte als er
»ein einzelner der nichts machen kann«
genau wie wir
an der Veränderung aller Zustände arbeitete
und darüber zugrunde ging
an ihm messend erkenne ich
wie unsere Intelligenz verkrüppelt
unsere Fantasie erstickt
unsere Anstrengung vertan ist
weil wir nicht leben wie er lebte
jeden Tag habe ich Angst
dass er umsonst gestorben ist
weil er in unseren Kirchen verscharrt ist
weil wir seine Revolution verraten haben
in Gehorsam und Angst
vor den Behörden

Ich glaube an Jesus Christus
der aufersteht in unser Leben
dass wir frei werden
von Vorurteilen und Anmaßung
von Angst und Hass
und seine Revolution weitertreiben
auf sein Reich hin

Ich glaube an den Geist
der mit Jesus in die Welt gekommen ist
an die Gemeinschaft aller Völker
und unsere Verantwortung für das
was aus unserer Erde wird
ein Tal voll Jammer Hunger und Gewalt
oder die Stadt Gottes
Ich glaube an den gerechten Frieden
der herstellbar ist
an die Möglichkeit eines sinnvollen Lebens
für alle Menschen
an die Zukunft dieser Welt Gottes.

Amen.

?!

- Erörtern Sie, ausgehend von D. Sölles Versuch, das Pro und Kontra zeitgemäßer Um- bzw. Neuformulierungen!

Oft wird die religiöse Situation in der Spätantike mit der multireligiösen Landschaft der Gegenwart verglichen:
Neben der Verehrung der Götter Roms und Griechenlands und der jüdischen Religion fassten im Römischen Reich im 2. und 3. nachchristlichen Jahrhundert zahlreiche neue Religionen und Kulte Fuß. Religiöse Inhalte mischen sich dabei häufig mit philosophischem Gedankengut. In dieser Zeit, in der viele verschiedene religiöse und philosophische Richtungen nebeneinander existierten und sich teilweise miteinander vermischten, fanden auch in den frühen christlichen Gemeinden Vorstellungen Eingang, die nicht im jüdisch-christlichen Glauben ihren Ursprung hatten.

- Welche Aufgabe stellte sich den christlichen Theologen im 2. und 3. nachchristlichen Jahrhundert?

„Die Grundform unseres Bekenntnisses hat sich im Lauf des 2. und 3. Jahrhunderts im Zusammenhang mit dem Taufvollzug gebildet. (...) Diese wiederum orientierte sich in ihrer Grundgestalt an dem Wort des Auferstandenen, das in Mt 28,19 überliefert wird: ‚Geht hin, macht zu Jüngern alle Völker und tauft sie im Namen des Vaters und des Sohnes und des Heiligen Geistes'. Demgemäß werden an den Täufling drei Fragen gerichtet:
‚Glaubst du an Gott, den Vater, den Allherrscher? Glaubst du an Jesus Christus, den Sohn Gottes (...)? Glaubst du an den Heiligen Geist (...)?' Der Täufling antwortet auf jede dieser drei Fragen mit ‚Credo' – Ich glaube – und wird daraufhin jeweils ins Wasser eingetaucht (...). Wahrscheinlich schon im Laufe des zweiten und noch mehr im dritten Jahrhundert ist die zunächst ganz einfache dreigliedrige Formel (...) weiter aufgefüllt worden. Hier ging es ja um das unterscheidend Christliche, sodass man sich veranlasst fühlte, im Rahmen dieser Frage eine kleine Summe dessen zu geben, was für den Christen Christus bedeutet (...).
Im 4. Jahrhundert treffen wir dann auf einen vom Frage-Antwort-Schema gelösten, durchlaufenden Text (...). Das (...) Taufbekenntnis (‚Symbolum', ‚Symbol') genannte Glaubensbekenntnis vermochte sich schnell im gesamten lateinischsprachigen Raum durchzusetzen. (...) Etwa seit dem 5. Jahrhundert (...) taucht die Legende vom apostolischen Ursprung dieses Textes auf."

(Joseph Ratzinger, Einführung in das Christentum)

Erwachsenentaufe

- Welche Gründe könnten eine Rolle gespielt haben, das Bekenntnis über die ursprüngliche dreigliedrige biblische Formel hinaus zu erweitern?

In einem Glaubensbekenntnis wird die persönliche und kollektive Glaubensüberzeugung zum Ausdruck gebracht. Ein Glaubensbekenntnis hat mehrere Funktionen:

- Es drückt Zustimmung zu der Gemeinschaft aus, die durch den gemeinsamen Glauben begründet ist.
- Es enthält die elementaren Glaubensinhalte einer Religionsgemeinschaft.
- Es dient der Abgrenzung gegen andere Glaubenslehren.

- Diskutieren Sie: Kann das Apostolische Glaubensbekenntnis seiner Funktion in der heutigen pluralistischen Welt gerecht werden?
- In welcher Hinsicht unterscheidet sich die Situation des Christentums in der Spätantike von der Situation im heutigen Pluralismus der Religionen?

„Im Anfang schuf Gott Himmel und Erde" – mit diesen Worten beginnt die Bibel – und so bekennen wir es im Glaubensbekenntnis: „Ich glaube an Gott, den Vater, den Allmächtigen, den Schöpfer des Himmels und der Erde."

Was bedeutet der Glaube an die Erschaffung der Welt?

Grundaussagen über Gott

Gott ist der Grund der Welt. Gott ist kein Teil der Welt, die Welt ist seine Tat. Die Rede von „Himmel und Erde" ist im Alten Testament wie eine Formel, sie steht für schlechthin alles. Alles, was ist, ist von Gott. Das ist die Antwort des Glaubens auf die Frage, warum ist überhaupt etwas und nicht vielmehr nichts.

Daraus folgt aber auch als Aussage über Gott, dass er als Schöpfer seiner Schöpfung gegenüber transzendent („jenseitig") ist. Sein Sein ist von solch qualitativ anderer Art, dass auch schon das Reden darüber nur analog sein kann, analog dem Sein, wie wir es von dieser Welt kennen. Auch bei Worten wie „jenseitig" und „ewig" werden wir die Kategorien von Raum und Zeit nicht los. Hier geraten wir an die Grenzen dessen, was menschliche Sprache vermag – „Einen Gott, den es gibt, gibt es nicht" (Heinz Zahrnt).

Grundaussagen über die Welt

Für die Welt folgt daraus: Die Welt ist von Gott gewollt. Die Welt ist, eben weil sie gewollt ist, auf Sinn hin angelegt. So wie sie einen Ursprung hat, hat sie auch ein Ziel. Darauf zu vertrauen, bedeutet eben glauben. Jeder einzelne Mensch ist von Gott gewollt (Ps 139) und besitzt seine unveräußerliche Würde.

Wäre es nicht so, dann wäre die Welt ein blindes Zufallsprodukt, oder wir wären „Zigeuner am Rande des Universums" (Jacques Monod). Der Philosoph Georg Lukacs spricht von „transzendentaler Obdachlosigkeit". Die Alternativen wären Nihilismus oder ein „Transzendieren ohne Transzendenz", ohne Gott. Ohne Gott, d.h. ein Überschreiten der Gegenwart auf eine Zukunft hin, die all das rein innerweltlich bieten müsste, was die Religion verspricht.

Dann wäre Sinn allein Sache und Leistung des Menschen. Das Sinnangebot des Schöpfungsglaubens gilt demgegenüber jedoch für jedes individuelle Leben, einschließlich Schuld und Scheitern, Leid und Tod. „Die Bedingung der Möglichkeit" (so die berühmte Formel Kants) eines solchen umfassenden Sinnverständnisses ist Gott.

- Diskutieren Sie, inwieweit eine auf der alttestamentlichen Schöpfungsvorstellung basierende Sinnantwort mehr als hundert Jahre nach dem von Nietzsche ausgerufenen „Tod Gottes" auch heute noch lebensgestaltend sein kann!

Der neue Columbus

Freundin! – sprach Columbus – traue
keinem Genueser mehr!
Immer starrt er in das Blaue –
Fernstes lockt ihn allzusehr!

Fremdestes ist nun mir teuer!
Genua[1], das sank, das schwand –
Herz, bleib kalt! Hand, halt das Steuer!
Vor mir Meer – und Land? – und Land? ---

Stehen fest wir auf den Füßen
Nimmer können wir zurück!
Schaun hinaus: von fernher grüßen
Uns Ein Tod, Ein Ruhm, Ein Glück!

(Friedrich Nietzsche)

- Interpretieren Sie auf der Grundlage der Ihnen bekannten nihilistischen Religionskritik das Gedicht Nietzsches!

[1] Genua gilt – obwohl historisch umstritten – als Geburtsort von Christoph Columbus.

Der Anfang des *priesterschriftlichen* Schöpfungsberichts hat den Charakter einer feierlichen Ouvertüre. Die Sprachgestalt, der Rhythmus immer gleicher Sätze, bewirkt eine Monotonie, die Würde mit Konzentration verbindet. Der vorangestellte erste Satz ist in seiner Kompaktheit von einer Monumentalität, die in den Schöpfungsgeschichten der Völker ohne Parallele bleibt. Was die Erzählung danach entfaltet, ist in diesem Satz schon enthalten.

(nach Hubertus Halbfas, Die Bibel, S. 41 ff)

In Patagonien finden sich in einer Felshöhle diese vorgeschichtlichen Handabdrücke. Sie unterscheiden sich nicht vom Handabdruck heutiger Menschen.

Wie sehr sich das Leben früherer Zeiten auch vom heutigen abhebt – die biblische Urgeschichte erzählt von Erfahrungen, die alle Menschen miteinander verbinden. Was die Kapitel Gen 1-11 erzählen, ist universale Menschheitsthematik. Die Erzählungen der Urgeschichte sind also nicht primär Kunde über Ereignisse der Vergangenheit, sondern ein Wort, das die Gegenwart der Adressaten meint.

Schöpfung ist ein theologischer Begriff. Er schließt den Glauben an Gott als Schöpfer der Welt ein. Die Naturwissenschaften sprechen von Evolution. Der Evolutionsbegriff verbindet naturgesetzliche Vorgänge mit der Entstehung des Universums. Beide Aspekte schließen einander nicht aus. Nach Gen 2,4 hat Gott „Himmel und Erde" erschaffen; gemeint ist damit nicht nur die physikalische, empirisch erreichbare und manipulierbare Welt, sondern zugleich die unverfügbare Wirklichkeit.

Die *jahwistischen* Textanteile des biblischen Schöpfungsberichts reichen bis ins 10.–9. Jahrhundert v. Chr. zurück. Die davor liegenden Überlieferungswege verbinden mit der noch wesentlich älteren Religionsgeschichte der Menschheit.

Felshöhle in Patagonien

?!

- Die Schöpfungsgeschichten des Alten Testaments sind „wahre Mythen", d. h., sie formulieren Wahrheiten in der Sprachgestalt der Dichtung. Erklären Sie diese These in Form eines Kurzreferats!
- Diskutieren sie die These, dass das naturwissenschaftliche Verstehen und die technische Aneignung der Welt in der biblischen Schöpfungserzählung schon angelegt sind!
- Informieren Sie sich über das Verhältnis von Gott und Welt in anderen Weltreligionen! Formulieren Sie thesenartig das Ergebnis!
- Das Wort *bara* (= schuf), das in der Schöpfungserzählung an entscheidenden Stellen verwendet wird, kann eigentlich nicht übersetzt werden. Es kennt als Subjekt ausschließlich Gott. Nur Gott kann „bara". Wie deuten Sie diesen Textbefund? Was bedeutet für Sie das Wort „kreativ"?
- Recherchieren Sie, wie zu verschiedenen Zeiten Welt und Schöpfung in der bildenden Kunst dargestellt wurden!

Zusammenhang von Gottes- und Menschenbild

Gen 1,26-27
Dann sprach Gott: Lasst uns Menschen machen als unser Abbild, uns ähnlich. Sie sollen herrschen über die Fische des Meeres, über die Vögel des Himmels, über das Vieh, über die ganze Erde und über alle Kriechtiere auf dem Land. Gott schuf also den Menschen als sein Abbild; als Abbild Gottes schuf er ihn. Als Mann und Frau schuf er sie.

Geschrieben, gelesen und gehört wurde dieser Text wohl „by the rivers of Babylon", da saßen die Juden im Exil und weinten. Sie fragten: Was hält uns Fremde, Verwaiste noch zusammen? Verloren sind wir, Verlierer gegenüber der Großmacht Babylon. Hat Gott uns verlassen? Verschwindet unser Volk? Was ist schon der einzelne Mensch?

Was ist überhaupt der Mensch? Der Mensch besitzt Würde, weil er von Gott kommt. Das gilt für alle Menschen, auch für die Babylonier, sie sind nicht besser, weil stärker, und auch nicht ihre Götter. Sondern: Unser Gott hat uns alle erschaffen. Mehr noch, der Mensch ist nicht nur Geschöpf, er ist Bild Gottes auf Erden. Eine solche Vorstellung kannte man bis dahin nur von den Großkönigen. Der Pharao in Ägypten verkörperte auf diese Weise Gott. Dieser Gedanke wird nun „demokratisiert". Nicht nur der Pharao oder sonst ein König, jeder einzelne Mensch ist Bild Gottes. Exegeten sprechen vom „königlichen Menschenbild" der Bibel. Die „Königswürde" des Menschen liegt in der Herrschaft über die Welt. Die Welt ist sein Entfaltungs- und Handlungsraum. Das besagt, dass weder die Welt noch die Gestirne göttlich sind. Der biblische Text selbst leistet hier ein großes Maß an Entmythologisierung.

Im Auftrag, die Welt zu verwalten, liegt eine Wurzel unserer Naturwissenschaften. Keine göttlichen Gewalten, sondern physikalische Ereignisse machen das aus, was die Welt ist. Das impliziert ein Gottesbild radikaler Transzendenz. Gott ist Schöpfergott und einziger Gott. Und auch das gilt: Gott ist gut, er will das Gute, Wahre, Schöne. Die Schöpfungserzählung betont das für jeden Schöpfungstag. An entscheidenden Stellen drückt sie das im Segen Gottes aus.

Warum aber gibt es uns Menschen? Warum sind wir wichtig? Weil Gott mehr wollte als nur Vegetatives, Animalisches. Er wollte wohl einen Partner, der ihm Paroli bieten kann. Gott in seiner Freiheit schafft ein freies Wesen, einen Gesprächspartner, der den freien Willen hat, sich auch gegen Gott zu entscheiden. Vernunft, freier Wille, Verantwortung, Sprache, der aufrechte Gang, die Fähigkeit, seine Welt kreativ zu gestalten, das alles macht den Menschen aus. Das steht sehr im Kontrast zu anderen Schöpfungsmythen, in denen der Mensch geschaffen wurde als Sklave Gottes.

Die Philosophie hat für eine solche Rede vom Menschen den Begriff der Personalität geprägt. Emmanuel Levinas, der jüdische Philosoph, formuliert es so: „Im Antlitz des anderen leuchtet ein Unbedingtes auf." Wenn man sagt, Gott habe die Welt erschaffen, weil er ein Gegenüber haben wollte, es ihm langweilig war, er erfahren wollte, was daraus wird, wenn er etwas Freiheit von sich abgibt und in die Welt freisetzt, so ist solche Rede anthropomorph. Die Bibel weiß um die Notwendigkeit der anthropomorphen Rede.

Wird nun aber vom Menschen gesagt, er sei Person, so ist das der sprachlich hilflose Versuch, etwas von Gott auf den Menschen zu übertragen. Eine eigentümliche Dialektik von Theologie und Anthropologie, vom Zusammenhang von Gottesbild und Menschenbild tut sich hier auf.

Entweder: Der Mensch ist nichts, nicht nur angesichts des großen Babylon, sondern angesichts der gigantischen Weite des Weltraums. Ob es den Menschen gibt, ist gleichgültig gegenüber der Unendlichkeit von Raum und Zeit. Oder aber: Im Menschen zeigt sich etwas vom Schöpfer dieser Unendlichkeit. Er ist sogar sein Bild, von ihm gewollt. Er ist Person und besitzt eine Würde, die unantastbar ist, weil sie nicht von dieser Welt ist.

Kann man etwas Höheres vom Menschen sagen?

?!

- Diskutieren Sie den Zusammenhang von Gottes- und Menschenbild!

Michelangelo Buonarroti, Erschaffung des Adam, Sixtinische Kapelle, 1508/12

„Erdling", Adam, weil aus der Erde genommen, so wird „der erste Mensch" in der zweiten Schöpfungserzählung genannt. Auf der Erde lethargisch lagernd, erwartet er – schon die Sprache wird zur Bildrede, sie kann ja nicht anders als im Mythos mit den Bildern dieser Welt über den sich jedem Bild verweigernden Gott reden – die Dynamik, Kraft, Gewalt Gottes: Mit seiner Rechten, im Herrschaftsgestus, das ihn umwallende rote Tuch wie die Schädeldecke am Stirnlappen durchstoßend, in sich gedreht, wird er Adam treffen. In der Schöpfungserzählung ist es der Atem Gottes, sein Geist, der Leben verleiht. Geist trifft auf Materie, jeder Dualismus aber ist zugleich negiert. Adam ist Einheit aus jugendlichem Körper und beseeltem Geist, auch Gott ist Kraft und Masse, Substanz und Form zugleich. Gott, umgeben von zehn Cherubinen, legt seine Linke um ein neugierig, aber auch wissend blickendes junges Mädchen. Ist es Eva, von der Adam noch nicht einmal weiß, dass sie ihm fehlt? Großartige Malerei – und katastrophale Theologie: Humanistisch gebildeten Zeitgenossen war es durchaus nicht klar, wer diese Gestalt „eines alten Mannes" sein soll, „der dabei gezeigt wird, wie er durch die Luft fliegt". Nicht als Bild Gottes, aber als gültige Antwort auf die Frage „Was ist der Mensch?" können alle Figuren der Sixtina, kann das Werk Michelangelos, von der Pietà bis zur Peterskuppel, gedeutet werden. Freiheit, Kraft, Weisheit, Schönheit, Autonomie, Würde – so erhaben fast wie Gott selbst (vgl. Ps 8) hat er den Menschen in Szene gesetzt.

In der Bibel steht neben diesem „königlichen Menschenbild" der Schöpfung das eher realistische aus den Büchern Hiob, Kohelet und den Gottesknechtsliedern des Deuterojesaja: „Er hatte keine schöne und edle Gestalt, sodass wir ihn anschauen mochten, er sah nicht so aus, dass wir Gefallen fanden an ihm. Er wurde verachtet und von den Menschen gemieden, ein Mann voller Schmerzen, mit Krankheit vertraut." Shakespeare lässt den aller königlichen Insignien beraubten, wahnsinnig gewordenen Alten, das „zertrümmerte Meisterstück der Schöpfung", sagen: „Ihr habt etwas in Eurem Wesen, das ich gern Herr nennen möchte" (William Shakespeare, König Lear, 1. Aufzug, 4. Szene).

Die Würde des Menschen, sein Status als Person, ist nicht geknüpft an das Vorhandensein bestimmter Merkmale, an das Erreichen bestimmter Standards. Die Würde des Menschen, sein Recht auf Leben, kann nicht abhängig gemacht werden von einer Definition, die gerade zeitgemäß erscheint. Das einzig harte Kriterium für den „Unterschied zwischen etwas und jemandem" ist ein biologisches Faktum und keine philosophische Definition. Erkennen, was menschliches Leben ist, heißt anerkennen, dass Würde, Personsein, zugleich damit gegeben sind. Eine Letztbegründung hierfür ist freilich nur religiös zu haben: Jeder Mensch ist Bild Gottes auf Erden.
Nicht die in Viehwaggons abtransportierten Juden haben ihre Würde verloren, sondern ihre Mörder. „In diesen heiligen Hallen kennt man die Rache nicht. (...) Wen solche Lehren nicht erfreu'n, verdienet nicht, ein Mensch zu sein" heißt es in Mozarts Zauberflöte. Das ist eigenartig: Ein jeder Mensch besitzt Würde vom Beginn seines Lebens an und allein durch die Zugehörigkeit zur Art.

Für viele Menschen scheint ein „Gott der Philosophen" akzeptabel. Auf ihn kann man kommen, wenn man sich im spekulativen Denken grundsätzliche Fragen nicht verbieten lässt. Die Geschichte der Philosophie bietet mehrere Modelle für solch einen abstrakten Gott der Philosophen als ein letztes Prinzip. Aber mit dem biblischen Bild eines Vatergottes beginnen die Schwierigkeiten.

Unser Vater

„Wird in der Aussage *Gott, unser Vater,* nicht das Bild eines Vaters auf Gott übertragen? Ist eine solche Projektion nicht bedenklich? Kann es nicht zu Verzerrungen und Behinderungen des Glaubens an Gott führen? Die Bestimmung von Gott, unserem Vater, geht in eine andere Richtung. Sie will nicht das Bild eines menschlichen Vaters einfach auf Gott übertragen. Dies widerspräche der Grundregel des menschlichen Redens von Gott, der sogenannten analogen Rede. (...)

Thomas von Aquin sagt: Wir wissen eher, was Gott nicht ist, als was er ist. Die Aussage *Gott, unser Vater,* will deshalb zur Sprache bringen, dass eigentlich nur einer unser Vater ist, ‚der Vater im Himmel' (Mt 23,9). Alle irdische Vaterschaft hat in der Vaterschaft Gottes ihr unerreichtes Vorbild, ihre Begründung und Orientierung sowie ihren Maßstab (Eph 3,14). Die Aussage *Gott, unser Vater,* will zum Ausdruck bringen, dass in Gott die Einheit des Lebensprinzips gegeben ist, dass er die Macht der Liebe ist. Nach früherer Auffassung hat man den Vater als einzigen Träger und Spender des menschlichen Lebens angesehen. Heute wissen wir, dass die Lebensgemeinschaft von Mann und Frau diese Bestimmung hat. Aus diesem Grund ist es auch gerechtfertigt zu sagen: Gott trägt mütterliche Züge (vgl. Jes 66,13), ja: Gott ist Vater und Mutter zugleich (Johannes Paul II.).

Was bedeutet die Aussage Gott, unser Vater, für uns?
Die Aussage, dass Gott unser Vater ist, begründet das Personsein des Menschen, sie schafft Gemeinschaft unter den Menschen und bewirkt, dass alle Menschen Brüder und Schwestern sind, es sein können und sein sollen. Darin liegt auch die tiefste Wurzel der Menschenrechte und der Menschenwürde. Ohne diesen Bezug sind sie letztlich nicht zu begründen und zu bewahren. Insofern lebt unsere Zeit, die die Menschenrechte proklamiert und die Menschenwürde verkündet, noch von den Wirkungen des Glaubens an Gott, den Vater. Ein höchst instruktives Beispiel dafür ist Art. 1 Abs. 1 des Grundgesetzes der Bundesrepublik Deutschland. Er lautet: ‚Die Würde des Menschen ist unantastbar. Sie zu achten und zu schützen, ist Verpflichtung aller staatlichen Gewalt.' Was einmal sein wird, wenn diese Wurzeln radikal abgeschnitten werden, vermag man sich nur schwer vorzustellen."

(Richard Heinzmann/Albert Keller, Credo)

- Diskutieren Sie die Problematik, von Gott als dem allmächtigen Vater zu sprechen!
- „Über den Menschen reden heißt von Gott reden." – Diskutieren Sie die These, dass jedes Reden über Gott einen Ansatzpunkt im Reden über den Menschen haben muss!

Folgen für das Leben

Die Welt ist der Handlungsraum des Menschen. Als Ebenbild Gottes besitzt er Freiheit, er ist verantwortlich für sein Leben und die Gestaltung der Welt. Das Übel, das Menschen in der Welt anrichten, können sie nicht Gott in die Schuhe schieben. Nicht Gott muss sich rechtfertigen, sondern der Mensch. Die Antwort Gottes auf das Leiden der Kreatur ist sein Name Jahwe, ist die Sendung seines Sohnes.

Es gibt die Sehnsucht des Menschen nach Heimat, nach einem Glück, das nicht von dieser Welt ist. Deshalb gibt es eine Grenze; der Mensch muss nicht um jeden Preis handeln. Er darf scheitern und das Gelingen des Ganzen einem anderen überlassen, seinem Vater im Himmel.

Der Prophet Elias, Ikone, 17. Jh. (Detail)

Dort setzte er sich unter einen Ginsterstrauch und wünschte sich den Tod. Er sagte: Nun ist es genug, Herr. Nimm mein Leben (...). Dann legte er sich unter den Ginsterstrauch und schlief ein. Doch ein Engel rührte ihn an und sprach: Steh auf und iss! Als er um sich blickte, sah er neben seinem Kopf Brot, das in glühender Asche gebacken war, und einen Krug mit Wasser. Er aß und trank und legte sich wieder hin. Doch der Engel des Herrn kam zum zweiten Mal, rührte ihn an und sprach: Steh auf und iss! Sonst ist der Weg zu weit für dich. Da stand er auf, aß und trank und wanderte, durch diese Speise gestärkt, vierzig Tage und vierzig Nächte bis zum Gottesberg Horeb. (...) Doch das Wort des Herrn erging an ihn: Was willst du hier, Elija? (1 Kön 19,4-8)

Burn-out-Syndrom des Propheten? Zweifel am Sinn des Lebens, Scheitern auf ganzer Linie, Verzweiflung ... Elija könnte unser Zeitgenosse sein.

Ein Rabe bringt ihm Nahrung, ein Engel spricht zu ihm: *Steh auf und iss! Sonst ist der Weg zu weit für dich. (1 Kön 19,7).* Elija steht wieder auf, geht weiter. Er geht den Weg des Exodus zurück zum Horeb, dem Berg der Gottesoffenbarung.

So will auch diese Ikone einladen, den Weg des Glaubens wieder aufzunehmen. Es ist ein Weg des Vertrauens auch dort, wo der Blick des Propheten nicht sehr weit reicht. Es ist ein Blick, der mit der paradoxen Formulierung des Neuen Testaments sagt: „Ich glaube, Herr, hilf meinem Unglauben." Die Ikone will dazu einladen, den Weg im Vertrauen weiterzugehen. Vielleicht ist das der Sinn, von Gott, dem Vater, dem Allmächtigen zu sprechen. Es gibt einen Sinn des Ganzen auch dann, wenn nur noch Enttäuschung in mir ist. Elija, die Gegenfigur zu Sisyphos?

Anfang des Evangeliums von Jesus, dem Christus, dem Sohn Gottes. (Mk 1,1)

Der Beginn des Markusevangeliums wurde schon als „Dramaturgie Hollywoods“ bezeichnet: „Beginne mit einem Erdbeben und fahre dann langsam steigernd fort.“

In dieser „Präambel“ ist schon alles enthalten: Der ungeheuere Anspruch, der mit Jesus Christus gegeben ist. Alles Folgende, das Evangelium, ist dann der Versuch, den Anspruch dieses ersten Satzes zu begründen.

**Wer war Jesus Christus?
Die Frage nach dem historischen Jesus und seine Deutung im Glaubensbekenntnis als Sohn Gottes und Messias**

Am Ende des Markusevangeliums steht die Botschaft des Engels am Grab: *Erschreckt nicht! Ihr sucht Jesus von Nazaret, den Gekreuzigten. Er ist auferstanden; er ist nicht hier. Seht, da ist die Stelle, wo man ihn hingelegt hatte. (Mk 16,6)*

Der offene Schluss, das leere Grab bei Markus, fordert den Leser auf, sich zu entscheiden, wie er es mit der Botschaft der Auferstehung hält.

Zunächst ist das Evangelium, die Frohe Botschaft, das, was Jesus verkündet. Dann ist das Evangelium Jesus selbst. Der Verkünder des Reiches Gottes wird zum Verkündigten. Nur bei Markus wird der Text selbst Evangelium genannt. Von daher ist es Bezeichnung der literarischen Gattung geworden. Als solche entwickelt sie eine Biografie Jesu, die jedoch keine Biografie des historischen Jesus ist, sondern im Licht von Ostern eine Interpretation des vorösterlichen Jesus leistet.

Der offene Schluss bei Markus findet seine Antwort im ersten, programmatischen Satz des Evangeliums. Ihm korrespondiert das Bekenntnis des römischen Soldaten. Ausgerechnet der Heide formuliert den Satz, und das noch dazu unter dem Eindruck des Kreuzes: *Wahrhaftig, dieser Mensch war Gottes Sohn. (Mk 15,39)*

Die Evangelien berichten von Jesus, dem Christus. Betont wird besonders:

- Der Umgang Jesu mit Außenseitern der Gesellschaft
- Sein souveränes Umgehen mit der Tradition
- Die Gesetzeskritik, der Konflikt mit der Hierarchie
- Unerhört ist der Satz Jesu: *Den Alten ist gesagt worden, ich aber sage euch ...*
  Die Alten, das sind Mose und die Propheten. Hier spricht einer, der mehr sein will als Mose.
- Die Radikalität im Aufruf zur Nachfolge: Ein junger Mann will Jesus nachfolgen, zuvor jedoch will er noch seinen Vater beerdigen. Jesus sagt dazu: *Lass die Toten ihre Toten begraben; du aber geh und verkünde das Reich Gottes! (Lk 9,60).* Jesus lässt damit erkennen, dass diejenigen, die sich von seiner Botschaft nicht anstecken lassen, von ihm schon zu Lebzeiten zu den Toten gerechnet werden. Man denke im schockierenden Kontrast dazu an die Bedeutung des Totenkultes in der Antike. Jesu Nachfolge ist wichtiger als diese heilige Pflicht.
- Jesu Abba-Anrede Gottes: Mit *Abba* wurde der Vater in der Familie angesprochen. Als Gottesanrede ist das äußerst ungewöhnlich. Es zeugt von größter Vertrautheit Jesu mit dem Vater.
- Der Ausspruch Jesu: *Deine Sünden sind dir vergeben (Mk 2,5)*: Es ist Privileg Gottes, Sünden zu vergeben. Spricht diesen Satz ein Mensch, so ist das Gotteslästerung.

Summiert man nun diese hier genannten Ergebnisse, so ergibt sich ein Anspruch, der ungeheuerlich ist. Jesus war entweder größenwahnsinnig, oder man nimmt diesen Anspruch ernst. Welche Dimension bleibt dann aber noch für das „Mehr als Mose?“ Die Evangelien versuchen eine Deutung in der Begrifflichkeit ihrer Zeit und des Alten Testaments, eine Deutung des historischen Jesus. Der offene Schluss des Markusevangeliums will die Entscheidung des Rezipienten.

- Das Markusevangelium wurde als „Passionsgeschichte mit zu lang geratener Einleitung“ beschrieben. Begründen Sie diese Sichtweise am Aufbau des Evangeliums und stellen Sie hierbei auch einen Bezug zu den Formulierungen des Glaubensbekenntnisses her!
- „Für wen haltet ihr mich?“ Diskutieren Sie diese Frage Jesu und die Relevanz bzw. die Folgen für das eigene Leben!

Peter Paul Rubens, Christus am Kreuz, um 1612

Das Kreuz – Zeichen der Hoffnung

Die Abbildung rechts zeigt den „Münchner Kruzifixus“ von Peter Paul Rubens. In der Kunst spricht man bei dieser Art der Darstellung vom „einsamen Kruzifixus“. Rubens stand vor der Herausforderung, schon im Gekreuzigten etwas von der Überwindung des Kreuzes zu zeigen. Er erreicht dies durch einen starken Gegensatz in der Drehung des Körpers: So bekommt der tot am Kreuz hängende Jesus ein deutliches Moment der Bewegung, der Verlebendigung. Rubens habe – so eine Deutung – hier im toten Jesus schon den auferstandenen Christus gesehen.

- Rembrandts Darstellung zeigt eine sogenannte volkreiche Kreuzigung. Mit welchen Mitteln gelingt es hier, der Überwindung des Todes schon im Tod am Kreuz Ausdruck zu verleihen?

Rembrandt van Rijn, Die drei Kreuze, 1653

Lovis Corinth, Der rote Christus, 1922

Wohin geht der Blick des Gekreuzigten? Trifft er uns? Blickt er den Betrachter unmittelbar an? Oder richtet Jesus im Augenblick des Sterbens seine Augen nach oben, der roten Sonne, dem Vater entgegen? Corinth ist hier beides gelungen. Es handelt sich um ein Vexierbild. Es können drei Blickrichtungen entdeckt werden. Der Betrachter kann immer nur einen Aspekt wahrnehmen. Doch weiß er immer zugleich auch um die anderen. Der Blick Jesu auf den Betrachter scheint diesen in die Entscheidung zwingen zu wollen. Man kann ihm nicht ausweichen, dieser Blick folgt, wohin man sich im Raum auch wendet: Wer bin ich für dich? Was bedeutet dir mein Sterben?

Thomas Lehnerer, Fleischskulptur, 1991

Der erste Blick schockiert: Ein Gesicht, Fleisch ohne Haut, Augenhöhlen augenlos und doch ein Gesicht, das dich trifft. Hilft der Titel weiter? Fleischskulptur? Ein Gesicht ist es und ist es doch nicht. Fleisch als Material, ein Altern in der Zeit, in der Skulptur wie im Zeitraffer. Übliche Beschreibungsmuster, Skulptur als Zeichen, als Bild, versagen hier. Sicher, es ist ein Bild und wohl auch Zeichen, aber in einer unerhörten Weise: Hier ist etwas von dem, wovon es Zeichen sein könnte, selbst präsent. Es ist nicht die Sache selbst, es ist kein Gesicht, es *zeigt* ein Antlitz. Es zeigt nicht Fleisch, es *ist* Fleisch. Es zeigt nicht Altern, es altert. Lehnerer hat diese Skulptur als „Jesus Christus" in der Apsis einer Kirche gezeigt. „Jesus Christus als Fleisch, als fleischgewordenes Wort Gottes? Auf dem Altar nicht Brot, sondern real, gegenwärtiger Leib. Ein rohes Stück Fleisch, zerschnitten und aufgespießt als Zeichen für die Leiden Christi? Lehnerers Skulptur ist ein Objekt, das nicht abbildet, das auf nichts verweist, sondern unmittelbar präsent ist, d. h. unmittelbar das ausdrückt, was es darstellt." *(Claudia Gärtner)*

**Was darf ich hoffen? –
Wir glauben an die Auferstehung der Toten und das Ewige Leben**

Menschen zu allen Zeiten spekulierten über das, was nach dem Tod kommt. Der Tod mag unter biologischem, evolutionärem Gesichtspunkt kein beängstigendes Thema sein, im Alltagsbewusstsein ist er das Tabuthema schlechthin.

Die Texte des Neuen Testaments geben auf die Frage „Was kann ich hoffen angesichts des Todes?" zunächst einmal negative Antworten, sie weisen bestimmte Vorstellungen eher zurück. Negiert werden Antworten wie: Nach dem Tod kommt das absolute Nichts. Das ist die Antwort von Positivismus und Nihilismus. Der Körper stirbt, die Seele verlässt das Gefängnis des Körpers und lebt auf der Insel der Glückseligen. Das ist die Antwort Platons. Es gibt ein Weiterleben als Wiedergeburt. Das ist die Antwort des Buddhismus.

Das Neue Testament kennt aber auch eine Reihe von positiven Jenseitsbildern, die an irdische Erfahrungen anknüpfen: die Einladung zu einem Fest, das Hochzeitsmahl, die Perle und der Schatz im Acker. Die eigentliche Antwort des Evangeliums aber ist der Auferstandene selbst, der zeigt: Es gibt Auferstehung bzw. Auferweckung! Der Tod hat nicht das letzte Wort. Luther zitiert Paulus so: „Tod, wo ist dein Stachel, Hölle, wo dein Sieg?"

Die Evangelien lassen keinen Zweifel an der Identität des Auferstandenen mit Jesus. In Spannung dazu steht, dass sie auch Bilder für eine fundamentale Andersartigkeit finden. So zeigen sie die Körperlichkeit des Auferstandenen (er lässt Thomas die Hand in seine geöffnete Seite legen, er isst) bei gleichzeitiger Betonung der Andersartigkeit (er geht durch geschlossene Türen, erscheint und verschwindet wieder). Im Grunde gibt es nur eine Analogie zur Auferstehung, das ist die Schöpfung aus dem Nichts, die creatio ex nihilo. Auferstehung ist Neuschöpfung, Jesus der „neue Adam".

Aus der Osterbotschaft 2008 Papst Benedikts XVI.

„Liebe Brüder und Schwestern aus Rom und der ganzen Welt, von Herzen bringe ich euch allen meine österlichen Glückwünsche mit den Worten des Hl. Augustinus zum Ausdruck: „Die Auferstehung des Herrn ist unsere Hoffnung." (...) Jetzt haben sich die Worte des Psalms bewahrheitet und sind ganz real geworden: „Auch die Finsternis ist für dich nicht finster, die Nacht leuchtet wie der Tag." (Ps 139) Nicht mehr das Nichts hüllt alles ein, sondern die liebende Gegenwart Gottes, sogar das Reich des Todes selbst ist befreit (...) dass der Tod nicht das letzte Wort hat, sondern es ist das Leben, das siegt. Seit dem Morgengrauen des Ostertags erfasst ein neuer Frühling der Hoffnung die Welt. Mit jenem Tag hat unsere Auferstehung schon begonnen. Denn Ostern ist nicht bloß ein Moment der Geschichte, sondern der Beginn eines neuen Zustandes. (...)"

Matthias Grünewald, Kreuzigung, um 1513, Ilsenheimer Altar

Es gibt zwei Bildtafeln, die einen, hat man einmal davorgestanden, ein Leben lang nicht mehr loslassen können: das Kreuzigungsbild und das Auferstehungsbild des Isenheimer Altares. Grünewalds Bildfindungen zeugen von der Problematik von Bildern überhaupt. Wenn man sich kein Bild machen kann – dies gilt besonders für Osterbilder – dann wird das Bild zum Symbol. Drei Tage liegen nach der Schrift zwischen Tod und Auferweckung, zwischen den beiden Tafeln dieses einen Altars. Der „dritte Tag" ist keine Kalenderzeit, er ist Metapher für das Eingreifen Gottes. Die Stunde des Todes ist die Stunde der Wahrheit. Hier geschieht Verwandlung.

Matthias Grünewald, Auferstehung Christi, um 1513, Isenheimer Altar

In der unteren Bildhälfte dominieren Erde, Steine, Waffen. Über dem Grab irritiert besonders der auf einem Kegel ruhende mächtige Fels. Labil gelagert, kann er nur stürzen. Folgt der Blick des Betrachters dem Weg des Leichentuches aus dem Grab, so geschieht vor den Augen ein Gestaltwandel, eine Entmaterialisierung, ein Lichtwerden: Materie verwandelt sich in Licht. Die Drehungen des Stoffes – wie die Nabelschnur sieht das aus – und das Ineinanderübergehen der Spektralfarben finden ihr Ziel im Antlitz des Auferstandenen. Unser Blick auf ihn wird zum geblendeten Blick in die Sonne.

Aber es ist – welch ein Widerspruch – eine Sonne vor nächtlichem Firmament. Auf der Erde bleibt es Nacht, hier geht es so zu: Dem Guten geht es also schlecht, dem Schlechten gut und der Mensch stirbt wie das Vieh. Er soll das Leben hier genießen, alles andere ist mehr als ungewiss (vgl. Koh 8,14).

Was ist, wenn der Tod das Letzte ist? Ist der Gute dann der Dumme? Das Leid eines Hiobs bliebe ohne Antwort, Auschwitz ein Ereignis wie jedes andere, das Sterben von Sophie Scholl ein Irrtum. Aber da ist Gottes Antwort auf den vom Bruder ermordeten Abel: *Das Blut deines Bruders schreit zu mir vom Ackerboden! (Gen 3,10).* Auferweckung ist Gottes Antwort auf Leiden, Schuld und Tod, er ist Sinn und Ziel des Lebens. In der Apokalypse des Johannes lesen wir: *Ich bin das Alpha und das Omega, spricht Gott, der Herr, der ist und der war und der kommt, der Herrscher über die ganze Schöpfung. (...) und sein Gesicht leuchtete wie die machtvoll strahlende Sonne. (Offb 1,8.16)*

Emil Wachter, Welcher Geist bewegt die Welt?

Nach Taizé kommen heißt, heute etwas von dem zu erleben, was Pfingsten bedeutete und wovon in der Apostelgeschichte erzählt wird. Hier ist die Kirche jung und vielsprachig, hier begegnen sich die unterschiedlichsten Menschen im Geiste Jesu. Als Frère Roger, der Gründer von Taizé, bei einem Attentat 2005 starb, wurde Frère Alois – er stammt aus Nördlingen – neuer Prior der ökumenischen Gemeinschaft. Er erzählt, dass Frère Roger so von den Schriften der alten Kirchenlehrer sprach, als hätte er eben mit ihnen lange Gespräche geführt. Er schreibt: „Mit ihren Überlegungen und dem Bemühen, die Neuheit des Glaubens an Christus ihren Zeitgenossen mitzuteilen, treffen sie aber oft ziemlich genau unsere heutigen Fragestellungen (...) In ihrem Leben – viele von ihnen nahmen das Martyrium auf sich – zeigt sich eine Jugendlichkeit der Kirche, die darauf brennt, dass das Evangelium die Herzen der Menschen verwandelt."

Die folgenden Auszüge sind einer Textsammlung dieser Kirchenlehrer für Taizé entnommen.

Klemens von Rom (Bischof von Rom, um 100 n. Chr.)
Warum gibt es unter euch Streit, Zorn, Entzweiungen, Spaltungen und Krieg? Haben wir nicht alle ein und denselben Gott, einen Christus und einen Geist der Gnade, der über uns ausgegossen ist?

Ignatius von Antiochien (um 110 n. Chr.)
Ich schreibe und erkläre, dass ich bereitwillig für Gott sterbe. Feuer und Kreuz, Rudel wilder Tiere, das Zerschlagen der Knochen, (...) mögen über mich kommen, wenn ich nur zu Jesus Christus gelange. Meine Geburt rückt näher. Versteht mich, Brüder, und hindert mich nicht daran zu leben. Lasst mich das reine Licht empfangen (...) In mir ist lebendiges Wasser, das leise in meinem Inneren spricht: Komm zum Vater!

Origines (185–254 n. Chr.)
In jedem von uns liegt ein Brunnen lebendigen Wassers, den wir wie ein verborgenes Abbild Gottes in uns tragen (...). Wir wollen unsere Brunnen freilegen und die Erde aus ihnen herausschaufeln. Dann werden wir in ihnen lebendiges Wasser finden, wie Christus sagt: „Wer an mich glaubt, aus dessen Inneren werden Ströme lebendigen Wassers fließen" (vgl. Joh 7,38). Das Wort Gottes ist gegenwärtig; es entfernt selbst die Erde aus der Seele eines jeden von euch und legt deine Quelle frei. Diese Quelle ist bereits in dir und kommt nicht von außen, wie auch „das Reich Gottes in dir ist" (vgl. Lk 17,21). Genauso war es bei der Frau, die eine Drachme verlor: sie fand sie nicht draußen wieder, sondern in ihrem Haus, nachdem sie die Lampe angezündet und ihr Haus aufgeräumt hatte (vgl. Lk 15,8). Wenn du also deine Lampe anzündest, wenn du das Strahlen des Heiligen Geistes in dir wirken lässt und „in seinem Licht das Licht siehst" (vgl. Ps 36,10), dann wirst du die Drachme in dir finden.

Basilius von Caesarea (329–379 n. Chr.)
Der Heilige Geist öffnet unsere Herzen für Gott und nimmt die Schwachen bei der Hand; er führt die zum Ziel, die auf dem Weg sind. Mit seinen reinigenden Strahlen schenkt der Geist den Menschen Erleuchtung und Gemeinschaft mit ihm, sodass sie aus ihm leben. Wie helle, transparente Körper aus sich heraus zu leuchten beginnen, wenn Licht auf sie fällt, so geben Menschen, die den Heiligen Geist in sich tragen und von ihm erleuchtet sind, anderen die Gnade weiter, in Gemeinschaft mit dem Geist zu leben (...) Er lässt sie zu Bürgern des Himmels werden und mit den Engeln tanzen.

Gregor von Nyssa (330–394 n. Chr.)
Noch immer fährst du wie ein Seemann und mit Gefahren durchs Leben: Mit jedem Schiffbrüchigen, den du aufnimmst, hast du einen treuen Reisegefährten gewonnen. Alle wollen wir in den ruhigen Hafen gelangen und der Heilige Geist möge uns für die vor uns liegende Lebensreise günstige Winde senden. Dabei sollen die Gebote Gottes uns Orientierung geben und die Liebe soll uns lenken.

Ambrosius von Mailand (334–397 n. Chr.)
Am Ende der Schöpfung schuf Gott den Menschen und gab ihm die Herrschaft über alle Lebewesen. So umfasst der Mensch in gewisser Weise die Welt und birgt die ganze Schönheit der irdischen Geschöpfe in sich. Beachten wir einmal die Stille, in der Gott nach Vollendung der Schöpfung ruhte (vgl. Gen 2,2). Er ruhte im Inneren des Menschen, er ruhte in seinem Geist und seinem Willen. Denn er hatte den Menschen als ein Wesen geschaffen, das Vernunft hat, das ihn nachahmt, das nach dem Guten strebt und sich nach himmlischer Freude sehnt. Ich danke dem Herrn, unserem Gott, dass er ein derartiges Werk wie den Menschen geschaffen hat, um dann in ihm zu ruhen (...) In ihm hatte er ein Wesen, dem er die Sünden vergeben konnte.

Augustinus (354–430 n. Chr.)
Ach Wahrheit, du Licht meines Herzens, lass nicht zu, dass meine innere Dunkelheit zu mir spricht! Ins Dunkel bin ich geraten und es hat mich verschluckt. Aber dort, gerade dort, habe ich dich lieben gelernt.

Gregor von Narek (944–1010 n. Chr.)
Mehr als die Hoffnung ist es die Liebe, die mich zu Gott zieht. So sehne ich mich nicht so sehr nach den Gaben, als nach dem, der sie gibt (...) Mich verzehrt nicht die Sehnsucht nach dem Brautgemach, sondern nach der Braut.

Symeon, der Neue Theologe (949–1022 n. Chr.)
Komm, Heiliger Geist, du wahres Licht, komm, ewiges Leben, verborgenes Geheimnis, unnennbarer Schatz, unaussprechliche Wirklichkeit, komm, du, der alles Erkennen übersteigt; komm, der du überall bist und dennoch ständig auf uns zugehst, komm, du, nach dem sich meine arme Seele immer schon gesehnt hat und sich immer noch sehnt, der du in mir selbst Sehnsucht geworden bist, sodass ich mich nach dir, dem völlig Unerreichbaren, sehne. Komm, mein Atem und mein Leben, Trost meiner hilflosen Seele, komm, meine Freude, mein Ruhm und mein endloses Glück! Schlage in mir dein Zelt auf, Heiliger Geist, und nimm für immer Wohnung in mir (...) So bin ich, der dir dient, auch dann noch bei dir, du Bester, wenn ich diese Welt verlasse.

- Recherchieren Sie zu jedem der hier genannten Kirchenväter! Worin sehen Sie die „Jugendlichkeit" dieser alten Texte?
- In welchen Bildern wird vom Geist Gottes im Alten und Neuen Testament gesprochen?
- Was sind „Gaben des Geistes"?
- Diskutieren Sie den Zusammenhang der Frage nach dem Heiligen Geist mit der Frage nach dem Sinn des Lebens bzw. mit der Frage nach dem Glück!

Der folgende Text ist dem Hochgebet der Messfeier entnommen. Nehmen Sie sich die Zeit, sich diesem Gebet in einer meditativen Weise zu nähern!

Wir danken dir, Gott, allmächtiger Vater,
und preisen dich für dein Wirken in dieser
Welt durch unseren Herrn Jesus Christus:
Denn inmitten einer Menschheit,
die gespalten und zerrissen ist, erfahren
wir, dass du Bereitschaft zur Versöhnung
schenkst.
Dein Geist bewegt die Herzen,
wenn Feinde wieder miteinander sprechen,
Gegner sich die Hände reichen
und Völker einen Weg zueinander suchen.
Dein Werk ist es, wenn der Wille zum Frieden den Streit beendet,
Verzeihung den Hass überwindet
und Rache der Vergebung weicht.

Der dreieinige Gott

Andrej Rubljov, Dreifaltigkeitsikone, 1411

Lesen Sie zuerst die Geschichte „Gott zu Gast bei Abraham", Gen 18,1-33. Schon der Hl. Augustinus deutet von mehreren Stellen diese Geschichte im trinitarischen Sinn. Auch wenn unter exegetischem Gesichtspunkt das heute nicht mehr legitim erscheint, so hat diese Auslegungstradition doch zu Versuchen in der Kunst geführt, die Glaubenswahrheit des dreieinigen Gottes zu gestalten. Deshalb kann sich diese Ikone auch ganz von der Geschichte lösen – Abraham und Sara erscheinen gar nicht – und geradezu autonom, für sich stehend, ein Glaubenszeugnis sein. Ikonen bilden nicht – wie Bilder dieser Welt – Wirklichkeit ab, sie symbolisieren Wirklichkeit. Sie sind „Fenster ins Jenseits". Ikonen werden *Prosopon*, „Gesicht" genannt. Wie bei einem Gesicht gilt: Man erkennt nicht etwas, sondern jemanden. Man erkennt zugleich, dass da mehr ist, als man sehen kann. Das Wesentliche ist unsichtbar. Drei Überlegungen sollen im Folgenden diese Ikone erschließen:

1. Abraham und Sara sind alt und kinderlos. Dies bedeutet im Alten Testament ein großes Unglück, ist man doch von einer Zukunft im Gelobten Land, im Reiche Gottes abgeschnitten. Dabei gab es das Versprechen Gottes, Abraham Land und Nachkommen zu schenken. Doch nun das: Drei Männer – als Engel werden sie bezeichnet – kommen zu Besuch. Sara kocht den Gästen ein Lamm und lauscht. Sie lacht, als sie hört – plötzlich reden die Gäste im Singular wie eine Person –, in einem Jahr werde sie doch noch ein Kind haben. Isaak wird er heißen d.h., *Er, Gott, hat ihn angelacht.* Die Ikonen, die in den Kirchen des Ostens diese Begebenheit zum Thema haben, heißen „Philoxenia Abrahams", „Gastfreundschaft Abrahams". Gott als Gast, dem ein Mahl bereitet wird – ein geradezu unglaublicher Gedanke. Jesus sagt, was ihr dem Geringsten getan habt, das habt ihr mir getan. Gott begegnet mir im Nächsten, er ist ***Gott neben uns.*** Das Bild Gottes auf Erden ist der Mensch.

2. Von dieser Ikone heißt es in der Kirche des Ostens: Es gibt die Dreifaltigkeit Rubljovs, also gibt es Gott. Sie hängt in einem Museum, und doch geschieht es immer wieder, dass sich Menschen vor ihr niederknien. Kein zweites Bild besitzt solch gleichsam sakramentalen Rang. In dieser Ikone verweist nur noch die eucharistische Schale auf die ursprüngliche Erzählung. Es ist ein Bild meditativer Vision. Gott als Vater, Sohn und Geist zeigt sich hier als *relationales Geschehen.* Die Relationen erschließen sich, wenn Sie sich darauf einlassen, den Linien, aber auch den Farben, den Bewegungen, den Blicken zu folgen. Die Linien der beiden äußeren Engel bilden gleichsam einen Kelch, in dessen Mitte der leicht erhöhte Engel in der Tunika mit goldenem Streifen sich befindet. Er segnet den Kelch und weist zugleich auf den Engel rechts. Beide neigen sich, blicken auf den linken Engel, bei beiden dominiert das Blau, einmal ist es das Untergewand, beim anderen das Obergewand, beide Obergewänder bedecken jeweils nur eine Schulter. Grün ist das Obergewand des linken, rot das Untergewand des in der Mitte Erhöhten. Vom linken Engel im goldenen Gewand geht alles aus, bei ihm endet immer wieder der Blick des Betrachters. Nicht Differenzen, sondern Relationen und eine vollkommene Ruhe sind es, die das Wesen dieses Bildes ausmachen. Es ist *ein* Licht, das schattenlos das Geschehen durchdringt, *ein* Leuchten, das von ihm ausgeht. Eigentlich ist es ein Bild nicht mehr von dieser Welt. Es kündet vom ***Gott über uns.***

3. Der eucharistische Kelch in der Mitte macht den Tisch zum Altar. Vor allem aber ist es die kleine Nische im Altar, die aufmerksam machen will: In ihr befindet sich nach orthodoxer Tradition die Reliquie, die den Tisch erst zum Altar weiht. Diese Nische befindet sich immer auf der Seite zur Apsiswand, sie ist somit vom Kirchenschiff aus nicht zu sehen. Nicht so auf dieser Ikone. Wo befindet sich also der Betrachter, wenn er sich meditierend in die Ikone begibt? So ungeheuerlich die Antwort auch sein mag, die Botschaft des Bildes ist: Er befindet sich auf der Seite Gottes, er ist in das geschaute innertrinitarische Geschehen, in die Relationen der Gottheit aufgenommen, so als wäre er ein Teil von ihr. Der Betrachter, der Beter erlebt den ***Gott in uns.***

Aaron	Bruder des Mose; Priester, wird in späterer Zeit erster Hoherpriester Israels genannt
Ablass	Nachlass (zeitlicher) Sündenstrafen durch Teilhabe an den „überschüssigen" Verdiensten Christi und der Heiligen
Ablasshandel	An die Forderung einer Geldzahlung geknüpfte Zusage des Nachlasses von Sündenstrafen; eine der Hauptursachen für die Kirchenkritik Martin Luthers
Abraham	Wörtlich übersetzt: *Vater der Menge*; in den drei Weltreligionen Judentum, Christentum, Islam als Stammvater des Glaubens verehrt
Abtreibung	Gezielt herbeigeführter Abbruch einer Schwangerschaft, in Deutschland unter bestimmten Bedingungen straffrei
Adveniat	Hilfswerk der deutschen Bischöfe für die Armutsbekämpfung und den Aufbau christlicher Gemeinden in Südamerika
Agape (griech.)	Wie lat. „caritas", Bezeichnung für die uneigennützige geistige Liebe zum Nächsten, die sich im tatkräftigen Einsatz für andere zeigt
Agilolfinger	Ältestes bayerisches Herzogsgeschlecht (etwa 555–788 n. Chr.) mit maßgeblichem Einfluss auf die Christianisierung Bayerns
Agnostizismus	Von griechisch „agnostos": *nicht erkennbar*; philosophische Richtungen, die keine Aussagen über Bereiche außerhalb der sinnlichen Wahrnehmung machen, deren mögliche Existenz aber nicht grundsätzlich verneinen
Aids	Abk. für engl. „acquired immune deficiency syndrome", bisher unheilbare, tödlich verlaufende Infektionskrankheit, die den Zusammenbruch des Immunsystems bewirkt
Allah	Gottesbezeichnung im Islam
Allerheiligen	Katholisches Fest zum Gedenken an alle Heiligen am 1. November
Allerseelen	In der katholischen Kirche am Tag nach Allerheiligen gefeiertes Gedenken an alle Verstorbenen mit Fürbitte für die „armen Seelen" im Fegefeuer
Altar	Tisch, auf dem in der Eucharistiefeier Brot und Wein in Leib und Blut Christi verwandelt werden; Symbol für die Gegenwart Christi im Zentrum der Eucharistiegemeinschaft
Altes Testament	Bezeichnung für die 46 Schriften der hebräischen bzw. jüdischen Bibel, eingeteilt in: Geschichtliche Bücher – Gebete und Weisheitsbücher – Prophetische Bücher
Ambo	Kanzelartiges Lesepult
Amos	Erster Schriftprophet des AT; wirkte um 760 v. Chr. für kurze Zeit bis zu seiner Ausweisung im Nordreich Israel
Analogia entis	lateinisch: *Ähnlichkeit des Seins*; Ausdruck dafür, dass zwischen der endlichen Schöpfung und dem ewigen Sein Gottes ein im übertragenen Sinne analoges Verhältnis besteht
Antiochia (Syrien)	Drittgrößte Stadt des Römischen Reiches; in ihr werden die Jesus-Anhänger zum ersten Mal „Christen" genannt.
Apokalypse	Im heutigen Sprachgebrauch Rede von einem katastrophalen Weltende; ursprünglich im jüdischen Bereich angesiedelte literarische Gattung (ca. 200 v. Chr.–100 n. Chr.), die einen visionären Gegenpol zu den leidvollen Erfahrungen politischer Fremdherrschaft bildete
Apostel	1. Die zwölf von Jesus ausgewählten Jünger 2. Ehrenname für bedeutende Missionare
Apostelgeschichte	Als Fortführung seines Evangeliums von Lukas verfasste Geschichte des Urchristentums
Apostelkonzil	Frühkirchliche Zusammenkunft zur Klärung der Stellung der Heidenchristen zum jüdischen Gesetz (ca. 48 n. Chr.)
Armenbibel	Für Menschen, die nicht lesen konnten, in Büchern oder Kirchen gemalte Szenen aus der Heiligen Schrift
Astrologie	Lehre vom Einfluss der Gestirne auf das Schicksal der Menschen
Atheismus	Von griechisch „atheos": *ohne Gott*; Weltanschauungen bzw. philosophische Richtungen, welche die Existenz einer Gottheit explizit leugnen (theoretischer A.) oder sich der Gottesfrage gegenüber indifferent verhalten (praktischer A.)
Auferstehung	Die im Neuen Testament bezeugte Auferstehung Christi von den Toten drei Tage nach seinem Kreuzestod; fundamentale christliche Glaubensaussage
Augsburger Religionsfrieden	Auf dem Reichstag in Augsburg (1555) garantierter Friede und Besitzstandssicherung für die Anhänger der „Confessio Augustana"; die Untertanen müssen die Konfession des Herrschers annehmen oder auswandern.
Augustinus	(354–430 n. Chr.), Kirchenlehrer

Die Grundkenntnisse von Band 12 sind in blauer Farbe gedruckt

Baal	*Herr, Besitzer*; Name einer der männlichen Hauptgottheiten Kanaans, verantwortlich für Wachstum und Wetter
Babylon	Hauptstadt eines antiken Großreiches an den Flüssen Euphrat und Tigris; Verbannungsort der Bewohner Judas nach der Zerstörung Jerusalems 586 v. Chr.
Babylonisches Exil	Der erzwungene Aufenthalt der Juden in Babylon nach der Zerstörung Jerusalems durch Nebukadnezar II. (586 v. Chr.) bis zu der vom Perserkönig Kyros erlaubten Rückkehr (538 v. Chr.)
Barmherziger Vater	Parabel bei Lukas, die von Gottes Barmherzigkeit gerade gegenüber Sündern erzählt
Barock	Kunstepoche hauptsächlich des 17. und beginnenden 18. Jahrhunderts
Batseba	Frau des Urija; nach dessen Tod Frau Davids, Mutter von Salomo
Beichte	Allgemein: *Sündenbekenntnis*; speziell: als vor einem Beichtvater abgelegte Ohrenbeichte wesentlicher Bestandteil des Bußsakraments
Bekenntnis	Offenes Bekunden der eigenen Überzeugung, Bezeugen des eigenen Glaubens
Benedikt von Nursia	(etwa 480–547 n. Chr.), „Patron Europas“, Gründer des Benediktinerordens, Begründer des abendländischen Mönchtums
Benjamin	1. Zweiter Sohn von Jakob und seiner Lieblingsfrau Rahel, die bei seiner Geburt starb; jüngster der zwölf Söhne Jakobs 2. Name eines der zwölf Stämme Israels
Bergpredigt	Mt 5-7, Zusammenfassung der Lehre Jesu durch Verbindung ursprünglich selbstständiger Aussprüche Jesu zu einer zusammenhängenden, die zentralen Fragen christlichen Lebens betreffenden Rede Jesu
Berufsprophet	An Königshof, Tempel oder staatlichem Heiligtum fest angestellt; „Prophet“ ist dabei ein Beruf, den man in Prophetenschulen erlernen konnte
Berufung	Gottes Ruf, durch den Menschen mit besonderen Aufgaben betraut werden
Bet-El	Hebräisch: *Haus Gottes*; von Jakob nach seinem Traum von der „Himmelsleiter“ begründetes Heiligtum
Bethlehem	Ort in Palästina, 10 km südlich von Jerusalem, Heimat Davids und nach den Evangelisten Matthäus und Lukas Geburtsort Jesu
Bettelorden	Im Mittelalter gegründete Orden, in denen die ganze Ordensgemeinschaft auf Besitz verzichtet(e), um der Verweltlichung der Kirche entgegenzuwirken
Bibel	Von griechisch „ta biblia“: *die Schriftrollen, Bücher*; Bezeichnung für die Gesamtheit der Schriften des AT und NT
Bibel-Teilen	Aus Südafrika stammende Methode für ein gemeinsames Lesen und Meditieren der Bibel in sieben Schritten, die einen das eigene Leben tangierenden Zugang zur Heiligen Schrift ermöglichen will
Bilderverbot	Im Dekalog verankerte Weisung, kein Bildnis von Gott zu errichten; Ausdruck der Andersartigkeit Gottes
Biotechnologie	Wissenschaft, welche die technische Nutzbarmachung biologischer Prozesse erforscht
Bischof	Vom Papst ernannter oberster Priester, Hirte, Lehrer und Aufseher einer Diözese; als Mitglied des Bischofskollegiums mitverantwortlich für die Leitung der Gesamtkirche
Bistum	s. Diözese
Bodhisattva	Heilbringer, der nach buddhistischer Überzeugung aus Mitleid an der Schwelle zum Nirwana zurückbleibt, um anderen bei der Erlösung helfen
Bonifatius	(etwa 672–754 n. Chr.), „Apostel der Deutschen“, angelsächsischer Benediktinermönch mit herausragenden Verdiensten um die Germanenmission und den Aufbau einer eng mit dem Papst verbundenen, tragfähigen kirchlichen Organisationsstruktur in Deutschland
Brahmanen	Oberste Kaste im Hinduismus, vor allem Priester, Gelehrte, religiöse Führer
Buddha	„der Erleuchtete“, Ehrenname des Religionsstifters Gautama Siddharta
Bundesgott	Ausdruck dafür, dass Gott sich Abraham, anderen Patriarchen und Mose aus freien Stücken zuwandte und einen Bund mit ihnen schloss
Bundeslade	Kasten aus Akazienholz, der als Thron Gottes galt. In die Bundeslade wurden von Moses die Tafeln mit den Zehn Geboten gelegt.
Buße	Allgemein: für eine Schuld zu leistende Sühne; speziell: Sakrament, das die nach der Taufe begangenen Sünden durch die Lossprechung (Absolution) des Priesters tilgt, wenn der Sünder durch Reue, Sündenbekenntnis, Werke der Genugtuung und den Glauben an die heilende Gnade Gottes mitwirkt
Bußformen	Innerhalb der Kirche praktizierte Formen der Schuldtilgung: Gebet, Eucharistiefeier, Ohrenbeichte, Bußgottesdienst

Caritas	1. Bezeichnung für die uneigennützige geistige Liebe zum Nächsten, die sich im tatkräftigen Einsatz für andere zeigt 2. Katholische Hilfsorganisation
Charisma	Allgemein: besondere Gabe und Ausstrahlung; speziell: Gnadengabe des Hl. Geistes, die sich durch besondere Kraft im Geiste Jesu auszeichnet
Chlodwig	König der Franken, der mit seiner Taufe im Jahr 498 n. Chr. einen wesentlichen Grundstein für das christliche Mittelalter in Europa legte
Christus	Griechisch: *Der Gesalbte*; Jesus im Neuen Testament zugesprochener, alttestamentliche Messiasvorstellungen aufgreifender Hoheitstitel
Christus des Glaubens	Fachwissenschaftliche Bezeichnung für die durch Glaubensaussagen gedeutete Person des Jesus aus Nazaret
Chronos	Griechischer Begriff für Zeit, der vor allem die objektiv messbare Dimension der Zeit erfasst
Codex	Frühere Buchform; in der Mitte zusammengenähte und zwischen zwei Deckel gelegte Papyrus- oder Pergamentblätter
Columban	Irischer Mönch, der mit seinen Gefährten seit 592 n. Chr. auf dem europäischen Festland missionierte
Compassion-Projekt	Projekt zur Förderung der personalen und sozialen Kompetenz von Jugendlichen an außerschulischen Lernorten, z. B. in einem Sozialpraktikum
Confessio Augustana	Auf dem Reichstag in Augsburg (1530) dem Kaiser überreichte grundlegende Bekenntnisschrift der lutherischen Kirche
Credo	Lat.: *ich glaube*; Glaubensbekenntnis
Dämonen	In manchen Weltbildern werden Wesen zwischen Göttern und Menschen angenommen, die auf das menschliche Schicksal im Guten oder Bösen einwirken können
Dalai-Lama	„Ozeangleicher Lehrer", Oberhaupt (Gottkönig) des tibetischen Buddhismus
David	Israelitischer König von 1000–961 v. Chr.; Begründer des Reiches Israel, dessen Regierungszeit als Goldenes Zeitalter gilt
Dekalog	Von griechisch „deka": *zehn* und „logos": *Wort*; Fachbegriff für die „Zehn Gebote"
Dekanat	Zusammenschluss mehrerer Nachbarpfarreien
Demografischer Wandel	Allgemein: Veränderung der Altersstruktur einer Gesellschaft; in Deutschland auch spezielle Bezeichnung für die seit Mitte des 20. Jhs. anhaltende Überschreitung der Sterberate gegenüber der Geburtenrate
Deontologie (deontologische Normbegründung)	Von griechisch „to deon": *das Verpflichtende, Schuldige*; in der ethischen Theorie Bezeichnung für eine Klasse von Ansätzen der Normbegründung, die für das konkrete Handeln verbindliche Vorgaben bzw. in sich gute Handlungsmaximen zum obersten Maßstab machen
Determinismus	Philosophisches Konzept, nach dem alle Ereignisse nach feststehenden Gesetzen ablaufen und somit unabänderlich sind; auch das Handeln des Menschen ist demzufolge durch seine materielle, physiologische Konstitution bedingt, was sowohl die Willens- als auch die Handlungsfreiheit von vornherein ausschließt
Dharma	Religiöse und zugleich soziale Pflichten, die das Leben, die religiösen Gewohnheiten und den sozialen Stand eines Hindu bestimmen
Diakon(in)	Griechisch: *Diener(in)* 1. In der Urkirche: für besondere Dienste (z. B. Sorge um Hilfsbedürftige, Vorbereitung des Abendmahls) zuständig 2. Heute: geistlicher Amtsträger nach Empfang der untersten Weihestufe
Diözese	Amtsbezirk eines katholischen Bischofs
Diskursethik	Modell der Normbegründung, in dem gleichberechtigte Partner die Handlungsnormen in einem freien Diskurs festlegen, sodass deren verbindlicher Anspruch allein in der Zustimmung aller Beteiligten gründet
Domkapitel	Wichtigstes Beratungsorgan eines Ortsbischofs
Dschihad	Im Islam der allumfassende Einsatz für die Sache Gottes bis hin zum „heiligen Krieg"
Edda	Hauptsächlich aus der Wikingerzeit stammende Sammlung germanischer Helden- und Göttersagen

Ehe	Im dogmatischen Verständnis eines der sieben Sakramente; durch seine Hinordnung auf Zeugung und Erziehung von Nachkommenschaft, auf Lebensgemeinschaft und treue Liebe ist der eheliche Bund Zeugnis und Abbild der Liebe Christi zur Kirche
Elija	Israelitischer Prophet (9. Jh. v. Chr.), der gegen den Glauben an fremde Götter kämpfte
Emmaus	Ort in der Nähe von Jerusalem, an dem der auferstandene Christus zwei Jüngern erschien
Emmeram	Ca. 715 n. Chr. ermordeter fränkischer Missionsbischof; einer der Patrone der Diözese Regensburg
Empfängnisverhütung	Unterschiedliche Methoden zur Verhütung einer Schwangerschaft durch hormonelle, chemische, mechanische oder natürliche Mittel oder durch operative Eingriffe
Enuma elisch	Bezeichnung eines babylonischen Schöpfungsmythos, s. auch Marduk bzw. Tiâmat
Engel	Griechisch: *Bote*; Überbringer göttlicher Botschaften, welche Gottes Herrlichkeit und Heiligkeit veranschaulichen
Enzyklika	Päpstliches Lehrschreiben
Ephesus	Wichtigste Stadt der römischen Provinz Asia mit dem Artemis-Tempel als einem der sieben Weltwunder der Antike
Erlösung	In christlichem Verständnis durch Jesu Kreuzestod ermöglichte Überwindung von Sünden und Tod zur Erreichung ewigen Lebens in Gott
Erntedankfest	Seit dem 3. Jahrhundert in der katholischen Kirche nachgewiesene religiöse Feier, bei der Gott nach dem Einbringen der Ernte für die „Frucht der Erde und der menschlichen Arbeit" Dank gesagt wird
Eros	Bezeichnung für die sinnliche, emotionale und seelische Kraft der Liebe
Esau	Sohn von Isaak und Rebekka, älterer Zwillingsbruder Jakobs
Eschatologie	Griechisch: *Lehre von den letzten Dingen*
Eschatologischer Vorbehalt	In der christlichen Grundüberzeugung, dass das Reich Gottes durch menschliches Tun zwar vorbereitet, aber nicht vollendet werden kann, resultierender Vorbehalt gegenüber allen irdischen Heilsversprechen
Esoterik	Sammelbegriff für ein weites Spektrum von Weltanschauungen und Lehren, die über Kräfte außerhalb des naturwissenschaftlich messbaren Bereichs den Weg zu einem höheren Bewusstsein weisen wollen
Esra	1. Priester und Schriftgelehrter, der nach der Rückkehr aus dem babylonischen Exil in Juda die Verhältnisse nach der Tora ordnet 2. Nach ihm benanntes Buch des AT
Esséner	Jüdische Religionsgruppe
Eucharistie	Beim letzten Abendmahl von Jesus eingesetztes Altarsakrament; mittels der Konsekration (Wandlung) erwirkte Anwesenheit Christi mit Leib und Blut unter den Gestalten von Brot und Wein
Euthanasie	Griechisch: *schöner Tod* 1. Verharmlosende Bezeichnung für die „Sterbehilfe" bei unheilbar Kranken 2. Von den Nationalsozialisten bewusst irreführend verwendete Tarnbezeichnung für ihr Programm zur systematischen Tötung von Behinderten und Geisteskranken
Evangelium	Griechisch: *Frohe Botschaft* 1. Eine die ganze Welt angehende gute Nachricht 2. Bezeichnung der neu testamentlichen Erzählungen über das Wirken Jesu
Evolutionstheorie	Lehre von der stammesgeschichtlichen *Entwicklung* der Lebewesen, die im Laufe von Jahrtausenden zu immer höheren Formen führt; eine zentrale Rolle spielen dabei *Veränderungen* im Erbgut (Mutationen), die sich in der Art durchsetzen, wenn sie sich im Kampf ums Überleben als vorteilhaft erweisen (Selektion, d. h. *Auslese*)
Ewiges Licht	Symbol für die Anwesenheit Christi unter der Gestalt der Hostie im Tabernakel
Exegese, biblische	Auslegung der Bibel als Hl. Schrift in der Theologie
Existenzialismus	Französischer Zweig der Existenzphilosophie nach dem Zweiten Weltkrieg
Existenzphilosophie	Oberbegriff für philosophische Richtungen des 20. Jahrhunderts, die in Abkehr von traditionell metaphysischen Entwürfen und rational-technischer Welterklärung Sinnfindung im Vollzug der Verwirklichung von Existenz beim einzelnen Menschen suchen
Exodus	Von griechisch „exodos": *Auszug*; Bezeichnung für das zweite Buch der Bibel

Familie	Eheleute bilden mit ihren Kindern eine Familie, die auf das gegenseitige Wohl ihrer Mitglieder hingeordnet ist; sie ist Urzelle der menschlichen Gesellschaft
Faulhaber, Michael von	(1881–1963), Erzbischof von München und Freising (1917–1952), hatte maßgeblichen Anteil an der Wahrung kirchlicher Kontinuität von der Kaiserzeit bis in die Anfangsjahre der Bundesrepublik Deutschland; entschiedener Gegner der rassistischen und kirchenfeindlichen Ideologie des Nationalsozialismus
Fegefeuer	Gemäß katholischer Glaubenslehre Zustand nach dem Tod, der die „Reinigung" der Seele als Voraussetzung für die Erlangung der vollen Seligkeit bei Gott umschreibt
Feindesliebe	Ausweitung der im Alten Testament grundgelegten Verpflichtung zur Nächstenliebe, wesentlicher Inhalt der Lehre Jesu
Feuerbach, Ludwig	(1804–1872), Philosoph; versuchte die Entstehung der Religion psychologisch bzw. anthropologisch zu deuten
Franz von Assisi	Giovanni Bernardone (1181–1226); Gründer des Franziskanerordens
Fronleichnam	Fest zur Verehrung des Altarsakraments
Fundamentalismus	Kompromissloses Beharren auf den eigenen politischen oder religiösen Überzeugungen
Futurologie	Sammelbezeichnung für das Bemühen, die Zukunft mit wissenschaftlichen Methoden bis zu einem gewissen Grad vorherzusagen
Galiläa	Landschaft, die zum Teil Nordisrael, zum Teil Syrien zugehört und in der Jesus aufwuchs
Gegenreformation	Vor allem von den Jesuiten betriebene Rekatholisierung protestantisch gewordener Gebiete
Gemeindereferent(in)	Ausgebildete(r) Laienmitarbeiter(in) in der Gemeindeseelsorge mit eigenem Aufgabengebiet, z. B. Religionsunterricht, Jugendarbeit
Gemeinwohlprinzip	Wesentliches Element der katholischen Soziallehre, welches neben dem individuellen Wohl insbesondere auch das Wohl, das an das Leben der Menschen in Gesellschaft gebunden ist, betont
Genesis (Gen)	Griechisch: *Entstehung*; Bezeichnung für das erste Buch der Bibel, das von der Entstehung der Welt, der Menschheit und des Volkes Israel handelt
Gerechter Krieg	Seit dem Mittelalter entwickelte Lehre, wonach ein Krieg unter bestimmten Voraussetzungen mit der christlichen Botschaft vereinbar sein kann
Gesellschaftscharakter	Erich Fromm zufolge typische, allen Mitgliedern einer Gesellschaft gemeinsame Verhaltensmuster, wobei im Einzelnen zwischen lebensfeindlichen (nekrophilen) und lebensbejahenden (biophilen) Charakter-Orientierungen unterschieden wird
Gesetzeslehrer	Schriftgelehrte, welche das jüdische Gesetz auslegen und „Rabbi" *(Meister/Lehrer)* genannt werden
Gesinnungsethik	Sammelbegriff für Theorien der normativen Beurteilung von Handlungen, die im Gegensatz zur Verantwortungsethik auf das Motiv des Handelnden abzielen und dabei die (gute) Absicht moralisch über den tatsächlichen Erfolg der Handlung stellen
Getsemani	Garten am Fuße des Ölberges in Jerusalem; Ort der Gefangennahme Jesu
Gewissen	Bewusstsein vom sittlichen Wert des eigenen Verhaltens, „Instanz" der moralischen Selbstbeurteilung
Gideon	Israelitischer „Richter", der mit Gottes Hilfe die Midianiter vertreiben kann und es ablehnt, König zu werden
Glaubensbekenntnis	Zusammenstellung elementarer Glaubensinhalte als Ausdruck kollektiver Glaubensüberzeugung und Abgrenzung gegenüber anderen Glaubenslehren
Gleichnis	Von Jesus bevorzugte, Vorgänge der Alltagswelt aufgreifende Erzählform zur Verdeutlichung der Reich-Gottes-Botschaft
Goldene Regel	„Alles, was ihr von anderen erwartet, das tut auch ihnen!" (Mt 7,12); schlagwortartige Verdichtung der ethischen Botschaft Jesu
Goldenes Kalb	Symbol der Stärke und Fruchtbarkeit, das sich die Israeliten während der Abwesenheit des Mose auf dem Berg Sinai als Gottesbild anfertigten
Golgota	*Schädel-Höhe*; Hügel bei Jerusalem, der als Hinrichtungsstätte diente; Kreuzigungsort Jesu
Goliat	Riesenhafter Soldat der Philister; von David im Zweikampf besiegt und enthauptet
Gospel	(von „good spell": *frohe Botschaft*): religiöse Liedform der nordamerikanischen Sklaven, in der Elemente der afroamerikanischen Volksmusik und des Jazz verschmolzen sind

Gotik	Stilepoche der mittelalterlichen Kunst (ca. 1140–1450 n. Chr.); alles strebt nach oben, dem Himmel entgegen
Gottebenbildlichkeit	Umschreibung für die herausgehobene Position des Menschen in den biblischen Schöpfungserzählungen; aus der Nähe zu Gott, einer Art Herrschaftsfunktion an Stelle Gottes, resultiert die besondere Verantwortung des Menschen für die gesamte Schöpfung
Gotteserfahrung	Erlebnisse, bei denen Gott als real anwesend oder existent erfahren wird
Gotteslob	Gebet- und Gesangbuch der katholischen Kirche
Grundgesetz	Verfassung der Bundesrepublik Deutschland, garantiert in den Artikeln 1–19 die Wahrung der Grundrechte (allgemeine Menschenrechte sowie vom Verfassungsgeber jeder Einzelperson zugestandene Individualrechte)
Güterabwägung	Prinzip, im Konfliktfall ein höherwertiges Gut einem Gut mit niedrigerem Wert vorzuziehen
Hadith	Sammlung von Überlieferungen aus dem Leben Muhammads; im Islam neben dem Koran Quelle religiöser Vorschriften
Hadsch	Pilgerfahrt nach Mekka; eine der fünf Grundpflichten des Islam
Halacha	Bezeichnung für den „Lebensweg“ eines gläubigen Juden (abgeleitet von dem hebräischen Wort: *gehen*); genauer: die verbindliche Wegweisung, wie sie v. a. im Talmud, dem religionsgesetzlichen Kompendium des Judentums zu finden ist. Neben der Halacha finden sich im Talmud auch nicht-halachische Teile, meist erbauliche Erzählungen, die als Haggada („Erzählung“) bezeichnet werden.
Handauflegung	Symbolische Geste des Segens und der Übertragung von Vollmacht
Hebräer	Andere Bezeichnung für „Israelit“, die besonders zur Abgrenzung von Menschen nicht-israelitischer Herkunft verwendet wird
Hedonismus	Moralphilosophisches Prinzip, wonach Lust um ihrer selbst willen erstrebenswert ist
Heidenchristen	Christen, die vor ihrer Bekehrung Heiden waren und die nach der Taufe die Befolgung der jüdischen Gesetzesvorschriften ablehnten
Heilige(r)	Mensch, der besonders gottgefällig gelebt hat und nach seiner offiziellen Heiligsprechung durch den Papst in der ganzen Kirche als Fürsprecher bei Gott verehrt werden kann
Heiliger Geist	Dritte göttliche Person; im AT unsichtbare, aber wirksame Nähe Gottes zu den Menschen
Herr	(Griechisch „kyrios“), Hoheitstitel in antiken Religionen für mächtige Götter und später auch für römische Kaiser; im Judentum Synonym für den Gottesnamen JHWH, den man aus Ehrfurcht kaum mehr auszusprechen wagt
Herzensgebet	„Herr Jesus Christus, Sohn Gottes, erbarme dich meiner“ – Kontemplationsgebet der Ostkirche
Heterosexualität	Sexuelle Neigung zum anderen Geschlecht
Hidschra	Übersiedlung Muhammads von Mekka nach Medina im Jahr 622 n. Chr.; Beginn der islamischen Zeitrechnung
Himmel	Zustand des Transzendenten, bildhafter Ort der Seligkeit nach dem Tod
Historisch-kritische Methode	Zusammenfassende Bezeichnung für verschiedene Arten der Bibelauslegung, welche die historische Entwicklung der biblischen Texte vergleichend analysieren
Historischer Jesus	Fachwissenschaftliche Bezeichnung für die historische, nicht durch Glaubensausagen gedeutete Person des Jesus aus Nazareth
Höhlengleichnis	Bildhaftes Beispiel, mit dem Platon Aspekte seiner Ideenlehre illustriert, wonach alle der sinnlichen Erfahrung zugänglichen Dinge Abbilder oder Schatten ewig unveränderlicher, allein wahrhaft seiender „Ideen“ sind
Hölle	Bildliche Umschreibung der Situation dessen, der sich frei und endgültig von Gott entfernt hat; Zustand der absoluten Gottesferne
Hoheitstitel	Ausdrucksformen für die herausragende Bedeutung Jesu (z. B. Menschensohn, Christus, Sohn Gottes), oft auf alttestamentlichen Vorstellungen aufbauend
Hoher Rat	„Synedrium“/„Sanhedrin“; höchste jüdische Rechtsbehörde mit 70 Mitgliedern, unter dem Vorsitz des Hohenpriesters auch für religiöse Angelegenheiten zuständig
Hoheslied	Alttestamentliches Buch voller Liebeslyrik zwischen Braut und Bräutigam, metaphorisch auch als Liebe Gottes (oder Christi) zu seinem Volk bzw. als mystische Einheit der Seele mit Gott gedeutet
Homosexualität	Sexuelle Neigung zum eigenen Geschlecht

Hostie	Scheibenförmige Oblate aus ungesäuertem Weizenbrot, die in der Eucharistiefeier in den Leib Christi verwandelt wird
Ich-Botschaft	Vom eigenen Empfinden ausgehendes Formulieren eines Standpunktes
Idol	Person oder Gegenstand schwärmerischer Verehrung
Ijob	Zur Weisheitsliteratur des AT gehörendes Buch, das die Bewährung des Gerechten in Leid und Anfechtung thematisiert
Imam	Gewählter Vorbeter in der Moschee und/oder geistlicher Führer im Islam
Inkarnation	Allgemein: Menschwerdung eines Gottes Speziell: Menschwerdung Gottes in Jesus Christus, dem Sohn Gottes
Inlibration	Wörtlich „Buchwerdung“; Fachausdruck für das Offenbarungsverständnis des Koran
Inquisition	Geistliches Gericht zur Reinhaltung des katholischen Glaubens
Inspiration	Von lateinisch „inspirare“: *einhauchen, beseelen*; allgemein: „Eingebung des Geistes“; auf die Heilige Schrift bezogen: Vorstellung, wonach die biblischen Schriften durch göttliche Eingebung entstanden sind
Isaak	Sohn Abrahams und Saras, Vater von Esau und Jakob
Israel	1. Beiname des Patriarchen Jakob 2. Bezeichnung für das ganze von Jakob abstammende Volk 3. Nach dem Zerfall des salomonischen Reiches 931 v. Chr. Name des Nordreiches
Jahwe	Hebräisch: *Ich werde da sein als der ich da sein werde*; von Gott dem Mose am brennenden Dornbusch geoffenbarter „Name“
Jakob	Sohn von Isaak und Rebekka, jüngerer Zwillingsbruder Esaus; erhält bei seinem nächtlichen Kampf den Beinamen „Israel“ („Gottesstreiter“)
Jaspers, Karl	(1883–1969), Philosoph und Psychiater, bedeutender Vertreter der Existenzphilosophie
Jeremia	Wirkt von 628 v. Chr. bis nach der Eroberung Jerusalems 586 v. Chr. als Prophet im Südreich Juda
Jerobeam	Erster König des Nordreiches Israel (931–910 v. Chr.)
Jerusalem	Von David eroberte Stadt des Jebusiterstammes; politisches und religiöses Zentrum Israels mit Königsburg und Tempel; 586 v. Chr. von den Babyloniern zerstört, nach dem Exil (ab 538 v. Chr.) wieder aufgebaut
Jesaja	(etwa 770–700 v. Chr.), Prophet des Alten Testaments, dessen Prophezeiungen im Neuen Testament vielfach auf Christus bezogen werden
Jesuiten	Von Ignatius von Loyola 1539 gegründeter Orden zur Ausbreitung, Festigung und Verteidigung des katholischen Glaubens
Jiddisch	Eine von Juden gesprochene eigentümliche Form des Deutschen, die sich aus altdeutschen, hebräisch-aramäischen, romanischen und slawischen Elementen zusammensetzt
Johannes XXIII.	(1881–1963), Papst von 1958–1963; berief das 2. Vatikanische Konzil ein; eines seiner Hauptanliegen war die Öffnung der katholischen Kirche für den Dialog mit der Welt
Johannes der Täufer	Bußprediger zur Zeit Jesu; gilt im Neuen Testament als Wegbereiter Jesu
Johannes Paul II.	(1920–2005), Papst von 1978–2005; hatte maßgeblichen Anteil am Zusammenbruch des Kommunismus in Europa; wollte am Ende des von Nationalsozialismus und Kommunismus tief geprägten 20. Jahrhunderts „Gott in die Welt zurückbringen“
Josef	Erster Sohn von Jakob und seiner Lieblingsfrau Rahel; zweitjüngster der zwölf Söhne Jakobs
Josua	1. Nachfolger des Mose, Führer Israels ins verheißene Land 2. Name eines Buches im AT, das die Ereignisse vom Tod des Mose bis zum Tod Josuas enthält
Juda	1. Name des vierten Sohnes von Jakob und Lea 2. Name eines der zwölf Stämme Israels 3. Name des Südreiches nach dem Zerfall des salomonischen Reiches 931
Judenchristen	Christen, die vor ihrer Taufe Juden waren; viele von ihnen wollten auch nach der Taufe an der Befolgung des jüdischen Gesetzes (z. B. Beschneidung, Reinheitsvorschriften) festhalten
Jüdisches Gesetz	In den fünf Büchern Mose enthaltene göttliche Weisungen, die helfen sollen, den Bund zwischen Gott und den Menschen im Lebensalltag umzusetzen

Kaaba	Bedeutendstes Heiligtum des Islam im Hof der Moschee von Mekka
Kairos	Griechischer Begriff für Zeit, der vor allem den richtigen Moment, die subjektiv unterschiedlich erfahrbare Dimension der Zeit erfasst
Kajaphas	Hoherpriester, der Jesus verhörte
Kanaan	Land zwischen Mittelmeer und syrischer Wüste, seit der Besatzungszeit der Römer auch Palästina genannt
Kanonische Exegese	Auslegungsweise der Bibel, welche die Texte in ihrer Endgestalt betrachtet und dabei den Blick auf das ganze Buch und den gesamten Kanon lenkt
Kant, Immanuel	(1724–1804), bedeutendster Philosoph des 18. Jhdts., dessen Philosophie das Zeitalter der Aufklärung zum Abschluss brachte und Ausgangspunkt zahlreicher neuer philosophischer Richtungen wurde
Kaplan	Meist junger Priester, Mitarbeiter des Pfarrers in einer katholischen Pfarrgemeinde
Kardinal	Bischof mit Papstwahlrecht und besonderen Aufgaben bei der Unterstützung des Papstes in dessen Funktion als oberster Leiter der Gesamtkirche
Karfreitag	Freitag vor Ostern, der als Sterbetag Jesu mit Zeichen der Trauer begangen wird („kara“ = Klage, Sorge)
Karl Martell	(etwa 688–741 n. Chr.), fränkischer Hausmeier, wehrte mit seinem Sieg bei Poitiers im Jahre 732 n. Chr. die Islamisierung Mitteleuropas ab
Karma	Universelles Gesetz des Hinduismus, wonach jedes Dasein die kausale Folge eines früheren Daseins ist
Karwoche	Passions- und Trauerwoche vor Ostern im Gedenken an Jesu Leiden und Tod, mit Gründonnerstag, Karfreitag und Karsamstag als Abschluss der 40-tägigen Fastenzeit
Kasuistik	Gesetzesethik, die möglichst jeden nur denkbaren Fall (lat. „casus“) im Voraus geregelt wissen will
Katholisch	Wörtlich: *alle betreffend, allgemein*; Kennzeichen der Kirche Christi, die sich an alle Menschen richtet
Kilian	Etwa 689 n. Chr. in Würzburg ermordeter irischer Wanderbischof und Missionar; einer der Patrone des Bistums Würzburg
Kinderrechtskonvention	Von den Vereinten Nationen beschlossenes „Übereinkommen über die Rechte des Kindes“
King, Martin Luther	(1929–1968), Pastor der Baptistenkirche; erfolgreicher Bürgerrechtler und Kämpfer gegen die Rassendiskriminierung in den USA
Kirche	1. Grundsakrament des Heils, Zeichen und Werkzeug der Zusage Gottes an alle Menschen 2. Gemeinschaft, die als Volk Gottes und Leib Christi fortsetzt, was Christus, ihr Haupt, begonnen hat 3. Gebäude zur Feier von Gottesdiensten
Kirchenjahr	Sich aus dem Festkalender der Kirche ergebende Ordnung des Jahres, beginnend mit dem 1. Adventssonntag und endend mit dem Samstag nach dem Christkönigssonntag, also einen Tag vor dem 1. Advent
Kirchenverwaltung	Von den Gemeindemitgliedern gewähltes Gremium zur Verwaltung der Grundstücke, Gebäude und Finanzen einer Pfarrgemeinde
Kirchweih	Jährliches Fest zur Erinnerung an die Weihe einer Kirche, oft in enger Verbindung mit einem Volksfest
Konkordat	Völkerrechtlich bzw. völkerrechtsähnlich geltender Vertrag zwischen der katholischen Kirche (Vatikan) und einem Staat zur Regelung gemeinsamer Interessensgebiete
Konstantinische Wende	Vor allem von Kaiser Konstantin (ca. 280–337 n. Chr.) durch Hinwendung zum Christentum veranlasste Loslösung des römischen Staates von der bis dahin staatstragenden alten römischen Religion. Beginn der engen Verbindung von Kirche und Staat
Kontemplation	Lateinisch: *Betrachtung*; in östlichen Religionen Begriff für die gegenstandslose Medition; in der christlichen Mystik das innere Gebet als Weg der Schau Gottes
Konzil	Versammlung aller Bischöfe und anderer Repräsentanten der Kirche, oberstes Entscheidungsgremium der katholischen Kirche unter Leitung des Papstes
Koran	Die in 114 Kapitel (= Suren) gegliederte Offenbarungsschrift des Islam, die Muhammad zwischen 608 und 632 n. Chr. vom Erzengel Gabriel erhalten haben soll
Korbinian	(etwa 680–730 n. Chr.), Missionar und Wanderbischof; erster Bischof von Freising, einer der Patrone der Erzdiözese München und Freising
Koscher	Speziell in Verbindung mit den jüdischen Speisevorschriften die Bezeichnung für das, was kultisch „rein“ ist und deshalb verzehrt werden darf

Kreationismus	Von lateinisch „creatio": *Schöpfung*; vor allem in Amerika einflussreiche Strömung, welche die Schöpfungserzählungen der Bibel als Tatsachenberichte auffasst
Kreuzigung	In der Antike verbreitete Todesstrafe; bei den Römern besonders entehrende Todesart für nichtrömische Schwerverbrecher und Staatsfeinde
Kreuzweg	Nachvollzug des Leidenswegs Jesu in 14 Stationen
Kreuzzeichen	„Im Namen des Vaters und des Sohnes und des Heiligen Geistes": Kurzform des christlichen Glaubensbekenntnisses
Kreuzzüge	Im Mittelalter von der Kirche initiierte Kriege gegen Ungläubige und Ketzer zur Verteidigung oder Ausbreitung des katholischen Glaubens
Kurie	Bezeichnung für die Gesamtheit der Verwaltungsbehörden des Vatikan
Lea	Ältere Schwester Rahels; Frau Jakobs, Mutter von sechs Söhnen und einer Tochter
Lektor(in)	Lateinisch: *Leser(in), Vorleser(in)*; Person, die im Wortgottesdienst der Heiligen Messe die Lesung(en) vorträgt
Levit	Bezeichnung für israelitische Priester, die alle aus dem Stamm Levi sein mussten
Logotherapie	„Heilung durch Sinn"; Bezeichnung für die von Viktor Frankl begründete Schule der Psychotherapie, welche die Erkenntnis von der grundlegenden Sinnhaftigkeit menschlicher Existenz vermitteln und die Menschen so von ihren seelischen Nöten befreien will
Lukas	Verfasser des Lukasevangeliums und der Apostelgeschichte; der Tradition nach Arzt und Gefährte des Paulus; Symbol: Stier
Lumen Gentium	Lateinisch: *Licht der Völker*; vom 2. Vatikanischen Konzil verabschiedete Konstitution über das Wesen der Kirche
Luther, Martin	(1483–1546), ursprünglich Mönch im Orden der Augustiner-Eremiten, löste 1517 mit der Veröffentlichung von 95 Thesen über den Ablass den Beginn der Reformation aus; entscheidender Einfluss auf die Durchsetzung der deutschen Hochsprache durch die Übersetzung der Heiligen Schrift ins Deutsche
Manna	Hebräisch: *Was ist das?*; Nahrungsmittel der Israeliten in der Wüste
Mantra	Im Buddhismus und Hinduismus heilige oder magische Formel, die innere Kräfte anruft und nach strenger Gesetzmäßigkeit zitiert wird
Marduk	Oberster Reichsgott im neubabylonischen Reich, der Überlieferung im Epos „Enuma elisch" zufolge Schöpfer der Erde und des Menschen
Maria	Mutter Jesu, Typus des hörenden und für Gott offenen Menschen
Markus	Als erster Evangelist Begründer der Textgattung „Evangelium"; der Tradition nach Begleiter des Paulus auf dessen erster Missionsreise; Symbol: Löwe
Marx, Karl	(1818–1883), deutscher Philosoph, Ökonom, Journalist und Publizist, Begründer und Theoretiker des wissenschaftlichen Sozialismus
Märtyrer	Wörtlich: *Zeuge*; jemand, der um seines Glaubens willen Verfolgung oder Tod erleidet (Blutzeuge)
Matthäus	Evangelist, der Tradition nach mit dem Apostel Matthäus identisch; Symbol: Engel/Mensch
Medina	Erste Stadt, die sich zum Islam bekannte; Ort der ersten verfassten Gemeinde und Grabstätte Muhammads
Meditation	Lateinisch: *Nachdenken, sich zur Mitte ausrichten*; geistige Sammlung durch Besinnung, Konzentration; in vielen Religionen und Kulturen geübte religiöse bzw. spirituelle Praxis zur inneren Sammlung
Mekka	Geburtsort Muhammads, heilige Stadt und Hauptziel der Pilgerfahrt der Muslime
Menschenrechte	Rechte, die jedem Menschen unabhängig von Herkunft, Familie, Geschlecht oder Religion bereits deswegen zustehen, weil er als Mensch geboren ist, so z. B. das Recht auf Leben, körperliche Unversehrtheit, Bildung
Menschenrechtsorganisation	Organisation zum Schutz der Menschenrechte, wie z. B. UNICEF (United Nations International Children's Emergency Fund)
Menschenwürde	Im Grundgesetz durch die Grundrechte geschützter Anspruch des Menschen, als Träger geistlichsittlicher Werte um seiner selbst willen geachtet zu werden
Messias	Wörtlich: *der Gesalbte* (griech. „christos"); im Judentum bringt die Salbung zum Ausdruck, dass ein Mensch von Gott erwählt wurde, um einen besonderen Auftrag zu erfüllen. Daraus entwickelte sich die Erwartung eines endzeitlichen Erlösers der Menschheit, die im frühen Christentum auf Jesus von Nazaret übertragen wurde.

Methodischer Atheismus	Eine etablierte wissenschaftliche Praxis auf Basis der wissenschaftstheoretischen und forschungspraktischen Grundhaltung, wonach die „Gotteshypothese" kein legitimer Faktor bei der Erklärung vor allem naturwissenschaftlicher Phänomene ist
Micha	Wirkte im letzten Viertel des 8. Jhs. als Prophet im Südreich Juda
Minarett	Moscheeturm
Misereor	Hilfswerk der katholischen Kirche in Deutschland zur (Selbst-)Hilfe für die Armen in aller Welt
Mobbing	Gezielte Form der Ausgrenzung
Monotheismus	(von gr. „monos": *einzig, allein*; „theos": *Gott*): Religionsform, in der nur ein einziger Gott verehrt wird; die Existenz weiterer Götter wird verneint
Monte Cassino	Um 529 n.Chr. von Benedikt von Nursia in Latium gegründetes Stammkloster des Benediktinerordens
Moschee	Gebetsstätte der Muslime, verpflichtender Ort des Freitagsgebets
Mose	Von Gott erwählter Führer der Israeliten beim Auszug aus Ägypten und während des Zuges durch die Wüste
Muezzin	Ausrufer der Gebetszeit im Islam
Muhammad	(etwa 570–632 n.Chr.), Begründer des Islam, gilt dort als letzter und größter Prophet
Muslim	Selbstbezeichnung der Anhänger des Islam, wörtlich: *Einer, der sich Gott hingibt*
Mutation	s. Evolutionstheorie
Mythos	Meist uralte Erzählform, welche die großen Fragen der Menschheit mithilfe von Göttern und Heldengestalten zu erklären versucht
Namenstag	Gedenktag des Namenspatrons im Heiligenkalender
Natan	Israelitischer Prophet, der David im Auftrag Gottes wegen seiner Schuld zur Rechenschaft zieht
Naturrecht	Rechtsvorstellung, die gegenüber dem durch soziale Normen gesetzten oder positiven Recht eine Vorrangstellung beansprucht
Nazaret	Stadt in Galiläa, in der Jesus seine Kindheit verlebte
Nebukadnezar II.	Babylonischer Herrscher (605–562 v.Chr.); lässt Jerusalem zerstören und große Teile der Bevölkerung ins Exil nach Babylon deportieren
Neues Testament (NT)	Zusammen mit dem Alten Testament die Heilige Schrift der Christen; 27 Schriften, eingeteilt in: Evangelien und Apostelgeschichte – Briefe – Offenbarung des Johannes
New Age	(engl.: *Neues Zeitalter*); Weltanschauliche Bewegung, die den Anbruch eines Zeitalters der Versöhnung von Mensch, Natur und Kosmos propagiert
Nietzsche, Friedrich	(1844–1900), Philosoph und klassischer Philologe, verkündete den „Tod Gottes" und von daher die „Umwertung aller Werte", da die bisherigen Werte allesamt theonom begründet seien (z.B. 10 Gebote …)
Nirwana	Buddhistische Vorstellung von der völligen Auflösung des Ichs am Ende des Lebens, vielfach auch als Erlösungszustand interpretiert
Norm	Konkrete, in einer übergeordneten Wertorientierung begründete und von dieser legitimierte Handlungsanweisung
Offenbarung	1. Göttliche Mitteilung; zeigt, wer Gott ist und was er von den Menschen erwartet 2. Name des letzten Buches der Bibel
Okkultismus	(lat. „occultus": *geheim, verborgen*); Weltanschauung, die mit Phänomenen rechnet, die mit gängigem Wissenschaftsverständnis (noch) nicht erklärbar sind
Ökumene	Gesamtheit der christlichen Kirchen
Olymp	Knapp 3000 m hoher Berg in Griechenland, der in der Antike als Sitz der Götter galt
Orakel	Zukunftsdeutung mithilfe göttlicher Zeichen und Sprüche
Osterkerze	Große, meist geschmückte Kerze, die in der Osternacht als Symbol des auferstandenen Christus erstmals entzündet wird
Ostern	Feier der Auferweckung bzw. Auferstehung Christi am ersten Sonntag nach dem ersten Frühjahrsvollmond
Ostersymbole	Sinnbilder, die geeignet sind, das Ereignis der Auferstehung sichtbar und spürbar zu machen, so z.B. Osterkerze, Osterlamm, Osterei

Palästina	Historische Landschaft an der Ostküste des Mittelmeeres, spätere Bezeichnung für das Gelobte Land Kanaan
Papst	Oberhaupt der katholischen Kirche; Nachfolger des Apostels Petrus, Bischof von Rom, „Diener der Diener Gottes", Garant der Einheit der Kirche
Papyrus	Antikes Schreibmaterial, gefertigt aus dünnen Streifen des Marks der Papyrusstaude
Parias	„Unberührbare", die keiner Hindukaste angehören
Partnerschaft	Im weitesten Sinn eine gleichwertige Gemeinschaft von mehreren Menschen, im engeren Sinn eine enge, oft auch verbindliche (Liebes-)Beziehung
Pascal, Blaise	(1623–1662), französischer Philosoph, Mathematiker und Physiker
Pascha	Sprich: pas-cha; hebräisch: *Vorübergang*; jüdisches Fest zur Erinnerung an die Nacht vor dem Auszug aus Ägypten, als der Todesengel an den Häusern der Israeliten vorüberging und die Erstgeborenen der Ägypter tötete
Passion	Das Leiden Jesu Christi von der Verhaftung über Verspottung, Geißelung, Verurteilung bis zur Kreuzigung
Patriarch	Griechisch: *Stammvater*; in der Bibel Bezeichnung der Stammväter Israels: Abraham, Isaak, Jakob und dessen Söhne
Patron	Heiliger, der als Beschützer und Fürsprecher einzelner Länder, Orte, Kirchen, Berufe, u. a. verehrt wird
Patrozinium	1. Schutzherrschaft eines Heiligen (Patron) über die ihm geweihte Kirche 2. Jährliches Fest zu Ehren des Kirchenpatrons
Paulus	Apostel, der durch ausgedehnte Reisen und Briefe in besonderer Weise den christlichen Glauben verbreitete
Pentateuch	Fünf-Rollen-Behältnis; Fachausdruck für die ersten fünf Bücher des AT (Genesis, Exodus, Leviticus, Numeri, Deuteronomium), die für die Juden die Tora (Gesetz) bilden; diese Bücher verwahrt man in den Synagogen in einem Behälter
Pergament	Früheres Schreibmaterial aus speziell präpariertem Leder
Personalitätsprinzip	Aus der Gottebenbildlichkeit abgeleitete Lehrauffassung von der unantastbaren Würde eines jeden Menschen aufgrund der ihm von Gott verliehenen Individualität
Petersdom	Größte Kirche der Welt, errichtet über dem Grab des Apostels Petrus in Rom
Petrus	Griechisch: *Fels*; Beiname, den Jesus seinem Apostel Simon gab
Pfarrei	Kleinste, rechtlich selbstständige Gemeinschaft von Gläubigen, im Auftrag des Bischofs von einem Pfarrer geleitet
Pfarrgemeinderat	Von den Gemeindemitgliedern gewähltes Gremium zur Unterstützung der Seelsorgearbeit der Geistlichen
Pfingsten	Tag der Geistsendung, die den Beginn der Kirche darstellt (50 Tage nach Ostern)
Pflichtethik	Ethisches Modell, demzufolge die im natürlichen Sittengesetz verankerten ethischen Richtlinien ohne Rücksicht auf mögliche Folgen zu verwirklichen sind
Pharao	Ägyptisch: *das große Haus*; Titel ägyptischer Herrscher
Pharisäer	Fromme Gruppe von Juden, welche die Gesetze des Mose genau beachteten
Pilatus, Pontius	26–36 n. Chr. römischer Statthalter von Judäa; mitverantwortlich für die Kreuzigung Jesu
Polytheismus	(von gr. „poly": *viel*; „theos": *Gott*): Religionsform, in der man an die Existenz mehrerer Götter glaubt
Pornografie	Als obszön eingestufte Darstellung des Sexuellen in Wort und Bild
Positivismus	Sammelbegriff für philosophische Richtungen, welche als Quelle der Erkenntnis nur die positiven, d. h. die sinnlich erfahrbaren Tatsachen anerkennt
Postmoderne	Oberbegriff für Konzeptionen, die der Verheißung der Moderne, Aufklärung und Rationalität würden zu einem Mehr an Menschlichkeit führen, keinen unbedingten Glauben mehr schenken und die auf ein Nebeneinander auch gegensätzlicher Lebensentwürfe setzen
Pränataldiagnostik	(lat.), Untersuchung zur Erfassung hauptsächlich genetisch bedingter Schädigungen vor der Geburt
Presbyterium	Hochaltarraum
Proselyten	Erst als Erwachsene zum Judentum übergetretene Menschen
Psalmen	Alttestamentliche Sammlung von 150 religiösen Liedern aus dem 11.–3. Jh. v. Chr., bestehend vor allem aus Lobliedern, Dankliedern und Klageliedern
Psychoanalyse	Von Sigmund Freud entwickelte Lehre, derzufolge das Handeln des Menschen weitgehend vom Unbewussten gesteuert wird; seelische Erkrankungen können geheilt werden, indem diese Zusammenhänge aufgedeckt und dem Patienten bewusst gemacht werden

Qumran	Hauptsiedlung der Essener im jüdischen Bergland nahe bei Jericho; Fundort der ältesten bis heute bekannten Bibelhandschriften
Rahel	Jüngere Schwester von Lea; Lieblingsfrau Jakobs; Mutter von Josef und Benjamin, bei dessen Geburt sie starb
Ramadan	Neunter Monat des islamischen Mondjahres – Fastenmonat
Rebekka	Frau von Isaak; Mutter von Esau und Jakob
Rechtfertigungslehre	Lehre von der Wiederherstellung des durch die Sünde gestörten Verhältnisses des Menschen zu Gott; nach Luther nicht durch eigene Werke, sondern allein durch den als Gnadengeschenk Gottes erlangten Glauben realisierbar
Rechtspositivismus	Rechtswissenschaftliche bzw. moralphilosophische Theorie, welche sittliches Recht mit dem bestehenden (staatlichen) Recht gleichsetzt
Reduktionismus	Allgemein: philosophische Lehre, nach der ein System durch seine Einzelbestandteile vollständig bestimmt wird; auf den Menschen bezogen: Vorstellung, die den Menschen auf seine materielle, körperliche Dimension „reduziert“, indem sie der geistigen Dimension keine eigenständige Bedeutung zumisst
Rehabeam	Sohn Salomos, erster König des Südreichs Juda (931–914 v. Chr.)
Reich Gottes	Bereits im Alten Testament Ausdruck der universalen Herrschaft Gottes; im Neuen Testament als durch die Heilszusage Gottes charakterisierte neue Wirklichkeit zentrales Thema der Verkündigung Jesu
Reinheitsgebote	Religiöse Anweisungen, die eine geistig-seelische Beschmutzung des Menschen verhindern wollen
Reinkarnation	Lateinisch: *Wiederverkörperung*; Vorstellung vom Kreislauf des Werdens und Vergehens aller Lebewesen samt Wiedergeburt mit der Möglichkeit der Selbsterlösung
Religionsfreiheit	Freiheit, seine Religion oder Überzeugung privat zu leben, in der Öffentlichkeit zu bekunden oder auch zu wechseln (Glaubens-, Gewissens- und Bekenntnisfreiheit)
Religionssoziologie	Wissenschaft, die sich mit den Wechselwirkungen zwischen Religion und Gesellschaft, den gesellschaftlichen Bedingtheiten von Religion und den Auswirkungen von Religion auf gesellschaftliche Tatbestände befasst
Reliquie	Lateinisch: *Überrest*; Gegenstand, der in enger Verbindung zu einem Heiligen steht und deshalb Verehrung genießt
Retinitätsprinzip	Pflicht, das Wohl der nachfolgenden Generationen im Blick zu behalten (Nachhaltigkeit); modernes Element der katholischen Soziallehre
Richter	Männer und Frauen, die in der Zeit nach der Landnahme Israels wichtige Leitungsaufgaben (v. a. die Rechtsprechung) erfüllten
Römisch-katholisch	Abgrenzung unserer Kirche mit dem Papst in Rom an der Spitze von anderen christlichen Kirchen und Glaubensgemeinschaften
Rokoko	Anmutig verspielte Auflösung des Barockstils (ca. 1720–1780 n. Chr.)
Romanik	Kunstepoche des frühen Mittelalters (ca. 950–1250 n. Chr.); Glaube als Schutz und Sicherheit
Romero, Oscar Arnulfo	(1917–1980), kämpfte als Erzbischof von San Salvador engagiert gegen die politische und soziale Ungerechtigkeit in seinem Land
Rosenkranzgebet	Zu innerer Sammlung führendes Gebet, das durch beständige Wiederholung zur Meditation zentraler Geschehnisse der christlichen Heilsgeschichte anregt, bisweilen auch als „katholisches Mantra“ bezeichnet
Rotes Martyrium	Opfer des eigenen Lebens um des Glaubens willen
Sacrosanctum Concilium	(lat.: *heiliges Konzil*), vom 2. Vatikanischen Konzil verabschiedete Konstitution über die heilige Liturgie
Sadduzäer	Mitglieder der jüdischen Oberschicht mit großem politischem Einfluss; entscheidende Kraft im Hohen Rat, Leiter der Tempeldienste in Jerusalem
Säkularisierung	Von lateinisch „saeculum“: *Zeitalter, Jahrhundert*; allgemein jede Form von Verweltlichung, im engeren Sinn das Herauslösen von Institutionen, Verhaltensweisen und Vorstellungen aus dem Einflussbereich der (christlichen) Religion
Sakramentalien	Nicht zu den Sakramenten zählende Zeichenhandlungen, welche die Gnade Gottes vermitteln und versinnbildlichen
Sakramente	Die sieben von Jesus Christus eingesetzten, die Gnade Gottes vermittelnden Zeichenhandlungen, welche die Nähe Gottes individuell erfahrbar machen (Taufe, Buße, Eucharistie, Firmung, Ehe, Priesterweihe, Krankensalbung)

Salomo	Sohn Davids; israelitischer König von 961– 931 v. Chr.; Erbauer des ersten Tempels in Jerusalem
Salomonisches Urteil	Weises Urteil, zurückgehend auf einen im Buch der Könige überlieferten weisen Schiedsspruch König Salomos, durch den er beim Streit zweier Frauen um ein Kind die rechtmäßige Mutter erkannte
Samaria	Landschaft in Mittelpalästina mit eigenem, von den Juden als unrein angesehenem Tempel und Kult
Samuel	Israelitischer Richter und Prophet, der im Auftrag Gottes Saul zum König salbte und ihm später auch seine Verwerfung mitteilte
Santiago de Compostela	Im Nordwesten Spaniens gelegener, im Mittelalter nach Jerusalem und Rom bedeutendster christlicher Wallfahrtsort (Grab des Apostels Jakobus)
Sara	Frau Abrahams
Sartre, Jean Paul	(1905–1980), Philosoph, Schriftsteller und politischer Journalist; Hauptvertreter des französischen Existentialismus
Saul	Erster König Israels (ca. 1020–1000 v. Chr.)
Schabbat	1. Der siebte Tag der jüdischen Woche, von Freitagabend bis Samstag 2. Wörtlich: *Aufhören, Niederlegen*; wie Gott am siebten Tag nach Vollendung seines Schöpfungswerkes geruht hat, so sollen auch Menschen und Tiere am siebten Tag der Woche, dem Schabbat, innehalten
Scharia	Religiös begründetes Recht des Islam, umfassende Lebensordnung für den privaten und staatlichen Bereich
Schiiten	Kleinere der beiden Hauptgruppen des Islam, die nur Ali, den Vetter Muhammads, und dessen Nachkommen als rechtmäßige Nachfolger Muhammads anerkennt
Schoah	Wörtlich: *Zerstörung, Katastrophe*; heute gebräuchliche Bezeichnung für die Ermordung von ca. sechs Millionen Juden durch den Nationalsozialismus
Schöpfungsmythen	s. Ursprungserzählungen
Schriftgelehrte	Seit dem Babylonischen Exil Bezeichnung für jüdische Gesetzeslehrer
Schriftprophet	Ein Prophet, von dem im AT in einem nach ihm benannten Buch Worte und Taten überliefert sind; über einen „Tatpropheten" gibt es kein eigenes Buch
Schriftrolle	Antike Buchform, gefertigt aus aneinandergeklebten Papyrusblättern mit Stäben zum Abwickeln am Anfang und Ende
Schuld	Übertreten eines Gebotes oder das Bewusstsein, einer (religiösen) Pflicht zuwidergehandelt zu haben
Seligpreisungen	Eschatologische Verheißungen der Bergpredigt
Sekte	Durch Abspaltung von einer etablierten Religion entstandene religiöse Gruppierung
Selektion	s. Evolutionstheorie
Septuaginta	Im 3. Jh. v. Chr. entstandene altgriechische Übersetzung der Hebräischen Bibel (des Alten Testaments)
Sexuelle Gewalt	Formen von Belästigung und Gewalt im Bereich Sexualität
Sexus	Bezeichnung für die körperliche, geschlechtliche Liebe, die mit Leidenschaft, Lust und Begierde verknüpft ist
Situationsethik	Ethisches Modell, demzufolge das konkrete Handeln ohne jede Vorgabe allein aus der konkreten Situation heraus abzuleiten ist
Sitz im Leben	Fachbegriff der formkritischen Analyse, der die vermutete Entstehungssituation eines Textes bezeichnet
Sohn Gottes	In der jüdischen und hellenistischen Umwelt gebräuchlicher Hoheitstitel, der im Neuen Testament Jesus zugesprochen wird
Solidarität	Zusammengehörigkeitsgefühl, das sich in gegenseitiger Unterstützung äußert
Solidaritätsprinzip	Pflicht zu umfassender gegenseitiger Unterstützung („einer für alle, alle für einen"); wesentliches Element der katholischen Soziallehre
Sonntag	Nach christlichem Verständnis der erste Tag der Woche, an dem im Gottesdienst das Gedenken an die Auferstehung Jesu Christi gefeiert wird
Soziale Marktwirtschaft	Modell einer Marktwirtschaft, in welchem der Staat die sozial unerwünschten Auswirkungen der Marktwirtschaft ausgleicht
Soziallehre (katholische)	Sammelbezeichnung für die aus Bibel und kirchlicher Tradition abgeleiteten Lehrauffassungen über die Grundlagen und Normen des Zusammenlebens innerhalb der gesellschaftlichen Ordnungen
Spiritismus	(von lat. „spiritus": *Geist*), Lehre und Praxis der Beschwörung von Geistern zum Zwecke der Einholung von Orakeln sowie der Kenntnisnahme jenseitiger Geheimnisse

Spiritual	Geistlicher Gesang der Afroamerikaner; seit dem 18. Jh. als Bezeichnung für Hymnengesänge und geistliche Lieder verwendet und von den Sklaven in den USA im Zuge ihrer Christianisierung übernommen
Stammvater	Gründer einer Sippe mit Vorbildcharakter
Stammzellen	Alle noch nicht ausdifferenzierten Zellen eines Embryos oder bereits geborenen Menschen, die noch vielfältige Entwicklungs- und Teilungsfähigkeiten besitzen
Stephanus	Erster Blutzeuge (Märtyrer) für den christlichen Glauben; Gedenktag am 26. Dezember
Sterbebegleitung	Umfassende Betreuung von Menschen, deren Krankheit nicht mehr auf heilende Therapie anspricht
Sterbehilfe	Sammelbegriff für Maßnahmen, die den Tod eines Schwerkranken herbeiführen, erleichtern oder zumindest nicht hinauszögern wollen; aktive Sterbehilfe: Herbeiführung des Todes durch aktives Tun; passive Sterbehilfe: Unterlassung lebensverlängernder Maßnahmen im Sterbeprozess
Straßenkinder	Kinder, die meist in großen Städten auf der Straße leben und die sich mit Gelegenheitsjobs, Betteln oder Stehlen über Wasser halten
Streitschlichtung	Meist von Vermittlern initiiertes Verfahren, welches die Streitenden selbst zu einer Lösung ihres Konflikt befähigen soll
Subjektwerdung	Im biblischen Menschenbild begründete Vorstellung, wonach der Mensch vor der Aufgabe steht, sich zu einem eigenständig und verantwortlich handelnden „Subjekt" zu entwickeln, um der Gottebenbildlichkeit gerecht zu werden
Subsidiaritätsprinzip	Aus dem Grundsatz, dass infolge der von Gott verliehenen Individualität eine gesellschaftliche oder staatliche Aufgabe von der jeweils kleinsten (bzw. untersten) dazu befähigten Einheit wahrgenommen werden muss, abgeleitete Pflicht zur Eigenverantwortlichkeit; wesentliches Element der katholischen Soziallehre
Sucht	Unabweisbares Verlangen nach einem bestimmten Gefühls-, Erlebnis- oder Bewusstseinszustand
Suchtkriterien	Anzeichen für das Vorliegen einer Sucht, vor allem Kontrollverlust – Entzugserscheinungen – Abstinenzunfähigkeit – Zwang zur Dosissteigerung – Zentrierung auf das Suchterlebnis
Sünde	Bewusste Abkehr von Gott und seiner von ihm gewollten Ordnung der Liebe
Sündenfall	Bildhafte Antwort der Bibel auf die Frage nach dem Ursprung des Bösen in der Welt, die diesen Ursprung im Versuch des Menschen sieht, sich selbst an die Stelle Gottes zu setzen
Sündenvergebung	Im Bußsakrament fortdauernde befreiende Tat Jesu, durch die den Menschen eine erneuerte Beziehung zu Gott möglich wird
Sunna	Die Gesamtheit der im Hadith gesammelten Aussprüche, Entscheidungen und Verhaltensweisen; neben dem Koran Richtschnur für das persönliche und staatliche Handeln der Muslime
Sunniten	Zahlenmäßig weitaus größte Gruppierung im Islam, für die Koran und Sunna die Grundlage ihrer Glaubens- und Pflichtenlehre bilden
Sure	Abschnitt des Koran
Symbol	Gegenstand, Handlung, Vorgang oder Zeichen zur Versinnbildlichung einer nicht unmittelbar wahrnehmbaren Wirklichkeit
Synkretismus	Vermischung verschiedener religiöser Vorstellungen oder Philosophien zu einem neuen Weltbild
Synoptiker	Bezeichnung für die Verfasser der drei ersten, in Inhalt und Aufbau einander ähnlichen Evangelien (Markus, Matthäus und Lukas)
Tabernakel	Aufbewahrungsort für die zum Verzehr bestimmte Eucharistie, deshalb meist aus besonders wertvollem Material kunstvoll gestaltet
Taizé	Ort in Frankreich, in dem Frère Roger Schutz 1940 eine internationale ökumenische Gemeinschaft mit weltweiter Ausstrahlung gründete; wird nicht nur bei ökumenischen Jugendtreffen von zahllosen Jugendlichen besucht
Talmud	Wörtlich: *Lehre*; umfassendes Kompendium der mündlichen Auslegungstradition der Tora (→ *mündliche* Tora), das aus der Mischna (*Wiederholung* der Lehre) und der Gemara (*Vervollständigung* der Lehre) besteht
Taoismus	Altchinesische Philosophie und Religion

Teleologie (teleologische Normbegründung)	Von griechisch „telos“: *Ziel*; Ansatz der Normbegründung, der die Zielorientierung zum obersten Maßstab des Handelns macht
Tempel	1. Kultbau, in der Regel Mittelpunkt eines religiösen Bezirks 2. Religiöses Zentrum des Judentums in Jerusalem, als Wohnung Gottes verstanden; unter König Salomo erbaut, nach der Zerstörung durch die Babylonier (586 v. Chr.) 520–516 v. Chr. wieder errichtet, von Herodes 19/18 v. Chr. erweitert, 70 n. Chr. durch die Römer endgültig zerstört
Testament	Lateinisch „testamentum“: *Verfügung, Vertrag, Bund;* das AT beinhaltet den Bund Gottes mit dem Volk Israel, das NT handelt vom neuen Bund durch Jesus für alle Menschen
Theodizee	Griechisch: *Rechtfertigung Gottes;* Suche nach einer Antwort auf die Frage, wie das physische und moralische Übel mit der Existenz eines gütigen Gottes in Einklang zu bringen sei
Tiâmat	Dem babylonischen Schöpfungsmythos „Enuma elisch“ zufolge dem Gott Marduk im Kampf um die Vorherrschaft unterlegene Göttin, aus deren Leichnam Marduk nach seinem Sieg Himmel und Erde erschaffen hat
Toleranz	Vor allem in religiösen, politischen und ethischen Fragen das Dulden von Anschauungen, Werten, Normen und Handlungen, die vom eigenen Standpunkt abweichen oder gar als falsch angesehen werden
Tora	Hebräisch: *Lehre, Weisung;* im Judentum Bezeichnung für die ersten fünf Bücher des AT (Pentateuch), die zusammen mit der im Talmud enthaltenen mündlichen Tora das jüdische Religionsgesetz bilden
Totengericht	Nach Vorstellung vieler Religionen Vollzug der göttlichen Gerechtigkeit nach dem Tod oder am Ende der Zeiten
Tranformationserlebnis	Erfahrung auf dem Weg der geistigen Entwicklung
Transzendenz	Lateinisch „transcendere“: *übersteigen*; allgemein Überschreiten von Grenzen des Verhaltens, Erlebens und Bewusstseins, philosophisch bzw. theologisch Bezeichnung für das jenseits des Bereichs der (sinnlichen) Erfahrung Liegende
Tridentinum	Konzil von Trient (1545–1563), Reform der katholischen Kirche, Beseitigung vieler Missstände; scharfe Abgrenzung von der Theologie der Reformation
Trinität	Dreifaltigkeit; Dreieinigkeit; in der christlichen Theologie Bezeichnung für die Wesenseinheit Gottes in drei Personen (Vater, Sohn und Heiliger Geist)
Turmerlebnis	Bezeichnung für den Vorgang, der Martin Luther im Turm seines Studierzimmers zu einem neuen Verständnis der Rechtfertigungslehre führt
Ulrich	(890–973 n. Chr.), Bischof und einer der Diözesanpatrone von Augsburg; erster formell heiliggesprochener Heiliger in der Geschichte der Kirche
Urgemeinde	Erste christliche Gemeinschaft in Jerusalem unter der Leitung von Petrus und Jakobus
Urgeschichte (biblische)	Die ersten Kapitel des Buches Genesis (Gen 1-11) mit grundlegenden Aussagen über den Menschen, seine Beziehung zu Gott und seine Stellung in der Welt
Urknalltheorie	Heute weithin anerkannte wissenschaftliche Theorie von der Entstehung des Universums durch explosionshafte Expansion
Ursprungserzählungen	Sammelbegriff für die vielen unterschiedlichen Schöpfungsmythen der Völker, die in Bildern und Geschichten die Frage nach dem Ursprung des Lebens bzw. nach dem Sinn menschlicher Existenz zu beantworten versuchen; in dieser Tradition stehen auch die biblischen Schöpfungserzählungen
Utilitarismus	Ethisches Prinzip, das die Nützlichkeit als Bewertungskritierium für die Sittlichkeit einer Handlung ansieht
Utopie	Aus den griechischen Worten „ou“ (*nicht*) und „topos“ (*Ort*); Kurztitel eines 1516 erschienenen Staatsromans von Thomas Morus, der einer neuen literarischen Gattung den Namen gab, in der Wunschbilder einer idealen Ordnung oder als negative Utopien (Dystopien) Schreckensbilder und Apokalypsen gezeichnet werden

Vatikanische Konzile	Nach ihrem Tagungsort benannte Konzile der katholischen Kirche; 1. Vatikanisches Konzil (1869–1870) unter Papst Pius IX.; 2. Vatikanisches Konzil (1962–1965) unter Papst Johannes XXIII. und Papst Paul VI.
Veden	Heilige Schriften des Hinduismus
Verantwortung	Im biblisch-christlichen Menschenbild die Vorstellung, dass der Mensch jederzeit bereit sein muss, Gott gegenüber Rechenschaft über seine Lebensführung abzulegen
Verantwortungsethik	Sammelbegriff für Theorien der normativen Beurteilung von Handlungen, die sich im Gegensatz zur Gesinnungsethik nicht am Motiv des Handelnden, sondern an der Verantwortbarkeit der Handlungsergebnisse orientieren
Verdrängung	Versuch, leidvolle Erfahrungen abzuwehren, indem man sich ihnen nicht stellt
Virtuelle Welt	Computergenerierte, von mehreren Nutzern gleichzeitig und unabhängig voneinander erlebbare und gestaltbare fiktive Umgebung
Vorbild	Persönlichkeit, die wesentliche Bereiche der individuellen Lebensführung maßgeblich bestimmt
Wallfahrt	Religiös motivierte Reise zu heiligen Stätten
Weißes Martyrium	Um des Glaubens willen auf sich genommene freiwillige Trennung von allem, woran das Herz hängt
Weltjugendtag	Jugendtreffen, auf denen meist sehr viele Jugendliche aus aller Welt mit dem Papst gemeinsam den Glauben feiern
Weltgericht	In der Sprache der Apokalyptik der Realisierung der christlichen Zukunftshoffnung (volle Gemeinschaft mit Gott und die Vollendung der Schöpfung zu einem neuen Himmel und einer neuen Erde) vorgeschaltetes göttliches Gericht
Wert	Orientierungsmaßstab für das menschliche Handeln
Wirtschaftsethik	Reflexion über die moralischen Aspekte wirtschaftlichen Handelns
Wormser Edikt	Auf dem Reichstag in Worms (1521) erlassenes Edikt, das über Luther die Reichsacht verhängte und seine Schriften verbot
Wort Gottes	Bezeichnung für den Inhalt der Bibel, die Gottes Wort im von Gott angeregten („inspirierten“) Sprechen von Menschen enthält
Wunderheilungen	Heilungen von Kranken, durch die Jesus Gott als liebenden Vater zeigt; Zeichenhandlungen dafür, dass in Jesus der Neue Bund Gottes mit den Menschen angebrochen ist
Würzburger Synode	(1971–1975), gemeinsame Synode (griech.: *Zusammenkunft*) der Bistümer der Bundesrepublik Deutschland zur Umsetzung der Impulse des 2. Vatikanischen Konzils
Yoga	In der indischen Kultur verwurzelte Lehre und Methode der Vervollkommnung des Menschen
Zen	Japanische Form des Buddhismus mit ausgeprägtem Schwerpunkt auf der Meditation
Zidkija	König über das Südreich Juda von 597 v. Chr. bis zur Zerstörung Jerusalems 586 v. Chr.
Zionismus	Bezeichnung für eine im 19. Jahrhundert vor dem Hintergrund eines zunehmenden Antisemitismus entstandene Bewegung, die darauf ausgerichtet war, den Juden in Palästina wieder eine „nationale Heimstätte“ zu schaffen, und die schließlich zur Gründung des Staates Israel im Jahr 1948 führte
Zivilcourage	Mutiges Eintreten für die eigene Überzeugung, ohne von Amts wegen dazu verpflichtet zu sein
Zölibat	Freiwillige Verpflichtung zur Ehelosigkeit und sexueller Enthaltsamkeit um einer Lebensaufgabe willen
Zwei-Reiche-Lehre	Denkmodell der lutherischen Theologie, wonach dem Reich Christi das Reich der Welt gegenübersteht; der Getaufte lebt als Christperson und Weltperson in beiden Reichen, für die unterschiedliche ethische Anforderungen gelten
Zweiquellentheorie	Annahme, dass dem Matthäus- und dem Lukasevangelium mit dem Markusevangelium und einer Sammlung von Reden Jesu zwei gemeinsame Quellen zugrunde liegen

Umschlag Seyerlein, Johannes, München; **4** Wachter, Felix Photographie, Düsseldorf © VG Bild-Kunst, Bonn 2010 [Emil Wachter: Jona]; **5** Wikimedia Foundation Inc. (PD), St. Petersburg FL; **5** akg-images (Erich Lessing) © Succession Picasso/VG Bild-Kunst, Bonn 2010 [Pablo Picasso: La Vie, 1903]; **5** Artothek (Blauel/Gnamm), Weilheim; **5** Wikimedia Foundation Inc. (PD), St. Petersburg FL; **6** Ullstein Bild GmbH (SIPA), Berlin; **6** CCC, www.c5.net (Haitzinger), Pfaffenhofen a.d. Ilm; **7** Wikimedia Foundation Inc. (PD), St. Petersburg FL; **7** Fotolia LLC (mapoli-photo), New York; **7** Haus der Geschichte (Stiftung Haus der Geschichte, Zeitgeschichtliches Forum Leipzig), Bonn; **8** Ullstein Bild GmbH (Würth GmbH/Swiridoff), Berlin; **10** © 1950 und 2008 Karl Rauch Verlag, Düsseldorf; **12** Thinkstock (photos.com), München; **13** Wikimedia Foundation Inc. (PD), St. Petersburg FL; **14** Ullstein Bild GmbH (SIPA), Berlin; **17** Wikimedia Foundation Inc. (PD), St. Petersburg FL; **18** Pohlmann, Andreas, München; **19** Wikimedia Foundation Inc. (PD), St. Petersburg FL; **20** Thinkstock (photos.com), München; **20** Thinkstock (photos.com), München; **22** Ullstein Bild GmbH (KPA), Berlin; **23** CCC, www.c5.net (Haitzinger), Pfaffenhofen a.d. Ilm; **24** Ullstein Bild GmbH (P/F/H), Berlin; **25** Haus der Geschichte (Stiftung Haus der Geschichte, Zeitgeschichtliches Forum Leipzig), Bonn; **26** Picture-Alliance (KPA), Frankfurt; **28** akg-images, Berlin © VG Bild-Kunst, Bonn 2010 [Marc Chagall: Moses empfängt die Gesetzestafeln, 1966]; **30** Norbert Bach Fotografik, Worms; **32** Ullstein Bild GmbH, Berlin; **37** AKG, Berlin; **38** Wikimedia Foundation Inc. (PD), St. Petersburg FL; **39** © Fondation Antoni Tàpies Barcelona/ VG Bild Kunst, Bonn 2010; **40** akg-images (Chester Dale Collection), Berlin © Succession Picasso/VG Bild-Kunst, Bonn 2010 [Pablo Picasso: Liebespaar, 1923]; **40** Fotolia LLC (Monkey Business), New York; **40** Fotolia LLC (Hervé Rouveure), New York; **40** Fotolia LLC (Fotofreundin), New York; **41** Fotolia LLC (Günter Menzl), New York; **41** Fotolia LLC (philipus), New York; **41** Fotolia LLC (Ralf Wunder), New York; **41** Picture-Alliance (EPA/Amnesty International UK), Frankfurt; **41** iStockphoto (John Pischke), Calgary, Alberta; **41** Fotolia LLC (Franz Pfluegl), New York; **42** akg-images (Chester Dale Collection), Berlin © Succession Picasso/VG Bild-Kunst, Bonn 2010 [Pablo Picasso: Liebespaar, 1923]; **45** KNA-Bild GmbH (Harald Oppitz), Bonn; **47** KNA-Bild GmbH (Gennari), Bonn; **50** PLANTU, Paris; **51** KNA-Bild GmbH (UN Photo/Mark Garten), Bonn; **52** Ullstein Bild GmbH (AP), Berlin; **57** KNA-Bild GmbH (Wolfgang Radtke), Bonn; **64** Wikimedia Foundation Inc. (Gerbil - CC-BY-SA-3), St. Petersburg FL; **65** akg-images (Erich Lessing) © Succession Picasso/VG Bild-Kunst, Bonn 2010 [Pablo Picasso: La Vie, 1903]; **66** Fotolia LLC (Raven), New York; **67** Fotolia LLC (photoGrapHie), New York; **67** Klemm, Matthias, Leipzig; **67** iStockphoto (Joseph C. Justice Jr.), Calgary, Alberta; **68** BITKOM e.V., Berlin-Mitte; **69** Fotolia LLC (Raven), New York; **70** Die Welt, Berlin; **71** CCC, www.c5.net (Haitzinger), Pfaffenhofen a.d. Ilm; **72** Wikimedia Foundation Inc. (PD), St. Petersburg FL; **73** Wikimedia Foundation Inc. (NAMA), St. Petersburg FL; **74** Ullstein Bild GmbH (SIPA), Berlin; **75** Ullstein Bild GmbH (Meller Marcovicz), Berlin; **76** KNA-Bild GmbH (Wolfgang Radtke), Bonn; **77** Imago (Busse), Berlin; **77** Ullstein Bild GmbH (Hohlfeld), Berlin; **78** Lettl, Florian (Wolfgang Lettl, Ecstasy (1995) Museum für surreale Kunst, Augsburg-Lindau www.lettl.de), Augsburg; **80** Anneke Gerloff, Berlin © VG Bild-Kunst, Bonn 2010 [Janet Brooks-Gerloff, Unterwegs nach Emmaus, 1992]; **83** Artothek, Weilheim; **84** Klemm, Matthias, Leipzig; **85** Klett-Archiv, Stuttgart; **86** Stiftung BIBEL+ORIENT, Fribourg CH; **87** Medienproduktion, Aachen; **88** Wachter, Felix Photographie, Düsseldorf © VG Bild-Kunst, Bonn 2010 [Emil Wachter: Altarbild von St. Philippus, München, Motiv: Christus und der Seesturm]; **89** Ullstein Bild GmbH (ddp), Berlin; **90** Artothek (Blauel/Gnamm), Weilheim; **91** Klett-Archiv, Stuttgart; **92** © VG Bild-Kunst Bonn, 2010 [Barnett Newman, The Cry, 1946]; **92** akg-images, Berlin © VG Bild Kunst Bonn 2010 [Marc Chagall, Glasfenster der Fraumünster-Kirche, Zürich, 1967]; **93** AKG, Berlin; **93** Fotolia LLC (radopix), New York; **93** Wikimedia Foundation Inc., St. Petersburg FL; **93** ullstein Bild, Berlin 8c) The Munch Museum/ The Munch Ellingsen Group/VG Bild-Kunst, Bonn 2010 [Edvard Munch: Melancholie]; **94** AKG, Berlin; **95** akg-images (Christie´s), Berlin © VG Bild-Kunst, Bonn 2010 [Marc Chagall: Moses vor dem brennenden Dornbusch]; **96** AKG, Berlin; **97** Wikimedia Foundation Inc. (PD), St. Petersburg FL; **99** Picture-Alliance (AKG), Frankfurt; **101** KNA-Bild GmbH (Benedikt Plesker), Bonn; **103** Thinkstock (Hermera), München; **105** Thinkstock (photos.com), München; **107** Klett-Archiv, Stuttgart; **109** Wikimedia Foundation Inc. (PD), St. Petersburg FL; **109** Wikimedia Foundation Inc. (PD), St. Petersburg FL; **110** Artothek, Weilheim; **111** © VG Bild-Kunst, Bonn 2010 [Thomas Lehnerer: Fleischskulptur]; **112** Wikimedia Foundation Inc. (PD), St. Petersburg FL; **113** Wikimedia Foundation Inc. (PD), St. Petersburg FL; **114** Wachter, Felix Photographie, Düsseldorf © VG Bild-Kunst, Bonn 2010 [Emil Wachter: Welcher Geist bewegt die Welt?]; **116** Wikimedia Foundation Inc. (PD), St. Petersburg FL

9 Friedrich Dürrenmatt: Der Verdacht, Zürich: Diogenes, 1998, S. 108–111
10f Antoine de Saint-Exupéry: Der kleine Prinz, in: Gesammelte Schriften, Bd. 1, München: dtv, S. 533f
11 Johannes Gründel: Normen im Wandel. Eine Orientierungshilfe für christliches Leben heute, München: Don Bosco Verlag, 1980, S. 74f
14 Eberhard Schockenhoff: Die Ethik des Heilens und die Menschenwürde. Moralische Argumente für und wider die embryonale Stammzellforschung, Originalbeitrag erschienen in: Matthias Kaufmann u.a. (Hrsg.): Gattungsethik – Schutz für das Menschengeschlecht? Frankfurt a. M./ Berlin/Bern/ Wien [u.a.]: Lang, 2005, S. 343–373
21 John Stuart Mill: Das Prinzip des größten Glücks, in: Ich denke, also bin ich. Grundtexte der Philosophie, eingeleitet und kommentiert von Ekkehard Martens, München: Verlag C. H. Beck, ^{4}2006.
23 Hans Jonas: Erinnerungen, Frankfurt a. M./ Leipzig: Insel Verlag, 2003, S. 407f
27 Wilhelm Korff: Wie kann der Mensch glücken? Perspektiven der Ethik, München/Leipzig: Serie Piper, 1985, S. 9–11
29 Wilhelm Korff: Wie kann der Mensch glücken? Perspektiven der Ethik, München/Leipzig: Serie Piper, 1985, S. 182–195
32 Kongregation für die Glaubenslehre: Instruktion Dignitas personae über einige Fragen der Bioethik, Rom 2008: Libreria Editrice Vaticana
34f Johannes Gründel: Normen im Wandel. Eine Orientierungshilfe für christliches Leben heute, München: Don Bosco Verlag, 1980
35 Die pastorale Konstitution über die Kirche in der Welt von heute (Gaudium et spes), in: Karl Rahner, Herbert Vorgrimler (Hrsg.): Kleines Konzilskompendium. Sämtliche Texte des Zweiten Vatikanums, Freiburg: Herder, ^{29}2002
36 Paul Kirchhof; Annette Schavan, in: Elke Endraß (Hrsg.): Wie halten Sie es mit der Religion? Prominente aus der Politik beziehen Stellung, Stuttgart: Kreuz Verlag, 2008, S. 106f; 120 Helmuth James Graf von Moltke: Im Land der Gottlosen. Tagebuch und Briefe aus der Haft 1944/45, München: C. H. Beck, 2009, S. 339
43 Hartwig Hansen: Respekt – Der Schlüssel zur Partnerschaft, Stuttgart: Klett-Cotta, 2008
44 Hans Rotter; Günter Virt: Neues Lexikon der christlichen Moral, Innsbruck: Tyrolia Verlaganstalt, 1990
Papst Benedikt XVI.: Gott und die Welt. Ein Gespräch mit Peter Seewald, Stuttgart u.a.: DVA, 2000, S. 72f
46 „3 Is Family" written by Billy Mann © Published by Notation Music LLC Administered by Kobalt Music Publishing Ltd
Deutsche Bischofskonferenz: Katechismus der Katholischen Kirche. Kompendium, München: Pattloch, 2005, S. 165f
47 Papst Benedikt XVI.: Enzyklika Caritas in veritate, Rom: Libreria Editrice Vaticana, 2009
Andreas Lob-Hüdepohl, in: Liebe miteinander leben: Miteinander leben – Familiensonntag 2009 (=Arbeitshilfen 230, hrsg. v. Sekretariat der Deutschen Bischofskonferenz), Bonn, 2008, S. 8f
48 Steffen Heitmann: Eine Lanze für den Zölibat, in: Rheinischer Merkur vom 10. 04. 2008, S. 26
50 Reinhard Marx: Das Kapital, München: Pattloch, 2008, S. 37f
52f Tang Jiaxuan: Rede vor der 54. Generalversammlung der Vereinten Nationen am 22. September 1999 in New York, in: Internationale Politik 12/1999
54 Herbert Vorgrimler: Neues Theologisches Wörterbuch, Freiburg: Herder (Lizenzausgabe für die WBG), 2000, S. 265f
55 Georg Lind: Das Dilemma liegt im Auge des Betrachters. Zur Behandlung bio-ethischer Fragen im Biologie-Unterricht mit der Konstanzer Methode der Dilemmadiskussion. Praxis der Naturwissenschaften. Biologie in der Schule 1/55, S. 10–15
56f Reinhard Marx: Das Kapital, München: Pattloch, 2008, S. 137ff
58 Oswald von Nell-Breuning: Einführung, in: Texte zur katholischen Soziallehre, hrsg. vom Bundesverband der KAB, Kevelaer: Butzon & Bercker, ^{7}1992
59 Papst Johannes Paul II.: Enzyklika Centesimus annus, Rom: Libreria Editrice Vaticana, 1991
S. 60f: Papst Benedikt XVI.: Enzyklika Caritas in veritate, Rom: Libreria Editrice Vaticana, 2009
68 Joseph Weizenbaum: Albtraum Computer, in: Die Zeit 03/1972, S. 43
70f Sekretariat der Deutschen Bischofskonferenz (Hrsg.): Das Soziale neu denken. Für eine langfristig angelegte Reformpolitik, Bonn, 2003
72 Hariolf Grupp (Hrsg.): Der Delphi-Report, Stuttgart: DVA, 1995
73 Hans Jonas: Das Prinzip Verantwortung. Versuch einer Ethik für die technologische Zivilisation, Frankfurt a. M.: Insel Verlag, 1979
74 Aldous Huxley: Schöne neue Welt, Frankfurt/ Hamburg: Fischer TB, 1953, S. 19f
75 J. B. S. Haldane: Biologische Möglichkeiten für die menschliche Rasse in den nächsten zehn-

tausend Jahren, in: Das umstrittene Experiment: Der Mensch. 27 Wissenschaftler diskutieren die Elemente einer biologischen Revolution, Sonderausgabe aus der Sammlung Modelle für eine neue Welt, hrsg. v. Robert Jungk u. Hans J. Mundt, München (u. a.): Desch, 1966
76 Moltmann, Jürgen: Theologie der Hoffnung, in: Heinz Zahrnt (Hrsg.): Die Sache mit Gott. Die protestantische Theologie im 20. Jahrhundert, München: Piper, 1966, S. 254f
79 Das Problem der christlichen Prophetie – Niels Christian Hvidt im Gespräch mit Joseph Kardinal Ratzinger, in: Communio 2/1999, S. 177f
80 Franz-Josef Nocke: Eschatologie, Düsseldorf: Patmos, 2005, S. 42
81 Brief aus Taizé 2006/2 © Ateliers et Presses de Taizé, Communauté de Taizé, 71250 Taizé, France
83 Karl Rahner: Von der Unbegreiflichkeit Gottes – Erfahrungen eines katholischen Theologen, Freiburg: Herder, [4]2006
84 Kurt Marti: es kommt eine auferstehung, in: Paul K. Kurz (Hrsg.): Wem gehört diese Erde, Mainz: Grünewald, 1984, S. 85
Franz-Josef Nocke: Liebe, Tod und Auferstehung. Über die Mitte des Glaubens, München: Kösel, 2005, S. 169
85 Sabine Pemsel-Maier: Der Traum vom ewigen Leben, Stuttgart: Katholisches Bibelwerk, 2000, S. 105
86 Willi Hoffsümmer (Hrsg.): 77 Herzfenster. Geschichten, die gut tun, Ostfildern: Schwabenverlag, 2009, S. 29
86f Thomas Söding: Wo ist der König?, in: Christ in der Gegenwart 60, Freiburg: Herder, 2008 S. 521
88 Peter Eicher: Gelassenheit. Vertrauen beginnt mit der Wahrnehmung der Angst, in: Christ in der Gegenwart 45, Freiburg: Herder, 2008, S. 505f
98 Günther Roth, in: religio 1/1989
99 Albert Einstein: Rede, die im Herbst 1932 im Auftrag und zugunsten der „Deutschen Liga für Menschenrechte" auf Platte gesprochen wurde; die Schallplatte wurde unter dem Titel „Mein Glaubensbekenntnis" vertrieben
100 Dorothee Sölle: „Credo", zitiert nach: Dorothee Sölle: Gegenwind, Hamburg: Hoffmann und Campe, 1995
101 Joseph Ratzinger: Einführung in das Christentum, München: Kösel, 2000
103 Hubertus Halbfas: Die Bibel. Erschlossen und kommentiert von Hubertus Halbfas, Düsseldorf: Patmos, 2001
106 Richard Heinzmann; Albert Keller, in: Dies.; Fiederle, Fries (Hrsg.): Credo. Glaube und Bekenntnis der Christen. Bd. 1. Denkimpulse und Gesprächshilfen, München: TR-Verlagsunion, 1987
114f Klemens von Rom; Origines, Basilius von Caesarea; Gregor von Nyssa; Ambrosius von Mailand; Augustinus; Gregor von Narek; Symeon der Neue Theologe, in: Fiederle, Fries; Heizmann; Keller (Hrsg.): Credo. Glaube und Bekenntnis der Christen. Bd. 1. Denkimpulse und Gesprächshilfen, München: TR-Verlagsunion, 1987